NOVAS LEITURAS DO
Campo Religioso Brasileiro

Emerson José Sena da Silveira
Flávio Munhoz Sofiati
(Organizadores)

NOVAS LEITURAS DO
Campo Religioso Brasileiro

Direção Editorial:
Marcelo C. Araújo

Comissão Editorial:
Avelino Grassi
Edvaldo Araújo
Márcio Fabri do Anjos

Copidesque:
Wilton Vidal de Lima

Revisão:
Ana Aline Guedes da Fonseca de Brito Batista
Thiago Figueiredo Tacconi

Diagramação:
Érico Leon Amorina

Capa:
Erasmo Ballot

Coleção Sujeitos e Sociedade
Coordenada por: Brenda Carranza

© Editora Ideias & Letras, 2014.

Rua Diana, 592
Cj. 121 — Perdizes
05019-000 — São Paulo-SP
(11) 3675-1319 (11) 3862-4831
Televendas: 0800 777 6004
vendas@ideiaseletras.com.br
www.ideiaseletras.com.br

Dados Internacionais de Catalogação na Publicação (CIP)
(Câmara Brasileira do Livro, SP, Brasil)

Novas leituras do campo religioso brasileiro /
Organizadores: Emerson José Sena da Silveira e Flávio Munhoz Sofiati.
São Paulo: Ideias & Letras, 2014.

ISBN 978-85-65893-56-5

1. Catolicismo 2. Fenomenologia 3. Religião -
Filosofia 4. Religião e sociologia 5. Religiões
6. Religiosidade I. Sofiati, Flávio. II. Título.

14-02422   CDD-306.6

Índices para catálogo sistemático:

1. Sociologia da religião
306.6

Sumário

Apresentação 9
Introdução (Jorge Claudio Ribeiro) 14

Parte I
Fluxos, comunidades e semânticas do catolicismo - 19

1 - Catolicismo brasileiro além-fronteiras - 21
(Brenda Carranza e Cecília Mariz)

Compromisso com o sucesso.. 22
Uma aposta na juventude 24
Um estilo original de comunidade 30
Um carisma para novos canais da evangelização..................... 34
Missionários do carisma midiático 40
Canção Nova para recriar o mundo 45
Brasil: esperança do mundo 50
Referências bibliográficas 55

2 - Renovação Carismática e Teologia da Libertação: elementos para uma sociologia da juventude católica - 59
(Flávio Munhoz Sofiati)

Tendências católicas 60
Religião: ação social e visão de mundo 62
Juventude: uma noção em construção............................... 66
Jovens católicos: características principais das duas tendências........ 70

Considerações finais 79
Referências bibliográficas 81

3 - Tradicionalidade e estratégia identitária no catolicismo: do turismo religioso aos retiros religioso-ecológicos - 83

(Emerson José Sena da Silveira)

Turismo religioso: estratégia de afirmação cultural 88
Divertimento católico: estratégia ambígua de pertença 95
Cura interior: estratégia de ressemantização identitária 99
Carismáticos.com: estratégia de disseminação identitária 105
Retiros religioso-ecológicos: estratégia heterodoxa. 113
Algumas reflexões acerca das fenomenologias empíricas 116
Referências bibliográficas 119

4 - Semântica da Canção Nova: relações de duplo vínculo e segredo em pesquisas sobre a Comunidade de Vida Canção Nova - 123

(Eliane Martins de Oliveira)

No princípio 126
A vida no Espírito e a Nova Era 130
Cosmologia Canção Nova. 134
Rematando 146
Referências bibliográficas 151

5 - Um balanço do catolicismo carismático - 155

(André Ricardo de Souza)

Origem e desenvolvimento da RCC. 156
Feições carismáticas 159
Vida político-partidária. 162
Considerações finais 164
Referências bibliográficas 165

Parte II
Campo religioso, minorias e evangelicismos - 167

6 - O campo religioso brasileiro em suas configurações - 169
(Emerson Giumbelli)

Trajeto 170
Espectro 179
Referências bibliográficas 192

7 - Os artistas da fé: novos agentes no campo católico - 195
(Péricles Andrade)

Religião e modernidade no Brasil 196
Os artistas da fé 204
Considerações finais 217
Referências bibliográficas 220

8 - Os muçulmanos em foco: esboço de uma sociologia do islã no Brasil - 225
(Cristina Maria de Castro)

Estudando o islã no Brasil 225
A construção de identidades muçulmanas: achados do campo 232
O estudo na Holanda 241
O diálogo com a Economia étnica 245
Referências bibliográficas 250

9 - O mineiro, o protestante e o galego: leituras sobre a diversidade religiosa no Brasil e em Portugal - 253

(Paulo Gracino Junior)

O chute à santa e o encontro com o objeto 254
As funções da religião: revisitando um velho paradigma 257
Encontrando mineiros, protestantes e galegos 264
Considerações finais 269
Referências bibliográficas 271

10 - Estudos sobre fundamentalismo evangélico e pentecostalismos em suas incursões pela política brasileira - 279

(Saulo de Tarso Cerqueira Baptista)

Um balanço de minha trajetória de estudos e sua relação com o campo religioso . . . 281
Fundamentalismo batista regular 283
A Assembleia de Deus e o movimento pentecostal. 286
Comparações entre pentecostais e neopentecostais no espaço público 291
Formas de pesquisa e de leitura dos fenômenos analisados. 295
Sobre o fundamentalismo batista regular 295
Sobre a Assembleia de Deus e o movimento pentecostal 297
Sobre as comparações entre pentecostais e neopentecostais no espaço público . . . 297
Itinerário da pesquisa do doutorado 300
Conclusão 264
Referências bibliográficas 307

Sobre os autores - 309

Apresentação

A mais recente expansão da universidade pública federal potencializou o crescimento dos programas de pós-graduação em todas as áreas do conhecimento. No campo das ciências humanas tivemos o fortalecimento e a abertura de diversos mestrados e doutorados em ciências sociais, sociologia, antropologia, história e ciências da religião. Tais programas foram articulados nas universidades públicas e privadas e estão se expandindo em todas as regiões do país.

Esse novo contexto possibilitou a ascensão de jovens pesquisadores e pesquisadoras envolvidos com o estudo do fenômeno religioso no Brasil. Esta coletânea apresenta uma primeira sistematização dessa produção recente e leva em consideração o fato de que esses estudos oferecem uma contribuição importante para a compreensão das religiões na contemporaneidade.

Os textos do livro, ao acolher principalmente a produção da nova geração de pesquisadores sociais que chegam às universidades nos anos 2000, pretendem explorar temáticas novas (turismo religioso, devoções virtuais, ação juvenil, exportação de estilos religiosos brasileiros etc.) a partir da contribuição de autores clássicos e contemporâneos.

A partir das experiências empíricas de pesquisa de cada autor, o livro articula notadamente teoria sociológica e antropológica às novas fronteiras dos fenômenos religiosos. Outro aspecto a ser ressaltado é o modo como cada autor construiu seu texto, expressando tanto a diversidade de influências teóricas, quanto os estilos de escrita.

Desse modo, o livro é uma elaboração coletiva acerca do contexto religioso no Brasil, que articula pesquisadores de várias regiões do país para produzir abordagens acerca das diversas formas de estudos desenvolvidos na área de religião. Os capítulos foram produzidos principalmente por representantes da nova geração de cientistas sociais da religião, a maioria deles recentemente ingressos como docentes no ensino superior e participantes de programas de pós-graduação com pesquisas na área. No entanto, o livro também traz a contribuição de alguns pesquisadores mais experientes, que são referência para os estudos no campo.

A proposta editorial consiste na elaboração de uma obra cujos capítulos se conectam entre si, na apresentação de um panorama das pesquisas realizadas pelos autores e seus referenciais teórico-metodológicos. Isto é, cada capítulo aborda uma maneira de estudar a religião, explicitado no tema de pesquisa do autor.

Portanto, o objetivo principal é oferecer uma contribuição aos estudos religiosos no Brasil, por meio do balanço das pesquisas desenvolvidas por representantes dessa nova geração e pesquisadores já consagrados na área. Além disso, são considerados os diferentes contextos religiosos vivenciados nas cinco regiões do país.

O livro está estruturado em duas partes, sendo que a introdução é de autoria do Professor Jorge Claudio Ribeiro (PUC-SP), convidado para fazer a abertura deste livro. Ele faz uma análise do contexto religioso brasileiro a partir dos estudos da nova geração de cientistas sociais. Lançando um olhar panorâmico, Jorge Claudio mostra as tendências que se aprofundam e algumas novidades.

A Parte I é intitulada **Fluxos, comunidades e semânticas do catolicismo.** O catolicismo, mesmo em declínio constante de sua hegemonia, ou até mesmo por conta disso, apresenta combinações e novas questões na sociedade brasileira contemporânea. As fronteiras territoriais e simbólicas oscilam entre midiatismos e conservadorismos, entre aberturas e fechamentos. Novas combinações surgem a partir de oposições e sincretismos com as esferas de valores da moderna cultura contemporânea e as velhas demandas institucionais e eclesiásticas.

Ladeados por pesquisadores experientes, como Jorge Claudio e Saulo Baptista, este livro inicia com a contribuição de Brenda Carranza (PUC-Campinas) e Cecília Mariz (UERJ), que nos brindam, no primeiro capítulo, com uma análise dos elementos centrais da espiritualidade carismática-pentecostal, responsável pela chegada desses movimentos ao Brasil e agora pelas propostas de expansão para além-fronteiras: seu projeto missionário global. A partir da Comunidade Canção Nova, de dados coletados nos *sites* da comunidade e de entrevistas com membros, ressaltam-se os discursos sobre o carisma missionário e sua vocação evangelizadora mediante o uso integrado das diversas tecnologias de comunicação contemporâneas. A expansão internacional e a experiência de missionários nos EUA, França, Portugal, Itália e Israel é abordada ao mesmo tempo que dois projetos de evangelização para jovens, criados na Canção Nova, com grande sucesso no Brasil e exportados para além-fronteiras: o *Por Hoje Não – PHN, por hoje não vou mais pecar* e o Hosana Brasil.

O segundo capítulo é de autoria de Flávio Sofiati (UFG). O texto faz uma síntese de suas pesquisas sobre religião e juventude na perspectiva de apresentar alguns elementos para a construção de uma sociologia da juventude católica. A partir disso, a juventude carismática e a juventude da libertação são vislumbradas dentro de uma perspectiva de inspiração gramsciana, mas que não desconsidera as contribuições da sociologia compreensiva de Weber.

O terceiro capítulo, de Emerson Sena (UFJF), trata do contexto religioso por meio da fenomenologia cultural. O autor volta sua preocupação para o estudo das novas práticas religiosas como as devoções virtuais e ecológicas. O turismo religioso e outras estratégias de produção das identidades, ou identificações católicas, são analisadas tendo como pano de fundo as perspectivas analíticas de Hervieu-Léger.

O capítulo seguinte, de Eliane Martins de Oliveira, segue na discussão acerca do movimento carismático. Preocupada em analisar a Comunidade Canção Nova, a autora contribui com o aprofundamento do conhecimento acerca desse setor da Igreja Católica ao mostrar o sentido de pertencimento dos membros dessa comunidade. Com isso, impasses, porosidades e permanências desse movimento com o catolicismo são desvelados.

O último capítulo desta parte, de André Ricardo de Souza (UFSCar), apresenta um panorama histórico da Renovação Carismática Católica no Brasil com enfoque em sua dimensão midiática e política. Tais dimensões constituem um importante traço da identidade católica, criando-se uma importante zona de intercâmbios entre as estratégias modernas da sociedade de massas e de consumo e os dogmas e práticas católicos, em geral plasmados no conservadorismo.

A Parte II deste livro é intitulada **Campo religioso, minorias e evangelicismos.** Os evangélicos, em constante ascensão, e as minorias religiosas, perfazem e delineiam novas configurações do religioso. Os impactos e as transformações intensificam-se e colocam desafios teóricos e sociais em nova pauta, demandando novos estudos e aprofundamentos. Novos arranjos institucionais emergem, intercâmbios culturais e simbólicos intensificam-se, mas também conflitos culturais e políticos.

Emerson Giumbelli (UFRGS), no primeiro capítulo, abre o tema, contribuindo com o debate teórico-metodológico acerca do campo religioso. Por meio de sua trajetória de pesquisa, discute as configurações das religiões na realidade do país. Em tela, as complexas relações entre as tendências religiosas vividas na contemporaneidade e as esferas de produção da laicidade, por exemplo.

Péricles Andrade (UFS), no segundo capítulo, analisa os chamados artistas da fé. Sua pesquisa contribui com a compreensão da presença do carismatismo no campo religioso, considerando que os padres midiáticos são parte da estrutura orgânica desse movimento católico. A forma e os métodos de atuação dos padres cantores-midiáticos prenunciam a simbiose entre a sociedade do espetáculo e a mensagem religiosa, seja ela tradicional ou não.

No terceiro capítulo, Cristina Maria de Castro (UFMG) estuda a presença do Islã no país. Mais especificamente, produz sua análise a partir da construção de identidades muçulmanas frente ao campo religioso brasileiro, às tendências trazidas pela globalização e às disputas e tensões internas às comunidades religiosas muçulmanas de Campinas e do bairro do Brás, em São Paulo capital.

Paulo Gracino Junior (IUPERJ), no quarto capítulo, discute a relação entre o pentecostalismo protestante e as culturas locais. Com o referencial teórico do paradigma da escolha racional, o autor lança seu olhar sobre o segmento cristão que mais cresce no Brasil, analisando implicações, tendências e perspectivas da relação protestantismo pentecostal-culturas locais.

O livro traz ainda a contribuição de Saulo Baptista, professor da UEPA e experiente pesquisador do pentecostalismo. O autor trata da ação pentecostal na política brasileira e contribui com esta obra com uma brilhante análise desse fenômeno que tem reconfigurado o campo religioso nas últimas décadas. As influências políticas dos pentecostais estão

Novas Leituras do Campo Religioso Brasileiro

entre os fatos mais importantes da reconfiguração do campo religioso, trazendo novas problemáticas e implicações para esferas não religiosas da sociedade brasileira.

Certamente, outros fenômenos do campo religioso merecem destaque. Por isso, enfatiza-se que os textos reunidos neste livro pretendem ser apenas uma amostra de um amplo painel de estudos e pesquisadores que só agora começa a ser vislumbrado em conjunto.

O debate e o trabalho coletivo são essenciais para o avanço da ciência. Assim, espera-se que o livro torne-se um ponto de referência para o campo e seja um estímulo ao diálogo entre pesquisadores de diversas gerações que desenvolvem seus estudos nas diferentes regiões do Brasil.

Os organizadores

Introdução

Jorge Claudio Ribeiro

"O que, afinal, torna religiosa uma religião?"; "O que torna sagrado um texto sagrado?". Filhas legítimas da modernidade avançada, essas indagações até há pouco tempo sequer eram colocadas ou, então, rapidamente respondidas segundo uma lógica redundante: "Religião é uma tradição baseada em textos sagrados"; "Textos sagrados são os validados por autoridades religiosas". Dessa maneira, ambos eram o que eram porque tinham poder para assim se proclamarem. Mas esse tipo de resposta já não convence.

Em recentes séculos, e mais ainda nas últimas décadas, o panorama religioso tem sido tomado por crescente agitação. Na modernidade ocidental, o tecido mental e geográfico das sociedades esgarçou-se drasticamente. Antes comandado pela religião, o arranjo tradicional perdeu força à medida que sua unidade se fragmentava entre vários adversários em luta pela hegemonia.

Assim, nenhuma instituição parece hoje tão poderosa a ponto de impor a palavra final a respeito de qualquer assunto. Por exemplo, qual é o padrão de roupa, família, preferência sexual, posição política, arte ou mesmo de verdade? Esse processo também atingiu a religião que desceu vários degraus no antigo altar. Esfumaçou-se a distinção entre sagrado e profano e a autorreferência perdeu credibilidade: portanto, as religiões deixaram de ser as únicas autorizadas a falar... de religião! Outras disciplinas também passaram a fazê-lo, às vezes com mais competência e contundência. Então é o caso de investigar: "Até que ponto as instituições que se dizem religiosas não seriam, no fundo, empreendimentos políticos, mercadológicos e/ou midiáticos, revestidos de paramentos que outrora foram sagrados, mas já não o são?".

Quanto ao habitante da modernidade, sua memória está diluída e vive num ambiente em que os meios submeteram os fins. Com frequência ele se sente desamparado e vivencia uma crise espiritual em que as explicações antigas e os valores habituais perderam validade e poder de convencimento. O ser humano moderno se vê diante de um "bufê por quilo" com múltiplas ofertas de salvação já prontas e pode montar seu *mix*, temperado com doses variáveis de proteção e de liberdade. De qualquer modo, persiste a tarefa de decifrar o caos e construir uma ordem em seu interior. Não se trata de uma questão de estética, mas de sobrevivência. "O sapo pula, não por boniteza, mas por precisão", ensina Guimarães Rosa. Saídas para essa crise aparecem a cada momento, pois contradições nunca faltaram à humanidade e a levaram a soluções criadoras. Se a modernidade fraturou realidades antes estáveis, em contrapartida revelou fontes inesperadas de novos materiais; ao dissolver paisagens aparentemente imutáveis, revelou caminhos a serem abertos.

Essas indagações de sabor iluminista e secularizado, talvez fora de moda, abrem espaço para uma conversa suscitada pela leitura deste precioso livro: *Novas leituras do campo religioso brasileiro*.

Novidade

Os textos aqui reunidos acolhem principalmente a produção de jovens que, na última década, iniciaram pesquisas sobre a temática religiosa no ambiente secular das universidades federais. É importante conhecer a mirada, as preferências e modos de agir das novas gerações: elas não brotam espontaneamente e é necessário dialogar com elas, nutri-las e nutrir-se delas. E celebrar quando, enfim, avançam seus passos.

Esses trabalhos correspondem a um momento de intensa mobilização no campo religioso brasileiro, o qual exibe práticas e arranjos inéditos. Sua interpretação exige novas temáticas, inflexões e conceitos, bem como novos paradigmas. Sobretudo, os autores estão conscientes de que o panorama exige muita ida a campo.

Uma base empírica fundamental para compreender essa movimentação são os dados fornecidos pelos dois últimos censos demográficos.

Eles acumulam informações e lições que, embora tenham começado a ser processadas, ainda levarão algum tempo para serem digeridas. Confirmaram-se tendências de queda de contingente de fiéis no catolicismo e de crescimento dos evangélicos pentecostais; mas, claro, o quadro é muito mais amplo. A respeito da juventude, área que pesquiso,[1] o censo mostra que o catolicismo teve grande perda entre os jovens e hoje há menos católicos até 29 anos do que em 2000; que as novas gerações estão mais afastadas das igrejas tradicionais; que os evangélicos apresentam maiores percentuais entre 5 e 14 anos; que o segmento dos sem-religião cresceu na faixa de 15 a 19 anos. Provavelmente, o trabalho religioso com os jovens começa a ser percebido como um desafio *estratégico* que supera as práticas da estrita pastoral juvenil.

Além dos jovens, o catolicismo se defronta com uma grande evasão de mulheres, que já não são sua maioria, ao contrário do que ocorre em todas as demais religiões pesquisadas. Considerando-se que as mães são as primeiras educadoras da religião de seus filhos, e que a população católica tem maior contingente na faixa superior aos 40 anos, é de se prever no catolicismo uma perda ainda mais acelerada nos próximos anos, em razão da carência de formadoras, da redução da população jovem e do falecimento natural dos fiéis mais idosos.

Apesar de imprescindíveis, os números não bastam, mesmo quando resultantes de levantamentos e cruzamentos sofisticados. Sobre isso, há um aforismo conhecido, do qual ouvi uma variação entre pesquisadores estadunidenses das religiões: "Temos dados de mais e teoria de menos". Pois bem, a leitura destas páginas ajuda a entender situações religiosas, mas também explicita as virtudes da boa pesquisa e sugere cautelas atreladas a essas virtudes.

Virtudes e cautelas

Há nos novos olhares uma preferência pela pesquisa de campo e também pela travessia de inesperadas fronteiras, caracterizada pela diversidade. Percebe-se uma tendência à colaboração acadêmica que se desdobra no enfoque interdisciplinar e na decisão de sair do gueto, de descer do eterno e de enraizar-se no secular e no tempo. A experiência religiosa

---

1 RIBEIRO, J. C. *Religiosidade jovem* – pesquisa entre universitários. São Paulo: Olho d'Água, Loyola, 2009.

contemporânea é marcada pela complexidade e pela interação entre amplas áreas da cultura humana. Se antes as religiões tinham como parceiras a filosofia, a arte, a educação, a saúde, a política e a economia, agora esse leque se expandiu em direção à geopolítica, demografia, mercados, redes sociais, mídia, entretenimento e turismo – tudo isso globalizado. A intelecção desses processos impõe sair de dentro das religiões e olhá-las desde fora para decifrar suas interconexões.

No interior dessa dinâmica, os autores conferem maior importância à questões como o turismo religioso, a piedade virtual, o consumismo do sagrado e o refluxo à ortodoxia. A sensibilidade da geração atual pinça nesse caudal temas que se tornam hegemônicos – carismatismo e pentecostalismo, questões da mulher e processos midiáticos – respaldados em autores que acabam muito repetidos.

Aqui acende-se uma luz amarela: assumir a mirada interdisciplinar em religião supõe o estudo exigente de, ao menos, mais uma disciplina. Esse cuidado evita que sejam usados acriticamente conceitos referentes à história, mídia ou subjetividade, o que compromete toda a análise.

A nova geração demonstra sensibilidade metodológica ao montar os andaimes e verificar se estão bem afixados para, só então, subir neles e começar a executar a obra. Assim, presta homenagem às orientações recebidas, envolve-se em eventos, assimila o vocabulário e a gramática praticados na área, devora referências clássicas.[2] Entendo que, em determinado momento, será inevitável renunciar aos andaimes, pois não se habita neles e sua presença compromete a visão do edifício, depois de pronto: embora indispensável, a utilização dos andaimes é transitória. Assim, o esforço teórico deve aguçar o olhar do pesquisador para a realidade e conferir-lhe a capacidade de transmitir em vocabulário simples os aspectos que só o cientista consegue ver. Sem essas habilidades, a ciência, a religião e demais atividades humanas se enquistam, perdem sua função e o frescor da seiva.

Impulsionado pelo mesmo frenesi do biólogo em busca de uma espécie desconhecida, o pesquisador iniciante procura algum aspecto original ou manifestação religiosa ainda inédita nos meios acadêmicos; caso se depare com a sorte grande, é capaz de entregar-se a ela durante décadas.

---

2   Nesse sentido, observo uma auspiciosa (re)descoberta de Georg Simmel (1858-1918), pouco conhecido entre nós.

O ponto de partida da descoberta é uma bem-vinda *afetação* entre pesquisador e pesquisado, uma dimensão central no trabalho de campo. Para compreender quais significados mobilizam a "alma" dos sujeitos ou quais necessidades são respondidas, o pesquisador se dispõe a experimentar isso tudo em si mesmo. Aqui pisamos em terreno movediço, mas é preciso correr o risco de sentir a brisa angelical que roça o rosto das pessoas. Vários dos capítulos desta obra parecem guiar-se pela intuição do potencial de descoberta presente na abordagem compreensiva e na intersubjetividade: a experiência própria é o berço da novidade dessas leituras. Por isso vários relatos utilizam a primeira pessoa, em que pesquisador e pesquisados se misturam.

Outra luz amarela. A proximidade excessiva carrega o risco de induzir o estudioso a mimetizar os cacoetes dos informantes. Retomando as perguntas do início desta introdução, deve-se indagar sempre até que ponto as manifestações estudadas são mesmo religiosas, ou se a religião seria um disfarce para situações estranhas a ela. Cada vez mais, religião se discute, sim. Cabe, pois, ao pesquisador tomar distância, escovar a contrapelo os pressupostos e espancar a lógica, tanto de seus sujeitos como a dele mesmo. Evitar que a contemplação narcísica se aposse da narrativa da própria trajetória e o leve a se atolar em informações idiossincráticas, de interesse apenas para quem as viveu.

O antídoto para esses perigos é praticar a consciência de que não temos pleno controle do objeto de nosso estudo. É saudável, portanto, uma boa dose de risco. Desmontar os andaimes, aventurar-se para além da zona de conforto e do terreno já mapeado. Sair da descrição estática, flagrar as confluências e as dinâmicas. Suscitar hipóteses, inventar alternativas e sonhar utopias. Enfrentar a discussão ética: para onde foi a regra de ouro, a construção profética da justiça?

Quem é novo tem, de antemão, autorização para ousadias, pode errar mais. Não haja medo, porque somos humanos e erramos mesmo. Aproveitar essa licença, abrir-se para a polêmica e criar o que já existe mas ainda não foi percebido. Esse é o desafio e a promessa das páginas a seguir.

Parte I

*Fluxos, comunidades e
semânticas do catolicismo*

1 - Catolicismo brasileiro além-fronteiras[1]

Brenda Carranza e Cecília Mariz[2]

O Global Christianity, a report on the size and distribution of the world's Christian Population (2011), do Pew Research Center, registra que, nas Américas, os carismáticos representam 15,8%, do catolicismo e 48,5% no conjunto do catolicismo mundial.[3] Cifras oficiais estimam que a Renovação Carismática Católica esteja presente em mais de 250 países, organizada em centenas de milhares de grupos de oração e tenha estabelecido contato com mais 100 milhões de fiéis católicos, sendo representada na Cúria Romana pela *International Catholic Charismatic Renewal Services* (ICCRS).[4]

No Brasil, o último censo (2010) registra que 64% da população se declara católica e que os pentecostais protestantes representam 22,2% do país.[5] Pouco tempo atrás, o Pew Forum (2006) identificou que 57% dos católicos brasileiros se consideravam carismáticos,[6] entretanto, oficialmente só dez milhões podem ser contabilizados, estando organizados em 20 mil grupos de oração, coordenações diocesanas, estaduais e nacionais, inúmeros programas de formação de jovens e de lideranças, além de projetos missionários.[7] É nesse cenário demográfico que a Renovação

---

1 Uma primeira versão deste texto foi publicada no livro: *The Diaspora of Brazilian Religions*. Edição de Cristina Rocha e Manuel A. Vásquez. Brill Editors, 2013.

2 A autora agradece o apoio do CNPq neste trabalho.

3 Global Christianity. A Report on the Size and Distribution of the World's Christian Population Analysis, december, 19, 2011. <www.pewforum.org/Christian/Global-Christianity-exec.aspx>. Acesso em: 5/01/2012.

4 Cf. <www.iccrs.org>. Acesso em: 20/12/2011.

5 <www.sidra.ibge.gov.br/cd/cd2010CGP.asp?o=10&i=P>.

6 Spirit and Power: a 10-Country Survey of Pentecostals. Em: A Project of Pew Research Center, 2006, p. 76. Disponível em: <www.pewforum.org/Christian/Evangelical-Protestant-Churches/Spirit-and-Power.aspx>.

7 Entrevista n. 10.M.V., setembro de 2011, acervo do Centro de Estudos do Pentecostalismo Latino-americano, coordenado por Paul Freston, financiado pela Pentecostal and Charismatic Research Initiative

Carismática emerge como uma aparente revitalização do catolicismo brasileiro enquanto uma experiência religiosa versátil e criativa, capaz de sugerir expressões próprias que ultrapassem os limites nacionais.

Compromisso com o sucesso

Assim, em 1968, quase sessenta anos depois da chegada do pentecostalismo protestante dos Estados Unidos ao Brasil, deflagra-se a Renovação Carismática Católica (RCC), a partir da atuação de sacerdotes jesuítas norte- americanos em Campinas, SP (Carranza, 2000, p. 29). Também vinda dos EUA, a RCC no Brasil se aproxima bastante dos movimentos carismáticos e pentecostais protestantes em vários aspectos: sua ênfase na moralidade sexual e familiar, o combate a religiões Afro-brasileiras e não cristãs, como *a New Age*, acusando-as de demoníacas, e seu projeto missionário global (ver entre outros Mariz & Machado, 1994; Machado, 1996; Mariz, 1999; Mariz 2009; Almeida, 2003; Carranza, 2005). Pode-se, contudo, notar que, em nosso país, a RCC se aproxima mais do neopentecostalismo,[8] não tanto pela ênfase na prosperidade, mas pelo uso da mídia e do *marketing* religioso como ferramenta tanto de evangelização em massa, como de visibilidade social.[9] Em grande medida, as ações da RCC adjetivaram de carismático e de midiático o catolicismo brasileiro das últimas décadas, sendo seu núcleo propulsor o *ardor missionário*.

Tanto por sua teologia e espiritualidade pentecostais, como por sua interação com a sociedade mais ampla e outras religiões, a RCC tem sido responsável por transformações internas no universo católico mudando, decisivamente a face sociorreligiosa da Igreja católica no Brasil ao longo de mais de 40 anos.[10] No entanto, essa transformação tem sido direcionada para o reforço da autoridade institucional, e não ao seu questionamento. Nesse sentido, a RCC difere do movimento pentecostal protestante que

---

(PCRI) da University of Southern California (directed by Prof. Donald Miller). O entrevistado é Presidente da RCC-Brasil.

8   O termo se refere, no Brasil, a igrejas surgidas depois de 1970, como a Universal do Reino de Deus (Mariano, 1999), que Paul Freston (1994) chama de terceira onda pentecostal.

9   Em 1998, líderes da RCC, entre esses Káter Filho, criam o Instituto Brasileiro de Marketing Católico (IBMC), órgão articulador de iniciativas publicitárias, formador de agentes católicos de comunicação, organizador de megaexposições católicas (Expocatólica), assessor de campanhas de captação de recursos econômicos.

10   Os mecanismos de inserção e expansão da RCC, na América Latina e no Brasil, foram analisados no texto "40 años de RCC: un balance societário" (Carranza, 2008).

Novas Leituras do Campo Religioso Brasileiro

estimulava divisões nas igrejas onde se instalava. Que mecanismos são acionados para evitar tensões e rupturas entre a autoridade institucional e as múltiplas lideranças proféticas surgidas a partir da experiência com os dons do Espírito Santo, e ainda das novas lideranças entre si? Um desses mecanismos parece ser a valorização da pluralidade dos carismas e a formação de "territórios relativamente autônomos" dentro da igreja mais ampla, e da própria RCC, através do que tem sido chamado de "novas comunidades".[11] Nesse contexto de embates institucionais, essas comunidades emergem, inspiradas na organização dentro da Igreja Católica dos Movimentos Eclesiais, da segunda metade do século XX, caracterizados por Urquhart (2002, pp. 7-29) como organizações integradas por leigos, sacerdotes, celibatários, com forte mobilidade internacional e apelo na evangelização das "estruturas mundanas".[12]

Desde os anos 2000, vários são os estudos que sinalizam a importância dessas novas formas de agregação religiosa que, no Brasil, configuram um novo estilo hegemônico de ser católico, entre os quais apontamos: Braga (2004), Oliveira (2004), Pereira (2008), Campos e Caminha (2009). Gabriel (2009), Portella (2009), Silveira (2009). Por sua repercussão ampla na sociedade brasileira e por seu projeto de missão no exterior, realizamos um recorte empírico a partir da comunidade mais antiga do Brasil: a Canção Nova.

A partir de dados coletados nos *sites* disponibilizados pela comunidade e também de entrevistas com membros, procuramos, nesse texto, identificar os mecanismos que permitem o crescimento exponencial dessa comunidade, o apelo incisivo com que atrai a juventude, e a teologia subjacente à organização do grupo e à formação de seus membros. Focaremos especialmente a compreensão que a Canção Nova tem do seu carisma missionário e sua vocação evangelizadora através do uso integrado das diversas tecnologias de comunicação contemporâneas. Procuramos avaliar em que medida essa concepção se revela nos relatos de fundação das casas

---

11   São mais conhecidas nos EUA como *covenant communities*. Na França, são denominadas de comunidades novas (em francês *communautés nouvelles*). O anuário católico francês registra várias dessas comunidades: a Shalom (que tem origem no Brasil), L'Emmanuel, Puits de Jacob, Verbe de Vie, entre outras. Disponível em: <mission.catholique.org/annuaire/311-communautes-nouvelles/>. Acesso em: 27/12/2010.

12   Dentre esses movimentos, o autor identifica o Opus Dei, Comunhão e Libertação, Focolares, Neocatecumenato, os quais, segundo o autor, no pontificado de João Paulo II, deram o suporte à infraestrutura dos eventos massivos do Pontífice, em suas visitas internacionais.

fora do país, nas atividades lá desenvolvidas, e dificuldades e experiências narradas pelos missionários. Ainda baseadas nesses dados, tentaremos mostrar que o estilo de evangelizar da CN no exterior e o conteúdo das pregações são os mesmos do Brasil, o público alvo e o tipo de projeto exportado dependerão, contudo, dos projetos dos bispos que a convidaram, ora para apoiar as comunidades de brasileiros imigrantes, ora para criar a mídia católica e/ou reanimar a fé de católicos nativos.

Nas próximas páginas, mostraremos também como a CN se identifica com as exortações do Papa João Paulo II, tornando-se porta-voz da evangelização da juventude e da recristianização da sociedade ocidental. Sublinhamos a ênfase na moralidade sexual e as críticas ao mundo racional secular e à cultura de consumo, alvo de preocupação da CN. Procuramos identificar como os missionários brasileiros acreditam contribuir para a Igreja dos países que trouxeram para o Brasil o cristianismo e a própria RCC. Por meio de textos, vídeos e falas disponíveis *online*, analisamos a experiência de missionários nos EUA, França, Portugal, Itália e Israel, ao mesmo tempo, comparamos dois projetos de evangelização para jovens, criados na CN, com grande sucesso no Brasil e exportados para além-fronteiras: o *Por Hoje Não, por hoje não vou mais pecar* – PHN – e o Hosana Brasil.

Uma aposta na juventude

As novas comunidades, conhecidas nos EUA como *covenant communities* e, na França, denominadas de *communautés nouvelles*, despertaram a simpatia do Papa João Paulo II que, em documento oficial, ponderou:

> *O Espírito, que, ao longo dos tempos, suscitou numerosas formas de vida consagrada, não cessa de assistir a Igreja. [...] Sinal dessa intervenção divina são as chamadas Novas Fundações, com características de algum modo originais relativamente às tradicionais.*[13]

Essa simpatia pode ser entendida pelo fato dessas comunidades e/ou fundações compartilharem suas preocupações em relação aos processos de secularização e seus impactos na sociedade. A teologia, que as nutre, identifica-se com o discurso de João Paulo II, como defende ser o papel

---

13   João Paulo II, 1996, n. 62.

dos leigos fazer com que a cultura cristã sobreponha a secular na sociedade contemporânea:

> *No atual mundo, frequentemente dominado por uma cultura secularizada que fomenta e propaga modelos de vida sem Deus, a fé de tantos é colocada à dura prova e frequentemente sufocada e apagada. Adverte-se, portanto, com urgência a necessidade de um anúncio forte e de uma sólida e profunda formação cristã. [...] E eis, portanto, os movimentos e as novas comunidades eclesiais: eles são a resposta, suscitada pelo Espírito Santo, a esse dramático desafio no final do milênio. Vós sois essa providencial resposta.*[14]

Ao longo das últimas décadas, as novas comunidades, nacionais e internacionais, são marcadas pela memória do impulso do Espírito Santo e terão em comum o sentimento de serem herdeiras da espiritualidade da Renovação Carismática Católica. No Brasil, são frequentes os relatos de fundadores que evocam uma revelação especial em algum encontro do Grupo de Oração e que narram os desdobramentos que as experiências carismáticas desencadearam. A Canção Nova não é exceção.

Com sua sede localizada em Cachoeira Paulista, às margens da rodovia que liga Rio de Janeiro a São Paulo, a mais movimentada do país, a Canção Nova foi fundada, em 1978, pelo sacerdote brasileiro Jonas Abib, sob inspiração do Espírito Santo. Hoje, essa sede representa o maior complexo midiático católico, com mais de 450 mil metros quadros e o mais pulsante epicentro da RCC do Brasil. Assim, a experiência carismática é condição *sine qua non* para poder ser membro da Canção Nova, tanto que o artigo 18 dos seus estatutos reza: "Somos Renovação Carismática Católica. Nascemos nela. Nela nos formamos. Com ela crescemos. A pessoa que se sente chamada à Canção Nova deve ter passado pela experiência da RCC".[15]

Ao assumir como missão a expansão do avivamento espiritual (glossolalia, repouso no Espírito), as novas comunidades, inclusive a Canção Nova, contribuem para a consolidação da pentecostalização católica, fazendo dessa mística o estilo de agrupamento societal que as caracteriza na sociedade e na Igreja.

---

14 Giovanni Paolo II, 1998, n. 1123.
15 <www.cancaonova.pt/index.php?option=com_content&view=article&id=474&Itemid=26>. Acesso em: 09/05/2010.

O reconhecimento pontifício oficial obtido em 2008 reforça a certeza de Jonas Abib de que a Canção Nova foi suscitada pelo Espírito Santo para responder à necessidade da sociedade contemporânea de "um anúncio forte e de uma sólida e profunda formação cristã", tal como definido acima por João Paulo II. No sentir de seu fundador, que está muito ciente da liderança de sua comunidade, esse reconhecimento é: "um ponto de chegada maravilhoso. Deus é sempre providente, pois a aprovação dos nossos estatutos acontece, exatamente, quando completamos 30 anos de história".[16]

A pluralidade dos grupos religiosos que se autodenominam e/ou se identificam como novas comunidades é muito grande, calcula-se que há mais de 500 iniciativas sob essa égide espalhadas pela geografia brasileira (Carranza, 2009, p. 7). Muitas dessas comunidades reconhecem a Canção Nova como sendo a força motriz da RCC que propiciou, na figura de seu fundador, a formação de inúmeras bandas musicais, estimulou habilidades artísticas de incontáveis leigos, jovens, seminaristas, sacerdotes. Monsenhor Jonas Abib, a quem os membros muito admiram, possui grande importância como líder máximo da comunidade e inspira muitas pessoas a trilhar caminhos de fama, mesmo que restrita ao âmbito eclesial.

A centralidade de seu líder e a dimensão do respeito e veneração que ele inspira aos fiéis ficam claras no *site* da comunidade Canção Nova. Nele, encontramos a biografia, fotos, vídeos e a referência da produção editorial do fundador.[17] Amante da música, Monsenhor Jonas estampou essa referência no nome da comunidade, Canção Nova, sinalizando um dos elementos constitutivos do carisma da comunidade, pois:

> *Devido ao chamado inspirado e precursor, é impossível falar da Canção Nova hoje e não falar de unção, música e melodia de qualidade. Depois de 30 anos de evangelização e de toda a experiência acumulada, grandes massas, unidas em uma só voz, têm a certeza de que Deus fez dessa obra a casa do músico católico. [...] Nascemos da música e para a música* (Nelsinho Corrêa, Ministério de Música).[18]

---

16 <www.cancaonova.pt/index.php?option=com_content&view=article&id=474&Itemid=26>. Acesso em: 09/05/2010.

17 Em sua biografia disponível no site da Canção Nova, encontra-se que: "Em 1971 padre Jonas conheceu a Renovação Carismática Católica, que marcou sua vida e ministério. Empenhou-se mais ainda no trabalho com a juventude". Disponível em: <www.cancaonova.com/portal/canais/pejonas/textos. php?id=24>. Acesso em: 28/04/2010.

18 <comunidade.cancaonova.com/cancao-nova-e-a-musica/>. Acesso em: 20/11/2009.

Foi a partir da promoção de eventos musicais massivos no imenso complexo que constitui a sede em Cachoeira Paulista (São Paulo), que a Canção Nova passou a ter uma forte adesão da juventude. Atestam magistralmente essa afirmação os trinta mil jovens reunidos durante três dias no acampamento "Hosana Brasil", em novembro de 2009, cuja versão inglesa será abordada mais adiante. Com a participação de inúmeras bandas musicais, padres cantores, pregadores clérigos, leigos consagrados da comunidade e da RCC, o acontecimento foi descrito pelos promotores como "o maior encontro de espiritualidade promovido por esta Obra de Evangelização".[19] Nessa megaconcentração, os participantes, junto com Dunga, cantor e expoente máximo da música Canção Nova, entoaram melodias que rezavam: "O mundo quer desfigurar meu viver, trazendo os meus olhos ao que vai perecer... toda vez que oro eu me sinto feliz e me arrependo do que errado eu fiz...".[20] Os jovens também tiveram a oportunidade de escutar conselhos do tipo: O paganismo tem invadido nossa religião, nossa Igreja, e nós precisamos continuar dizendo não a isso, precisamos continuar querendo ser fiéis [...] propor-nos por hoje não pecar mais.[21]

O investimento maciço na música além de refletir o aspecto carismático aproxima muito a comunidade da juventude, fornecendo experiências que permitem adesão emocional e afetiva, via estilos musicais disponíveis no mercado. Entretanto, mesmo que os ritmos sejam modernizantes e rejuvenescedores, os discursos que acompanham os *shows*, encontros, congressos, louvores, em geral, são carregados de uma visão encantada e tradicional da realidade, na qual o bem e o mal se debatem na vida das pessoas. O demônio e o pecado são identificados nas práticas sexuais que desviam da norma católica oficial, portanto, devem ser combatidos cotidianamente por meio do louvor que, de certa forma, exorciza-os (Sofiati 2009, pp. 122-126).

Em sua análise sobre o perfil da juventude brasileira, Regina Novaes (2006) destaca que, apesar do atual cenário de ofertas religiosas plurais, as instituições tradicionais continuam a ser lugares de agregação social, de identidades e de formação de grupos, com importantes reflexos no

---

19 Spots veiculados na TV e na Rádio Canção Nova, em novembro de 2009.
20 <www.youtube.com/watch?v=hpUCx8UOC7I&feature=related>. Acesso em: 10/12/2009.
21 <hosanabrasil.cancaonova.com/?p=1653 >. Acesso em: 03/05/2010.

comportamento dos jovens na sociedade civil. Para essa autora (Novaes, 2006, pp. 289-290), as crenças e pertenças religiosas dos jovens são variáveis relevantes na sociedade brasileira contemporânea.

Nessa direção, a iniciativa de evangelização mais importante da CN é o PHN (Por Hoje Não, por hoje não vou mais pecar!), que propõe uma estratégia de luta contra o demônio, através da qual se busca diariamente "colocar qualidade no falar, pensar, sentir e agir não dando espaço ao mal que estraga amizades, casamentos, namoros...".[22] Inspirado no programa de sobriedade dos Alcoólicos Anônimos, criado nos EUA, o PHN sugere aos fiéis ficarem vigilantes vinte e quatro horas por dia para não caírem nas tentações dos vícios, drogas, sexo e consumismo. Como Jesus já pagou todos os pecados da humanidade, todos podem e devem ser santos, argumenta o PHN.

Esse discurso rompe com a concepção católica tradicional, descrita por Weber (1991), de que apenas indivíduos especiais ("os virtuoses") poderiam aspirar à santidade. Para o PHN, ser feliz é ser santo e todos podem encontrar a santidade, seguindo seu método. O lema "fazer novas todas as coisas" impulsiona a Canção Nova e, em proporções menores, muitas das novas comunidades, a organizar megaeventos, atividades e encontros que requerem um enorme investimento de recursos humanos e financeiros. Isso só é possível graças à novidade que representa o modo de vida que essas agrupações trazem e sua capacidade de organização empresarial, como se verá a seguir.

Apoiados por uma espiritualidade ancorada nos sacramentos, na leitura da Bíblia, sob orientação espiritual dos sacerdotes ou membros da CN, os jovens de hoje poderão ser "santos com calça jeans" que evitam sexo fora do casamento (Fabri, 2010, pp. 458-477). O jovem do PHN deve "viver, promover e divulgar a castidade", tida também como forma de prevenir a AIDS. Para isso, deve munir-se de orações como: **"São Miguel Arcanjo, defendei-nos no combate, sede nosso refúgio contra as maldades e as ciladas do Demônio!"**.[23] Para se "manter no propósito de ser santo na modernidade", a Canção Nova disponibiliza mensagens e dicas práticas nos programas de WebtvCN do PHN, envia SMS pelo celular e organiza acampamentos. Enquanto criador do PHN, Dunga declara: "a cada não que dou ao pecado

---

22 <blog.cancaonova.com/dunga/?page_id=8>. Acesso em: 29/12/2010.
23 <blog.cancaonova.com/livresdetodomal/>. Acesso em: 08/11/2010.

equivale a milhares de "SIMs" a Deus... São muitas as possibilidades de sermos felizes, porém, é necessário não vincular esse desejo ao pecado".[24]

Com doze anos de existência, o PHN é um dos "produtos de exportação" do estilo evangelizador da CN. Dunga declara na WebtvCN:

> *Hoje levo essa proposta para o Brasil e para o mundo, e em todos os lugares que chego e prego, o PHN se torna nova opção para nos levar a descobrir as belezas da nossa Igreja, seus sacramentos, dogmas, tradições, santos e Palavra de Deus, com a proposta simples de apenas dizer a cada dia ao pecado POR HOJE NÃO. [...] Já visitei muitos países, entre eles USA, França, Alemanha, Portugal, Itália, Canadá, Japão, Israel, e em todos eles encontrei cristãos que vibraram com a proposta.[25]*

Sobre a necessidade do PHN e sua aceitação em New York, entre brasileiros imigrantes, Dunga comenta:

> *Aqui vivem [...] migrantes, que batalham a vida, a gente percebe [...] a "garra" dos brasileiros... O PHN cabe direitinho neles, é uma roupa perfeita para auxiliá-los a ter uma vida digna...buscando a santidade, dizendo não ao pecado aqui no Estados Unidos.[26]*

A convivência identificada como "sadia", tanto no Hosana Brasil quanto no PHN, seria o suporte social que torna plausível essa visão de mundo oposta aos valores hegemônicos da sociedade contemporânea. Para manter tal convivência, propõe-se aos fiéis se "recolherem" simbolicamente, e por vezes fisicamente, em um lugar "santo". A CN converte-se nesse "local" de salvação. Portanto, construindo espaços de identidades juvenis, a CN defende uma ascese intramundana, apoiada em uma teologia e moral de luta cotidiana contra o demônio.

Sob o lema "fazer novas todas as coisas", que orienta a teologia e a espiritualidade da CN, dois elementos são essenciais para a manutenção e expansão internacional da comunidade: a capacidade empresarial e a organização interna dos membros, ambos aliados na promoção e

---

24 <blog.cancaonova.com/dunga/?page_id=8>. Acesso em: 29/12/2010.
25 <blog.cancaonova.com/dunga/?page_id=8 >. Acesso em: 29/12/2010.
26 <www.youtube.com/watch?v=gwgtQkDXfTo>. Acesso em: 30/12/2010.

manutenção de inúmeros projetos que requerem enormes recursos humanos e financeiros.

Um estilo original de comunidade

A visão teológica de remissão pessoal, num mundo de pecado e perversão moral, traz embutida, também, certa percepção de sociedade que molda a noção de missão dos membros da Canção Nova, e das novas comunidades. Matteo Calisi, Presidente Internacional da Fraternidade Católica de Comunidades de Aliança e Associações Carismáticas, declara:[27]

> *A RCC é a resposta a uma sociedade que decretou a morte de Deus. [...] O que quer nos dizer agora o Senhor? As Novas Comunidades são uma contestação diante da imagem de um mundo sem Deus, fechado em si mesmo, que se dirigiu a falsos deuses, tornando o homem escravo do sexo, do poder e do dinheiro.*[28]

Movidos por tal necessidade de trazer Deus ao mundo secular, homens e mulheres, tanto celibatários como casados, assim como sacerdotes se consagram a viver nas comunidades em pobreza, obediência e castidade. Outra novidade dessas comunidades será o redimensionamento do papel do leigo na estrutura eclesial. Na Canção Nova, considerados cofundadores ao lado do Pe. Jonas, destacam-se dois leigos casados entre si, Luzia Santiago e Eton Santiago, cujos exemplos contagiam outros muitos leigos, celibatários ou casados, motivando-os a criar também inúmeras comunidades novas.

No Brasil, por ter sido a primeira a ser fundada, a Canção Nova pode ser considerada, portanto, como referência e inspiração para outras que surgiram depois. Na Canção Nova, como nas demais comunidades, os membros podem optar por dedicação total, vivendo numa "comunidade de vida", compartilhando recursos e moradia, ou ser membro da "comunidade de aliança".

Enquanto os membros da "comunidade de aliança" possuem trabalhos seculares e fazem doações para manter a obra e os membros da "comunidade

---

27 The Catholic Fraternity of Charismatic Covenant Communities and Fellowhips, com sede na Itália, surge em 1990, a partir da iniciativa de Roma, por meio do Pontifício Conselho de Leigos, com o objetivo de aglutinar as emergentes comunidades carismáticas.

28 <www.cleofas.com.br/virtual/texto.php?doc=NOTICIA&id=nbm0357>. Acesso em: 04/04/2010.

de vida", estes últimos se dedicam exclusivamente ao trabalho religioso, sendo responsáveis diretos pela expansão da obra, no país e no exterior. Os membros da comunidade de vida comprometem-se com um estilo de vida pautado por:

> [...] uma entrega total e radical. Vivendo sob um mesmo teto, fazendo a renúncia total dos bens, vivendo na dependência da providência de Deus, colocando em comum vida e serviço, numa consagração total a Deus e aos irmãos.[29]

Embora também comprometidos com a obra e com o estilo de vida da Canção Nova, os membros da comunidade de aliança residem com suas famílias, exercem suas funções profissionais e gerenciam seus próprios salários, entretanto, participam do mesmo espírito missionário da comunidade pois:

> A vocação desses missionários é reconhecida pela busca do equilíbrio de uma vida de oração, de vida fraterna em comunidade e trabalho santificado, com o coração voltado à evangelização, [...] acrescentando ainda que o hábito dos membros da Canção Nova é o sorriso (Depoimento de Vera Lúcia Reis).[30]

Nesse sentido, as novas comunidades configuram-se como núcleos de vivência católica, nos quais as exigências de vida comunitária pressupõem rupturas com o mundo secular e cumprimento do ideário de santidade que exige uma opção radical e desprendimento, que implicam a submissão da própria liberdade ao imperativo de obediência a outrem sob mandato tido como divino. Apostam na opção pela castidade sexual, seja no celibato ou no matrimônio, pela pobreza e renúncia aos bens materiais, dependendo completamente da Providência para subsistência. Com grande capacidade para reorientar, de forma relativamente duradoura, a vida de milhares de pessoas, a Canção Nova revela-se como instância eclesial de forte apelo religioso.

Os membros da Canção Nova se consideram como chamados por Deus para realizar uma missão, não só no sentido mais amplo de

---

29 Disponível em: <www.arcadaalianca.com.br/textos/index.php?texto=ARCADAALIANCA_OQ>. Acesso em: 09/04/2010.
30 Formadora da Canção Nova, disponível em: <comunidade.cancaonova.com/testemunho-dos-membros/>. Acesso em: 10/03/2010.

"serviço ao próximo", mas também, e muito frequentemente, no sentido de missão como evangelização ou reavivamento e/ou mesmo divulgação do cristianismo em sua versão católica renovada, como bem o expressa uma vocacionada:

> *Ser Canção Nova significa acolher a vocação e o lugar que desde sempre Deus havia designado para mim. Canção Nova é o lugar escolhido por Deus para ser a minha escola de santidade [...] significa cuidar de um povo: o povo de Deus. Acolher o dom de Deus. Não consigo me ver em outro lugar, aqui é o meu ponto de chegada e partida. Nela encontrei o meu lugar na Igreja [...] para que toda a minha vida seja um canto de louvor à bondade do Senhor.* [31]

A obediência desempenha um papel fundamental na obra missionária da comunidade. O consagrado abre mão de sua autonomia de escolha, pois considera que Deus escolhe por ele, como atesta o depoimento de uma jovem quando questionada sobre sua opção em relação ao local de sua missão:

> *[...] Não somos nós que decidimos a missão aonde vamos. Quem decide é o Conselho (da Canção Nova) onde acontecem as reuniões e é determinado para onde o missionário vai... nós sabemos que o Conselho é a voz de Deus por isso o obedecemos...* (M.S.A. Entrevista, 29/03/2010).

Para responder a essa exigência, entre outras, os "novos apóstolos do século 21", como são identificados os futuros membros, participam do "programa de formação de missionários da Canção Nova", em que vivenciam duas fases de formação: a inicial, que se subdivide em pré-discipulado, discipulado, juniorato, e a permanente, ou seja, a vida consagrada e a consagração para sempre, ambas as fases incluem a aspiração para o sacerdócio, o celibato e o matrimônio. Os formadores responsáveis velam para que seja incluída direção espiritual, confissões, encontros mensais com o formador e retiros da "Boa Morte". Segundo depoimento da formadora:

> *Os missionários reforçam, neste período, a identidade do carisma Canção Nova e aprendem a lidar com sua própria formação humana ligada a um*

---

31 <comunidade.cancaonova.com/testemunho-dos-membros/>. Acesso em: 20/02/2010.

trabalho de reconciliação da salvação pessoal. Essa formação é mais intensa aqui porque quanto menos pendências (afetiva, familiar, de vida comunitária e espiritual) o membro tiver, mais condições tem de averiguar a sua vocação profundamente (Vera Lúcia Reis).[32]

A decisão de confiar a sobrevivência pessoal e institucional apenas à Providência finca suas raízes nas diretrizes teológicas que orientam a relação econômica dos membros da Canção Nova, como é possível ler nas palavras do fundador que aconselha na revista mensal do socioevangelizador:

Deus precisa ser o primeiro. Este é o sistema de Deus! O mundo nos enganou e entramos direitinho nele. [...] É preciso, o mais depressa possível, pular para fora desse sistema; ele está matando nossas famílias, nossos filhos, nossos casamentos...Se você busca Deus em primeiro lugar, se busca a implantação de seu reino como primeiro investimento de sua vida, tudo o mais lhe será dado em acréscimo. Vida, saúde, comida, roupa, presente e futuro [...] é Deus quem providencia! (Mons. Jonas Abib).[33]

Diretriz que parece concretizar-se, também, na dinâmica institucional da comunidade que sobrevive através das doações de uma extensa rede social de sócios, angariada na transmissão de programas televisivos, radiofônicos e na webtv. Além disso, ocorrem também outras campanhas que motivam doações extras de pessoas que ainda não são sócias da CN. Adotando um sistema do tipo empresarial, o administrador geral da Canção Nova define "metas" de arrecadação a partir do cálculo dos gastos necessários para manutenção das distintas atividades e presta contas aos contribuintes, informando sobre os valores já arrecadados. Munido de uma tabela com dados, faz nestes termos a reflexão:

É possível viver da Providência? [...] O que vivemos a cada ano e mês é uma experiência de que Deus cuida de nós. Deus sempre colocou os filhos para trazer o necessário. Foi sempre assim. Ele quis contar com pessoas assim como eu e você para manifestar o "Deus proverá". Sua Divina providência em resgate de almas (Wellington Silva Jardim).[34]

---

32   <comunidade.cancaonova.com/preparacao-para-a-vida-consagrada/>. Acesso em: 17/02/2010.
33   Revista Canção Nova. Ano XI, n. 110. Fev/2010, p. 5.
34   Revista Canção Nova. Ano XI, n. 110. Mar/2010, p. 9.

A ênfase na Providência e a fala de Jonas Abib, acima mencionados, parecem entrar em rota de colisão com a lógica secular da sociedade de con- sumo de massa. Referindo-se a essa sociedade, Gilles Lipovetsky comenta:

> *Raros são os fenômenos que conseguiram modificar tão profundamente os modos de vida e os gostos, as aspirações e os comportamentos da maioria em um intervalo de tempo tão curto. Jamais se reconhecerá tudo o que o homem novo das sociedades liberais "deve" à invenção da sociedade de consumo de massa* (Lipovetsky 2007, p. 11).

Um dos dispositivos, segundo Eliane Oliveira (2009, p. 197), da Canção Nova para se opor a essa sociedade secular seria a "vida no Espírito", ou seja, a experiência religiosa católica carismática, o êxtase de um Pentecostes revivido cotidianamente. Essa experiência de êxtase nutre seus discursos de crítica ao mundo, solda a comunidade internamente e alimenta a força centrípeta que a conduz para dentro da Igreja. No entanto, sua missão de ocupar espaços sociais e competir com a cultura secular a obriga a estar voltada para o "mundo", e a usar seus instrumentos, marcando presença nas ágoras midiáticas: os *mass media*. A especificidade de sua vocação exige que levante grandes somas. Por isso, apesar de ser crítica em relação ao estilo consumista da sociedade contemporânea, a Canção Nova necessita estimular também certo consumismo religioso, possuindo lojas virtuais e recorrendo à lógica empresarial, como mostra Antonio Braga (2004).

Um carisma para novos canais da evangelização

O que a Canção Nova tem de mais forte são os meios de comunicação. O restante são estruturas que qualquer comunidade poderia ter. Nós temos a graça de ter os meios que Deus nos deu e comunicar um Senhor vivo e vivenciado por nós. É o presente que o mundo mais almeja, porque isso corresponde à sua maior necessidade (Mons. Jonas Abib).[35]

---

35 Alocução do fundador com motivo da celebração da aprovação pontifícia da Canção Nova em 29 de Setembro de 2008. Disponível em: <comunidade.cancaonova.com/palavra-do-fundador/>. Acesso em: 02/04/2010.

Sob a convicção de que missão da Canção Nova seria a modernização tecnológica da Igreja no Brasil, foi inaugurado, em 1980, o sistema de Rádio CN e, nove anos depois, em 1989, o sistema de TV Canção Nova. A diversificação de meios segue pelos anos seguintes, acompanhando os avanços tecnológicos. O sistema Canção Nova de Comunicação abrange atualmente Revista (com editora para impressão também de livros) Rádio (AM e FM) TV, Portal, WebTV e Mobile (o que inclui a transmissão de fotos, músicas, imagens, vídeos e pregações pelo celular, palmtops e IPod). No Brasil, o sinal é transmitido por 86 operadoras de TV a cabo e, no exterior, via satélite.[36] Além de produzir e comercializar livros (com mais de 1500 títulos), Cds, e DVDs (mais de 500), conta com um *Call Center* (120 mil chamadas mensais), um Departamento de Audiovisuais e estrutura multicanal de comercialização (varejo, atacado, porta a porta, catálogo e *e-commerce*).

A maior preocupação da produção midiática do sistema Canção Nova é a de oferecer programas radiofônicos, televisivos e ambientes virtuais *sadios* que acompanhem a inovação midiática (webtv[37], *blogs, sencond life, lifestream, wallpaper, ringstones, truetones,* mp3, *wik, podcast,* web rádio, fórum...). O esforço é sempre disponibilizar conteúdo que faça realidade o desejo do Papa João Paulo II, que declarou: "a internet é o veículo da evangelização do terceiro milênio", por isso, "essa obra de Deus (Canção Nova) não poderia deixar de usufruir dela".[38]

Entretanto, como referência da mídia católica brasileira, a Canção Nova se propõe veicular informações sobre a Igreja, links com formação espiritual, palestras, eventos, shoppings, bate-papos, notícias eclesiais (locais e globais), além de produzir material e atividades voltados às casas de missão. Apesar de esforços no Brasil e no exterior para ampliar sua audiência, a mídia da CN se apresenta como uma mídia "de serviço junto à Igreja", como demonstra o depoimento:

O Sistema Canção Nova de Comunicação inaugura sua Central de Produção Multimídia [...] complexo que reúne rádio, TV e internet, somado à digitalização, permitirá que a Canção Nova cumpra com mais

---

36   <comunidade.cancaonova.com/meios-de-comunicacao/>. Acesso em: 18/12/2010.
37   Dados da própria comunidade informam que, em 2004, a webCN foi a primeira do gênero no mundo, católico, registrando mais de 350 mil acessos mensais. Disponível em: <comunidade.cancaonova. com/internet/ >. Acesso em: 02/02/2010.
38   <comunidade.cancaonova.com/internet/>. Acesso em: 02/02/2010.

afinco sua missão e serviço junto à Igreja e aos bispos do Brasil e junto à população [...] com a integração, nossos meios de comunicação ganham mais força (Ana Paula Guimarães, Brasília, 5 de maio de 2010).[39]

Por criar uma rede comunitária midiática, não presencial, motivando uma aliança através de doações em quantidade suficiente para realizar projetos tecnológicos custosos, a Canção Nova já é uma pioneira no mundo católico brasileiro. A importância dos contribuintes fica muito clara nas palavras do fundador da Canção Nova abaixo:

Foi através da Rádio Canção Nova que foi criado o Clube do Ouvinte, conhecido como **CORAÇÃO DA OBRA!...** é o **Programa da Família Canção Nova,** feito para os sócios benfeitores, pessoas que contribuem espontaneamente com a Canção Nova, pois não veiculamos propagandas comerciais, ou seja, vivemos da Divina Providência![40]

O estilo de arrecadação se repete no estrangeiro como o atesta o diácono Valdir, responsável pela missão CN na França, que declara: Com sua ajuda, sócio-evangelizador brasileiro, nós tentamos levar o jeitinho brasileiro de louvar o Senhor, a pregação do jeito brasileiro para o povo francês... cada vez mais as pessoas vêm e gostam de nosso estilo de evangelizar com retiros de cura interior...Tudo tem que ser feito em francês e custa caro... Sem você (doador), nada disso aconteceria...Vocês são os grandes investidores nesta obra de evangelização. A França, a Europa, que no século XIX enviou missionários para o mundo inteiro, hoje está precisando ser evangelizada, você investe na obra certa![41]

Em outra latitude do planeta, o Pe. Roger Araújo, responsável pela comunidade de Atlanta/USA, escreve à comunidade de católicos brasileiros, agradecendo as contribuições econômicas dos fiéis e solicitando ajuda na ampliação dos equipamentos digitais, porque:

> *Desde que cheguei aqui nos EUA, o meu sonho é termos uma rádio para os nossos imigrantes brasileiros... Este sonho está no coração de Deus e tenho certeza de que, em breve, teremos este presente para todos nós. Conto com suas doações e preces, para que este desígnio possa se realizar no tempo de Deus.*[42]

---

39 Depoimento disponível no mídia player <blog.cancaonova.com/eto/2010/05/05/central-de-producao-da-cn-em-brasilia/>. Acesso em: 06/05/2010.

40 <blog.cancaonova.com/riodejaneiro/programa-clube-do-ouvinte>. Acesso em: 02/04/2010.

41 <blog.cancaonova.com/franca/2008/09/29/a-cancao-nova-na-franca/>. Acesso em: 31/12/2010.

42 <blog.cancaonova.com/eua/category/associados/>. Acesso em: 21/12/2010.

Se é verdade que o complexo midiático da Canção Nova conta com a Providência Divina apoiando seus projetos, também é certo que a lógica empresarial é uma ferramenta decisiva para captar e gerenciar recursos econômicos daqueles que se comprometem a manter a obra, como revela a analista do Departamento de Marketing Institucional, para quem a captação de recursos:

> [...] É o resultado de um planejamento que sai das minhas mãos, com a ajuda da minha equipe de trabalho. Também percebo esse resultado, quando presencio doações... (Silvia Cristina Rodrigues).[43]

As doações são estimuladas por um amplo leque de estratégias e projetos de arrecadação, dentre os quais se destaca a campanha "Dai-me Almas", que fornece recursos para o sistema de comunicação Canção Nova. O fundador justifica essas campanhas:

> [...] é justo que nós queiramos muito mais dinheiro para resgatar do que para perverter. Veja quanto dinheiro está sendo investido, quantos milhões de dólares, de euros, libras, estão sendo investidos na perversão das pessoas... Por isso é justo que tenhamos dinheiro nas mãos, administrando-o para Deus, para resgatarmos nossos irmãos, porque eles não podem se perder (Mons. Jonas Abib).[44]

Mesmo que não seja, entre as comunidades brasileiras, a que possui mais casas (25) ou a que agrega mais membros nas suas comunidades de vida e de aliança (966), a Canção Nova tem a maior visibilidade e talvez o maior número de membros de aliança.[45] Se considerarmos como "membros de aliança" todos aqueles que contribuem para a Rádio e TV Canção Nova através do "clube do ouvinte", sem dúvida, a CN conta com ampla membresia entre os que ouvem a rádio e assistem à TV Canção Nova, espalhados pelos vários estados do país, e também no exterior.

---

43   Informativo FJPII, Fundação João Paulo II. Mar. 2010, nº 42, Publicação Interna dos colaboradores da FJPII/Canção Nova. Cachoeira Paulista-SP: 02.

44   <clube.cancaonova.com/materia_.php?id=11114>. Acesso em: 06/04/2010.

45   A comunidade Shalom, a outra referência das novas comunidades no Brasil, conta com 53 casas de missão (sendo 12 no exterior). Em: <www.comshalom.org/institucional/ondeestamos.php>. Acesso em: 06/05/2010.

Sem dúvida que a habilidade para obter recursos e usar os meios eletrônicos de comunicação de massa é um fator fundamental para seu sucesso. Essa sua expansão, contudo, gera um duplo movimento. Por um lado, um movimento centrífugo, pois, na apropriação das mídias integradas para a evangelização, transborda o território brasileiro e se projeta virtualmente, como o confirma, em USA, o Pe. Roger Araujo, presbítero da CN:

> *Nós estamos longe da nossa pátria, mas estamos bem perto do coração de Deus. Esse site vai nos ajudar com interatividade, espiritualidade formação e muitos conteúdos necessários para nossa vida aqui. Nós precisamos da sua contribuição, da sua interatividade. Nós precisamos que você faça desse site a sua casa, o ponto de encontro da comunidade católica brasileira aqui nos Estados Unidos.*[46]

Por outro lado, há um movimento centrípeto, que beneficia a própria comunidade, seja no aumento de meios para divulgar seu carisma, na multiplicação da visibilidade de seus projetos, ou ainda na angariação de recursos materiais e vocacionais.

A mídia desempenha um papel importante no recrutamento de novas vocações. Informações divulgadas via *online* permitem futuros membros tomar contato com a comunidade e discernir sua possível pertença. Assim nos narrou sua experiência vocacional uma aspirante:

> *[...] participei do Grupo de Oração, na paróquia. Mas eu queria algo a mais. Entrei no site da Canção Nova [...] me identifiquei com a proposta missionária [...] iniciei o pré-discipulado e fiz o discipulado pela internet sem ter que deixar minha cidade, deixar minha família. [...] Acompanho os blogs das casas de missão e quero formar parte da família Canção Nova"*
> (D.S. Entrevista 17/04/2010).

Se esse testemunho é de quem se restringe às fronteiras nacionais, outros testemunhos no exterior registram a experiência vocacional, como se observa nas declarações registradas no vídeo sobre o décimo aniversário da CN em Portugal, em que se afirma:

---

46   Disponível em: <www.youtube.com/watch?v=j7GZDEdVQZY>. Acesso em 03/12/2010.

Novas Leituras do Campo Religioso Brasileiro

> *Quero render meu Hosana ao Senhor especialmente porque, no decorrer desses dez anos, surgiram as primeiras vocações portuguesas na forma de vida e de Aliança ao carisma Canção Nova e esse é o melhor fruto da nossa entrega de vida.*[47]

Mesmo com essas vantagens, centrípetas e centrífugas, a CN ainda se constitui como uma mídia de católicos para católicos, não conseguindo ultrapassar o umbral intereclesial, apesar dos enormes investimentos humanos e econômicos (Carranza, 2011: 141-223), o que parece não ser uma preocupação da própria comunidade, muito pelo contrário, parece ser sua marca conforme *spot:*

> *TV Canção Nova, sua TV cem por cento católica em Portugal, com a programação baseada nos valores e princípios cristãos. [...] nossa TV se mantém sem anúncios publicitários, com programas de vários formatos, estilos e temas como de espiritualidade, jornalismo, entrevistas, programas infantis, eventos, cultura, música, entretenimento e muito mais. WebtvCN é sua TV católica em Portugal.*[48]

Saber evangelizar pelos meios de comunicação de massa é o principal carisma da CN, sua principal missão e vocação. Esse seu dom especial, como lembra Camurça (2009, p. 71), coloca-a numa dinâmica de "barganhas", empréstimos e influências mútuas entre o mundo da mídia e da religião. A mídia não é um instrumento neutro, como destaca esse autor, ela possui sua lógica própria de interpretação e de construção de realidade que obedece a cânones da modernidade e seus valores. Mesmo que utilizada para fins religiosos não se isenta dessa lógica (Carranza, 2005, p. 192).

Uma vez mais, confirma-se o dilema que enfrenta a Igreja católica: dialogar com a modernidade, tentando manter seus valores tradicionais. Se aceitarmos a perspectiva teórica de McLuham, condensada na máxima "o meio é a mensagem", a CN estará, provavelmente, sem se dar conta, assumindo e transmitindo alguns dos valores centrais da sociedade contemporânea, que se propõe a criticar. Retomando o argumento acima de

---

47 <blog.cancaonova.com/tvpt/2008/08/04/hossana-portugal-10-anos-da-comunidade-cancao-nova-em-portugal/#comments>. Acesso em: 20/01/2011.

48 <www.cancaonova.com/portal/canais/tvcn/tv/mostramateria.php?id=2592>. Acesso em: 10/03/2010.

Camurça (2009), a manutenção de um sistema de alta tecnologia atualizado leva à extrema valorização da produtividade, da competitividade, da capacidade de seduzir massas, de levantar recursos com rapidez e eficiência, sob o risco de identificar bênçãos divinas com grandes números em geral, seja em termos de audiência ou de recursos financeiros captados. Efeitos e dilemas que só aumentam quando a comunidade, impelida pelo ardor missionário, transborda seu território e migra, com toda sua bagagem teológica e proposta evangelizadora, para outras culturas, outros valores, outros territórios.

Missionários do carisma midiático

> *Deus está enviando a Canção Nova, agora, para a sua missão pública... Não vamos servir unicamente ao Brasil, porque a Igreja nos aprova e nos abre as portas para irmos para o mundo. [...] Evangelizar no mundo de hoje é a grande necessidade da Igreja. [...] Este reconhecimento (pontifício) não é apenas nosso [membros da Comunidade], mas sim de toda a família Canção Nova. Esta conquista, esta vitória, pertence a você que nos acompanha e nos ajuda* (Mons. Jonas Abib).[49]

Em sintonia com essa declaração do fundador, o missionário em USA, Fernando Fantini explicita como o departamento de Informática e Tecnologia da Canção Nova é o instrumento para ir além-fronteiras:

> *A CN conta com 200 operadoras que, em transmissão via satélite, tem alcance nos cinco Continentes, são 45 milhões de receptores espalhados pelas Américas, Europa, Oriente Médio, Norte da África, Oeste da Ásia e Oceania. Para ampliar o seu alcance a emissora dispõe de um canal na WebtvCN, a primeira web católica do Brasil... com conteúdos diferenciados para os internautas. A equipe aposta na interatividade via celular, novas formas de interação via SMS...aproveitamos as novas ferramentas através dos blogs, twitter, portal de voz.*[50]

A missão, assim, é percebida não tanto pelo número de casas que abrem, mas pelo alcance de sua mídia e pela realização de eventos.

---

49   <comunidade.cancaonova.com/palavra-do-fundador/>. Acesso em: 02/04/2010.
50   <www.webtvcn.com/canal/international>. Acesso em: 15/12/2010.

Mas, além de investimento tecnológico e contatos episcopais certos, há um motor propulsor: a interpretação sobrenatural dos acontecimentos cotidianos. Os membros da CN sentem-se, portanto, em comunicação direta com Deus:

> *Uma vez na casa da Canção Nova aqui em Roma e, após a comunhão, fizemos um momento de ação de graças. O Salmo que me veio ao coração foi o de número 2: Pede-me e te darei as nações por herança. Nós fomos corajosos e pedimos, não para nós, mas para Jesus Cristo, as nações por herança. Tivemos a ousadia de filhos. Pouquíssimo tempo depois, abriram-se as portas do céu e conseguimos o satélite. O alcance da Canção Nova chegou longe* (Homilia 5/11/2008. Dom Alberto Taveira Corrêa).[51]

Esse apelo missionário pode ser visto como a coluna vertebral da proposta evangelizadora da Canção Nova. Quando visitamos o *site* da comunidade e tivemos contato com os mais variados materiais de divulgação, eletrônicos e impressos, constatamos que convidar todos à missão não significa que estejam estimulando a todos os seus membros a realizarem deslocamentos geográficos ou trabalhos proselitistas. Na verdade, as novas comunidades defendem, tal como o discurso oficial Igreja Católica, que todo cristão é chamado a propalar sua fé, mas que cada um tem sua forma específica para fazer isso. O chamado missionário é necessariamente muito diverso. Tanto se pode realizar uma missão no sentido restrito do termo, significando realizar viagem para terras estranhas, mas também num sentido mais amplo, como por exemplo, dar testemunho da fé no seu cotidiano. A definição de missionário aparece no *site* para quem queira ler:

> *É aquele que anuncia o Evangelho, fazendo suas as palavras e o testemunho de Jesus Cristo; mas é também aquele que, mesmo sem anúncio explícito, encarna e vive cada uma dessas palavras, transformando-as em gestos concretos de solidariedade. [...] Missionário é aquele que está disposto a sair, lançar-se em terras estranhas e inóspitas, abrir veredas novas no deserto ou na selva; mas é também aquele que se dispõe a ficar, convertendo-se em presença viva e atuante em cada dor humana e em cada*

---

51 <comunidade.cancaonova.com/homilia-5/>. Acesso em: 08/9/2010.

porão de sofrimento. [...] Missionário é aquele que sobe à montanha, onde reza; [...] mas é também aquele que desce à rua e aos campos e, no contato vivo com mulheres e homens desfigurados...[52]

As ideias propaladas pelas lideranças, divulgadas pela literatura e *sites* do grupo, são repetidas pelos membros. Estes afirmam que podem fazer missão tanto longe quanto perto de casa em sua terra natal, que as dificuldades enfrentadas pelo missionário não diminuem a intensidade de sua felicidade, e ainda defendem que buscam integrar o ativismo pastoral e a contemplação espiritual. O trecho de entrevista abaixo ilustra esse tipo de discurso:

É evangelizar com sua vida...não só apenas...em todos os aspectos da vida...viver o evangelho em qualquer lugar do mundo...temos que ser fiéis apesar das fraquezas, lembrar que somos miseráveis...levar o evangelho vivido (E.S.S. Entrevista, 29/03/2010).

A Canção Nova reconhece que sua missão principal é a de levar o Evangelho aos diferentes cantos do mundo pelo som e imagem da mídia. A ideia de missão como expansão geográfica fica muito clara quando Pe. Jonas Abib exorta: "Não vamos servir unicamente ao Brasil".

Outro elemento importante é o destaque da necessidade da igreja de "Evangelizar no mundo de hoje". Diferentemente dos missionários que acompanhavam os colonizadores, não se pretende falar de Cristo para quem nunca ouviu. A missão das novas comunidades é arrebanhar católicos desgarrados, reanimar a fé dos que estão afastados do seio da sua igreja, reinstitucionalizá-los e engajá-los na dinâmica sacramental e na prática religiosa.

Há também a diferença de que os missionários católicos contemporâneos encontrarão na terra de missão uma hierarquia e comunidade católicas longamente estabelecidas, portanto, mais que abrir caminho, eles consolidam opções da igreja local. Por isso, segundo indica missionário enviado temporariamente a Portugal:

Sempre quando a Canção Nova vai é porque a diocese chama... Chegamos primeiro a serviço. Nunca vamos sem ser chamados. O bispo da cidade pede... o Conselho vê as possibilidades...nós abrimos nosso coração e obedecemos (P.A.L.W. Entrevista 29/03/2010).

---

52 <wiki.cancaonova.com/index.php/Miss%C3%A3o>. Acesso em: 04/04/2010.

Uma missão católica não pode se estabelecer em uma paróquia sem ter permissão da hierarquia. O convite do bispo é fundamental. A liderança da comunidade pode ir ao bispo negociar esse convite, pedir para ser convidada, mas não pode chegar sem convite ou sua aprovação.

Mais relatos são encontrados no *site* da CN sobre esses convites: Após contato com o Bispo Maronita Reverendo Paul Nabil Sayah... foram enviados seis membros da Comunidade Canção Nova à cidade de Belém em Israel;[53]

Dom Wilton Gregory convidou a Canção Nova e um padre para morar e levar a Boa Nova para a capital da Geórgia nos EUA;[54]

Estamos na França, na Diocese de Fréjus-Toulon sob olhar cuidadoso do nosso Bispo, Dom Dominique Rey.[55]

Observamos que a CN prioriza sua atuação, dependendo do convite que recebe e da solicitação do bispo. Um exemplo, a missão dos EUA, liderada por Pe. Roger Araújo, foi convidada para acompanhar brasileiros imigrantes. Já o prelado de Fréjus-Toulon, na França, convidou a Canção Nova, cujo trabalho tem sido coordenado pelo diácono Valdir, para reavivar o catolicismo em sua diocese. Em Portugal, a CN busca apoiar o desenvolvimento de tecnologia de comunicação e também reavivar a fé naquele país. As missões da Itália e de Israel pretendem ser uma âncora em língua portuguesa de difusão jornalística dos locais santos e seus eventos, além de incentivar e oferecer apoio às peregrinações de brasileiros.

Entretanto, o dinamismo e o entusiasmo religiosos que a mística carismática imprime nos membros das Novas Comunidades assustam, por vezes, o clero. O temor de que esse entusiasmo e dinamismo levem a autonomias e criem uma "igreja paralela" aparece nos textos elaborados por líderes da hierarquia, especialmente aqueles textos direcionados aos líderes leigos. Ilustramos esse tipo de advertência com a declaração abaixo, de Dom Alberto Taveira Corrêa, Arcebispo de Belém (PA) e Diretor Espiritual da RCC e das Novas Comunidades, no Brasil. O bispo Taveira não quer desestimular o ímpeto missionário, mas ressalta que, quando em missão (geográfica), as Novas Comunidades não podem deixar de:

---

53 <www.cancaonova.pt/casa-de-missao>. Acesso em: 04/04/2010.
54 <blog.cancaonova.com/eua/sobre/>. Acesso em: 04/04/2010.
55 <www.cancaonova.pt/casa-de-missao>. Acesso em: 04/04/2010.

> *Conservar a comunhão com o Papa e os Bispos. Sejam fiéis à inspiração do Senhor, submetam-na ao Bispo, em sua Diocese de origem. [...] Os bispos esperam das Novas Comunidades um caminho de amadurecimento, na superação de exclusivismos e no estabelecimento de um fecundo caminho de diálogo.*[56]

Nessa declaração, o prelado lembra a predominância do *carisma institucionalizado* da Igreja Católica na figura do bispo em relação ao carisma do tipo mais profético da Nova Comunidade, de seu líder e/ou dos fiéis que podem ter recebido diretamente alguma revelação do Espírito Santo. Esse tipo de cuidado por parte da hierarquia e das novas comunidades é fundamental para o projeto católico de preservação da unidade eclesial, sem a qual o magistério das Novas Comunidades não sustenta o legado tradicional.

O Brasil tem sido historicamente país alvo de missões das diferentes religiões e apenas, muito recentemente, tem se tornado origem de missões. Um católico brasileiro leigo partir para missão no exterior, como parte do carisma do grupo que o envia, ainda é um fenômeno bastante raro. Em geral, os missionários são vinculados a ordens religiosas tradicionais, padres e freiras e/ou ordens terceiras dos mesmos, bem como Institutos de Vida Consagrada. Na maioria das vezes, os leigos vão para uma missão na qualidade de voluntários e não de representantes com missão de fundar comunidades. Esse é mais um dado de singularidade da expansão da Canção Nova.

Essa dimensão não passa despercebida ao assessor de Ação Missionária do Brasil e Secretário Executivo do Conselho Missionário Nacional (COMINA), que, por ocasião da sondagem inicial às Dioceses brasileiras para envio de missionários ao Haiti, comenta sobre o aumento de missionários leigos fora do país. Mais ainda, destaca que:

> *Na maioria dos casos, os leigos procedem das novas comunidades, o que talvez se explica pela facilidade que eles têm para manter contatos diretos com os bispos das dioceses no estrangeiro, sem precisar passar pelo COMINA* (Entrevista Pe. José Altevir da Silva, 06/05/2010).

---

56 <www.cancaonova.com/portal/canais/eventos/novoeventos/cobertura.php?cod=169&pre=468&tit=As%20 Novas%20Comunidades%20na%20solicitude%20dos%20bispos>. Acesso em: 02/04/2010.

Certamente, as novas comunidades, ao menos as brasileiras, tornaram-se instâncias articuladoras de atividades missionárias, capazes de formar redes nacionais e internacionais que permitem a circulação de um determinado catolicismo. Assim, localizar os brasileiros que participaram da Igreja católica e/ou já tiveram contato com a CN é um bom começo para *transplantar* o seu carisma. A seguir, aprofundaremos algumas dimensões dessas atividades missionárias da CN na diáspora.

Canção nova para recriar o mundo

Fiéis ao lema "chegar a todos os cantos da Terra a começar pelo coração da Igreja", a Canção Nova inicia sua expansão no exterior por Roma, onde se encontra instalada há 13 anos. A principal missão nessa cidade é difundir para o público de língua portuguesa as atividades do Papa, transmitindo suas audiências, pronunciamentos, viagens e documentos, e os da Cúria romana.[57] Ainda que a comunidade tente se inserir no país, traduzindo para o italiano o portal da CN, produzido no Brasil, a CN está voltada principalmente para incentivar os telespectadores brasileiros a peregrinar a lugares e cidades específicas. O mesmo ocorre com a casa em Israel, visto que:

> *Desde 2005, a Casa (em Israel) alcançou inúmeras vitórias, entre elas... a crescente produção qualitativa de programas, documentários e matérias jornalísticas realizadas pela equipe de televisão e internet local; o crescente número de peregrinos que, motivados pelos programas exibidos pelo Sistema Canção Nova de Comunicação, visitam a Terra Santa, nenhuma televisão religiosa faz isso aqui.*[58]

Além disso, em parceria com outra nova comunidade brasileira, a "Obra de Maria", a CN oferece o suporte logístico e espiritual para os peregrinos brasileiros que ela organiza em visita à Terra Santa e, ao mesmo tempo, promove peregrinações especiais como a divulgada por Dunga para os brasileiros imigrados nos EUA em Long Branch NJ:

---

57 <blog.cancaonova.com/roma/apresentacao-da-cancao-nova-em-roma/>. Acesso em: 10/03/2010.
58 <blog.cancaonova.com/terrasanta/historico-cancao-nova-na-terra-santa/>. Acesso em: 05/12/2009.

Você já pensou em peregrinar pela Terra Santa, onde Jesus andou? Canção Nova possibilita que você peregrine por Israel levando consigo todos os motivos e intenções, orações, pedidos de seus familiares... Eu disse peregrinar, não é excursão religiosa, não é passeio, não é turismo, é missa diária, oração dentro do ônibus, meditação nos lugares sagrados, em clima de meditação, sairemos do Brasil para ter uma experiência...vamos reviver a vida de Jesus... Também oferecemos um PHN, experiência radical para jovens, subiremos todos os montes a pé, vamos andar de camelo, dormiremos no deserto... será radical...[59]

Brasileiros acompanhando brasileiros no exterior, na qualidade de migrantes, essa será uma das dimensões da missão da Canção Nova fora do Brasil e, especificamente, da comunidade nos Estados Unidos, fundada em 2004. Evangelizar supõe para a comunidade em USA responder ao chamado feito pelo Arcebispo de Atlanta, Dom Wilton Gregory, quem solicitou a realização de encontros para brasileiros na Arquidiocese de Atlanta e outros estados.[60] A tarefa iniciou-se com a criação de um Grupo de Oração, logo viriam os dias de Louvor, retiros espirituais e eventos que se propunham a atrair um amplo público. O coordenador descreve suas atividades:

Eu, padre Roger Araujo, estou trabalhando com os nossos irmãos brasileiros que vivem na Geórgia...procurando viver com eles a linda experiência de viver o Evangelho de Cristo longe da nossa Pátria... Quero que você conte comigo e com todo o trabalho da missão da Canção Nova nos EUA... Estamos à sua disposição, para encontros, missões, matérias de evangelização e com todo potencial de comunicação na mídia que Deus nos confiou para que você e sua família não se sintam sozinhos...[61]

De outro lado, Dunga reconhece, falando sobre seu encontro em Londres: "No geral, eu vejo que são os brasileiros levando uma

---

59 <cancaonova.com/portal/canais/tvcn/tv/mostramateria.php?id=2592>. Acesso em: 29/12/2010.

60 Como por exemplo, a pregação em programas de WebTV de Adriano Moraes, campeão de rodeios de touros no Brasil e Tri Campeão mundial nos EUA. Disponível em: <www.adrianomoraes.com/siteam/index.php>. Acesso em: 05/05/2010.

61 <blog.cancanova.com./eua/category/padre-roger>. Acesso em: 18/12/2010.

jovialidade, uma esperança para aquela Igreja tão necessitada". Mas a tarefa evangelizadora, presencial e pelos *mass media* também se estende aos nativos do país, num primeiro momento, abarcando os fiéis que frequentam as paróquias onde a comunidade se instalou, ou se aproximando eventualmente dos membros da comunidade. Essa tarefa pode ser compreendida como uma *re-catolização*, com um estilo diferente, seja por seu estilo carismático, seja por seu jeito brasileiro.

As atividades missionárias incluem organização de encontros que revitalizam a comunidade (vigílias de oração, missas carismáticas), animação litúrgica, formação catequética e propagação do carisma Canção Nova, como o relata a primeira missionária de Portugal:

> [...] Fazíamos as adorações toda quinta-feira; o curso bíblico com o povo. [...] Nós tínhamos o grande desafio: transplantar o carisma Canção Nova para um outro povo, para Europa, para Portugal, a porta da Europa. A partir daqui, o Senhor nos irradia para outros povos (Márcia Costa).[62]

Embora a concretização dessa missão só fosse acontecer em 1998, para a Canção Nova, o ano tido como marco revelador da sua internacionalização foi *1992* (Gabriel, 2009, p. 232). Foi um ano revelador enquanto mandato divino, porque:

> Deus vai colocando as coisas, vai suscitando o padre (Jonas) que vai correndo atrás de saber o que Deus quer, pois já nesta época (1992) ele sentia que tinha uma coisa para a canção Nova em Portugal (Entrevista, Marta, São Paulo, 2006 apud Gabriel, 2009, p. 232).

Como já assinalamos, o carisma especial da Canção Nova é evangelizar na mídia, tanto que "a comunidade foi acolhida pelo Bispo de Dallas, com a disposição de servir à Igreja pelo carisma da evangelização nos meios de comunicação".[63] O empenho de *implantar* as novas tecnologias ao serviço da

---

62 <www.cancaonova.pt/index.php?option=com_content&view=article&id=3&Itemid=2>. Acesso em: 03/05/2010.
63 <blog.cancaonova.com/eua/sobre/>. Acesso em: 14/05/2010.

evangelização é visível nas cinco casas de missão da Canção Nova. Em todos os projetos, é possível identificar o esforço para implementar produtoras de TV, a construção de *sites*; blogs; WebTV; a produção de matérias jornalísticas e reportagens relacionadas com a igreja local e universal. Esforço que nos foi confirmado por missionário enviado, temporariamente, a Portugal:

> *Sempre tive vontade de sair do Brasil [...] fui por um período curto, pois estavam precisando de uma pessoa que auxiliasse na parte técnica e de animação [...] foi excelente ter a oportunidade de poder projetar-me com o talento musical no exterior...conhecer o povo...ter contato com migrantes angolanos...* (Entrevista W.P.Z. 31/03/2010).

A urgência de corresponder à incisiva utilização dos meios de comunicação social como particularidade da missão Canção Nova se percebe como constante nos relatos de fundação, um exemplo é o da casa da diocese de Fréjus-Toulon:

> *A Canção Nova na França teve seu início em 09 de fevereiro de 2005, quando cinco missionários foram então enviados a esta terra de cultura e língua diferente. [...] Passados alguns meses [...] deu-se início nossa missão, com um projeto de evangelização pela internet, através do site <webtvcn. fr>. O maior desafio era fazer o site todo em francês.*[64]

O suporte tecnológico dado às paróquias é o motivo pelo qual a Canção Nova é solicitada nas dioceses. Como parte dessa missão, realiza um conjunto múltiplo de atividades que variam da produção de um boletim de notícias semanal (USA) à manutenção de uma programação 24h. na TV com sinal de transmissão na Europa, Norte da África e Oriente Médio (Satélite *Hot Bird*), direção espiritual pela internet (França), transmissões diretas desde o Santuário de Fátima (Portugal) e cobertura *online* das audiências do Papa (Vaticano) e suas visitas a outros países (Portugal/maio 2010).

Percorremos sistematicamente os *sites*, *blogs* e WebtvCN das cinco casas de missão e identificamos as linhas comuns na sua elaboração. Em todos, é registrado o histórico da casa de missão, os links para *webtv*,

---

64   <www.cancaonova.pt/casa-de-missao>. Acesso em: 04/04/2010.

rádioCN, conteúdos religiosos (artigos, notícias, orações, biografias de santos, mensagens piedosas, etc.), programações de eventos, contato com os missionários e para contribuições e orientação vocacional. As diferenças de conteúdos disponibilizados nos ajudam a perceber as estratégias de inserção que a Canção Nova desenvolve em cada lugar, bem como algumas das dificuldades e facilidades.

Nos EUA, a diversidade de conteúdos, de matérias jornalísticas e de recursos tecnológicos é abundante, sendo que todos os conteúdos estão disponíveis em duas versões: inglês e português. De modo semelhante, o *site* de Portugal registra uma diversidade enorme de conteúdos, categorias e eventos, sinalizando para a facilidade que a língua comum oferece, portanto, observamos a presença midiática da comunidade nos mesmos moldes que no Brasil. Contrariamente, na França, os programas postados na *webtv* são realizados por colaboradores nativos, sendo uma urgência o domínio da língua, pois: "com quase quatro anos na França, temos como principais metas a divulgação de tudo o que já fizemos como conteúdo em língua francesa para os países francófonos".[65] Nesse sentido, apropriar-se da língua do país é revelado como a grande dificuldade dos missionários, junto a ter contato com uma nova cultura, alimentação diferente e estar longe da família. Ao disponibilizar seus *blogs* nas versões em inglês, italiano, espanhol e francês, a comunidade comemorou esse feito como conquista e sinal de "inculturação", entendida como o processo de inserção cultural do Evangelho.[66]

Na Itália, a Canção Nova chegaria em 1997 para realizar produções jornalísticas em língua portuguesa sobre o Papa e sobre o Vaticano, como explica no *site*: "Assim, em novembro de 2006, demos um grande passo na expansão da nossa missão aqui em Roma, lançamos a WebtvCN em italiano: <www.webtvcn.it>, e hoje contamos também com um portal em italiano: <www.cantonuovo.eu>".[67] Entretanto, temos a nítida impressão de que evangelização pela mídia se reduz, por enquanto, à difusão de matérias e materiais, todos em italiano, emanados do Vaticano.

A casa da Canção Nova em Israel, como descreve o relato de sua fundação, iniciou seu trabalho difundindo "as riquezas atuais e já vividas,

---

65 <blog.cancaonova.com/franca/atividades-da-missao/>. Acesso em: 10/05/2010.
66 Doc. Aparecida, 2007: nº 4, 94, 99b, pp. 479, 491.
67 <www.cancaonova.pt/casa-de-missao>. Acesso em: 04/04/2010.

culturais e religiosas dos lugares santos, através dos meios de comunicação social e das peregrinações". Essa aliança entre *mass media* e as peregrinações trouxe seu retorno concreto. Transformando em peregrinação o turismo sob o lema: "mais que viagem, encontro com Deus", a Canção Nova, em parceria com a Obra de Maria, outra nova comunidade brasileira, oferece a infraestrutura necessária para os peregrinos com referência cristã nos lugares santos da Terra Santa; visitas eclesiais a Roma; e visitas aos santuários marianos de Fátima (Portugal) e Nossa Senhora de Lourdes (França), entre outras visitas turísticas.

Todavia, para responder à sua vocação de evangelizar na mídia, a Canção Nova abre diversas frentes de trabalho. Busca divulgar conteúdos religiosos a brasileiros no país de missão, apoiar as tarefas da igreja local, atrair turismo religioso para os lugares sagrados e, não menos importante, gerar produtos que alimentam a rede de programação nacional e internacional. Verificamos, uma vez mais, que o público alvo da produção continua sendo de católico para católico, como no Brasil. Procurar esses fiéis será a estratégia de inserção da missão no estrangeiro, sem ultrapassar as fronteiras confessionais, apesar do desejo de que estas sejam ultrapassadas, segundo depoimento:

> *Então isso que o Papa falou eu vejo que já está acontecendo, porque muitos destes brasileiros que estão lá, antes de irem para a Inglaterra, estiveram na Canção Nova, foram evangelizados pela Canção Nova, assistem à TV Canção Nova pela internet e estão levando essa grande evangelização da América Latina para o Continente Europeu. Daí as palavras de Bento XVI de que este continente, sobretudo o sul dele, é um grande celeiro de esperança para a humanidade* (Depoimento de Dunga).[68]

Brasil: esperança do mundo

Embora os missionários espalhados por USA, França, Portugal, Itália, Israel não ultrapassem os 60 membros, tanto da comunidade de aliança como da comunidade de vida, eles desenvolvem com rapidez diversas estratégias de inserção nos países em que se instalam. Sabemos, desde a perspectiva bourdieusiana, que tudo isso não acontece sem

---

68 <www.cancaonova.com/portal/canais/entrevista/entrevistas.php?id=980>. Acesso em: 10/04/2010>.

que a comunidade estabeleça redes sociais de apoio que lhe permitam acumular o capital social tão necessário para a sua expansão. Torna-se imperativo para os missionários conhecer a língua, compreender matizes culturais da comunicação, perceber que, mesmo falando a mesma língua, as gramáticas afetivas precisam ser afinadas, para que as dissonâncias performáticas não interfiram na aceitação da mensagem simbólica da qual a Canção Nova é portadora.

A primeira rede acionada pela comunidade é a dos contatos intraeclesiais que a capacitam para sobreviver, realizar missões e se expandir numa malha de confiança e reciprocidade social entre amigos, fiéis e simpatizantes. Um exemplo dessa rede solidária intraeclesial é entre Canção Nova e os frades franciscanos quando inauguram em conjunto o Franciscan Multimedia Center em Belém – cuja finalidade foi a produção de materiais de divulgação a peregrinos potenciais na Terra Santa para redes de TV católicas no Brasil – a compra da casa da missão Maranatha em Toulon[69] e a parceria com a nova comunidade Shalom em Haifa, – fazendo a cobertura do evento Halleluya Sound of Hope para cristãos na Galileia.[70] De mais a mais, os convites episcopais aparecem na medida em que a própria comunidade promove eventos que atraem os holofotes e deixam em evidência sua capacidade de revitalizar a igreja, consequentemente, no futuro, o convite virá. Dunga, no seu depoimento sobre a experiência em Londres, corrobora:

> *Então isso chega (Hosana Brasil) aos ouvidos dos bispos, dos cardeais e até mesmo do Papa, porque uma coisa é você reunir cem mil pessoas no Brasil – isso já se tornou comum graças a Deus – mas outra coisa é você reunir um número grande de pessoas em Londres, então isso vira notícia positiva para a Igreja de Londres.*[71]

A segunda rede de apoio que se busca é mais ampla. Ela se constrói ao atrair benfeitores, sócios-contribuintes, amigos que colaborem economicamente com a Canção Nova. Sob a premissa: "com sua contribuição,

---

69 <blog.cancaonova.com/terrasanta/historico-cancao-nova-na-terra-santa/>. Acesso em: 09/05/2010.

70 Evento realizado em 7 de maio de 2010, contou com o cantor Cristiano Pinheiro e sua banda, que cantaram em inglês e com bandas árabes. Disponível em: <blog.cancaonova.com/terrasanta>. Acesso em: 10/05/2010.

71 <www.cancaonova.com/portal/canais/entrevista/entrevistas.php?id=980>. Acesso em: 10/04/2010.

pode ajudar esta missão crescer!" Notamos que as mesmas campanhas realizadas no Brasil são promovidas: "Dai-me Almas" (Portugal), "Projets pour édifier l'Eglise" (França), "o clube do ouvinte" (USA). O apelo nos *sites* é permanente, disponibilizando os *links* necessários para fazer depósitos bancários, descontos em cartão de crédito, contribuições. Enquanto no Brasil, esses benfeitores recebem uma prestação de contas mensal e, no *site,* podem monitorar se as percentagens de contribuições cobrem os gastos, não encontramos, nos *sites* das casas de missão no estrangeiro, nenhuma prestação de contas.

Ressalvamos que esses contribuintes serão, por sua vez, potenciais membros da comunidade, bem como público-alvo das atividades a serem desenvolvidas. Um exemplo é a casa de missão de Portugal que conta com um espaço próprio de atendimento ao benfeitor, onde comparecem as pessoas quando precisam de acompanhamento espiritual, oração, confissão.[72]

Assim, o desejo de que os nativos compareçam a esses espaços de atendimento e se deixem envolver pela comunidade é muito grande, uma vez que o sucesso recrutando membros entre os fiéis nativos é um indicador de que a Canção Nova conseguiu um enraizamento no país de missão. Atingir também os não brasileiros, os nativos dos países de missão, é o objetivo dos esforços do ministério DAVI (Departamento Áudio Visual) em traduzir para o inglês e francês os materiais catequéticos, sermões, músicas da CN, como vimos nas casas dos EUA e da França. A comunidade, portanto, consagra-se plenamente à tarefa evangelizadora de "ganhar todas as nações" por meio dos *mass media*. Porém, até agora, há poucos indícios de sucesso com os fiéis locais, por isso, suspeitamos que, por enquanto, apesar dos esforços de traduções, as comunidades da CN permanecem distantes das gramáticas culturais dos países onde realizam missão. Esse problema coloca-se também em relação à comunicação com aqueles que não são católicos. Assim, a despeito de seus enormes investimentos, a mídia da CN no exterior, como no Brasil, continua a ser de católicos para católicos.

Segundo pudemos constatar nos depoimentos dos missionários, ser missionário "canção-novista" fora da terra natal pressupõe experiências de estranhamento cultural, dificuldades financeiras, incertezas sobre o futuro,

---

72 <www.cancaonova.pt/index.php?option=com_content&view=article&id=482:percentagens&catid= 12:percentagens>. Acesso em: 09/05/2010.

saudades da família, enfim, viver a mesma sorte que qualquer imigrante. A diferença assenta-se no arcabouço subjetivo que o missionário tem para suportar o abismo entre o sonho e a realidade. O missionário possui recursos teológicos e comunitários que permitem superar os obstáculos, como conta Uniceia Salgado:

> *Há oito anos, em 2001, fui enviada em missão. [...] Entramos na cultura. Para mim, foi um pouco difícil deixar minha família, não ter contato com ela. [...] Vir para a Terra de Jesus foi algo inimaginável. [...] A melhor parte de estarmos hoje em Terra Santa é a nossa convivência em comunidade. Nós precisamos ser família uns com os outros.*[73]

Os próprios membros reconhecem em seus depoimentos que essa transferência tem como objetivo ajudá-los a aprofundar seus laços com sua "nova família" ao mesmo tempo em que lhes permite romper alianças passadas (Mariz, 2009). O papel de suporte da comunidade é destacado por Uniceia quando esta afirma: "Vivermos essa graça de conviver, onde os homens e as mulheres, uns vão fecundando os outros no carisma; ser um homem de Deus nos ajuda a ser mulher de Deus".

Há outras dificuldades não reveladas publicamente, como o caso enfrentado pela missão de Portugal, descrito por Eduardo Gabriel (2009, pp. 234-235). Houve um confronto entre o clero local e a comunidade devido a esta ter deixado toda a liturgia de suas missas a cargo dos leigos, caso inusitado na Igreja portuguesa.

Certamente, as novas comunidades, ao menos as brasileiras, tornaram-se instâncias articuladoras de atividades missionárias, capazes de formar redes nacionais e internacionais que permitem a circulação de um catolicismo carismático, ancorado numa *vida no Espírito*. Nessa perspectiva, a Canção Nova procura santificar seus membros e as "estruturas do mundo" mantendo-se em sintonia com o movimento cultural da primeira década do século XXI, que, através da revolução dos meios de comunicação, cria um mundo genuinamente internacional, no qual ideias, valores, crenças, afetos e pessoas se movem com uma facilidade e rapidez nunca antes experimentadas.

O fluxo de missionários leigos acompanha e faz parte do dinamismo

---

73 <blog.cancaonova.com/franca/atividades-da-missao/>. Acesso em: 05/05/2010.

e complexo movimento de pessoas da era globalizada em que a migração internacional não implica o mesmo grau de afastamento duradouro e de suspensão de comunicação e ruptura com a terra de origem, como outrora. Localizar os brasileiros que participaram da Igreja católica e/ou já tiveram contato com a Canção Nova é um bom começo para *transplantar* seu carisma. Em sua missão de reavivar católicos do mundo global, todos seus esforços de evangelização se orientarão para reproduzir o modelo de catolicismo carismático que está dando certo no Brasil.

Todavia a exportação de um estilo de catolicismo carismático brasileiro pode representar a inversão do processo histórico colonial, no qual a Metrópole acompanhava os processos de colonização em todas suas dimensões, inclusive a religiosa, quando os missionários eram oriundos dos centros de difusão cristã. Na verdade, se for constatado que o aumento real dos missionários se deve à contribuição que as novas comunidades fazem a esse movimento, então a Canção Nova estaria sendo protagonista nesse processo, confirmando seu ser missionário, além-fronteiras, e ampliando um estilo de catolicismo brasileiro de exportação.

Referências bibliográficas

ALMEIDA, Ronaldo. A guerra das possessões. Em: *A Igreja Universal do Reino de Deus: os novos conquistadores da fé*. ORO, Ari Pedro; CORTEN, André; DONZON, Jean-Pierre. São Paulo: Paulinas, pp. 321-342, 2003.

BRAGA, Antônio Mendes da C. TV Canção Nova: Providência e Compromisso X Mercado e Consumismo. *Religião & Sociedade*, vol. 24, n. 01, pp. 113-123, 2004.

CAMPOS, Roberta Carneiro; CAMINHA, Carla Patrícia Ribeiro. A Obra de Maria: a redefinição da devoção mariana. Em: *As novas comunidades católicas: em busca do espaço pós-moderno*. CARRANZA, Brenda; MARIZ, Cecília; CAMURÇA, Marcelo. Aparecida, SP: Ideias & Letras, pp. 267-288, 2009.

CAMURÇA, Marcelo. Tradicionalismo e meios de comunicação de massa: o catolicismo midiático. Em: *As novas comunidades católicas: em busca do espaço pós-moderno*. CARRANZA, Brenda; MARIZ, Cecília; CAMURÇA, Marcelo. Aparecida, SP: Ideias & Letras, pp. 59-78, 2009.

CARRANZA, Brenda. *Catolicismo Midiático*. Aparecida, SP: Ideias & Letras, 2011.

_____. Perspectivas da neopentecostalização católica. Em: *As novas comunidades católicas: em busca do espaço pós-moderno*. CARRANZA, Brenda; MARIZ, Cecília; CAMURÇA, Marcelo. Aparecida, SP: Ideias & Letras, pp. 33-59, 2009.

_____. 40 años de RCC: un balance societário. *Ciencias Sociales y Religión*. Porto Alegre, Año 10, n. 10, pp. 95-116, 2008.

_____. *Movimentos do catolicismo brasileiro: cultura, mídia e instituição*. Doutorado, Universidade Estadual de Campinas, Instituto de Filosofia e Ciências Humanas, 2005.

_____. *Renovação Carismática Católica*. Aparecida, SP: Santuário, 2000.

FABRI, Márcio; CARRANZA, Brenda. Para compreender teológica e pastoralmente as Novas Comunidades. *Convergência*, Ano XLV – N. 433 – julho/agosto, pp. 458-477, 2010.

Documento de Aparecida. V Conferência Geral do Episcopado Latino-americano e do Caribe. Aparecida, Brasil, 2007.

FRESTON, Paul. Breve história do Pentecostalismo Brasileiro. Em: *Nem anjos, nem demônios, et al.*, Petrópolis: Vozes, pp. 67-159, 1994.

GABRIEL, Eduardo. Expansão da RCC brasileira: a chegada da Canção Nova em Fátima-Portugal. Em: *As Novas Comunidades Católicas: em busca do espaço pós--moderno.* CARRANZA, Brenda; MARIZ, Cecília; CAMURÇA, Marcelo. Aparecida, SP: Ideias & Letras, pp. 233-240, 2009.

GIOVANNI PAOLO II, Messaggio ai partecipanti al congresso mondiale dei movimenti ecclesiali promosso dal Pontificio Consiglio per i Laici. Em: *Insegnamenti di Giovanni Paolo II*, XXI, 1 (1998) p. 1123.

JOÃO PAULO II. *Vita Consecrata.* Exortação Apostólica pós-sinodal. (19 de março de 1996). Vaticano: Libreria Vaticana, 1996.

LIPOVETSKY, Gilles. *A felicidade paradoxal: ensaio sobre a sociedade do hiperconsumo.* São Paulo: Companhia das Letras, 2007.

MACHADO, Maria das Dores. *Carismáticos e pentecostais: adesão religiosa na esfera familiar.* Campinas: Editora Autores Associados & ANPOCS, 1996.

MARIANO, Ricardo. *Neopentecostais: sociologia do novo pentecostalismo no Brasil.* São Paulo: Loyola, 1999.

MARIZ, Cecilia; AGUILAR, Luciana. Shalom: construção social da experiência vocacional. Em: *As novas comunidades católicas: em busca do espaço pós-moderno.* CARRANZA, Brenda; MARIZ, Cecília; CAMURÇA, Marcelo, pp. 241-266. Aparecida, SP: Ideias & Letras, 2009.

_____. Missão religiosa e migração: "novas comunidades" e igrejas pentecostais no exterior. *Análise social,* vol. XLI (1°), pp. 161-187, 2009.

_____. A Teologia da Batalha Espiritual: uma revisão da bibliografia. *Boletim informação bibliográfica.* Rio de Janeiro, 1° sem, 1999. N. 47. pp. 33-48.

NOVAES, Regina. Juventude, percepções e comportamentos: a religião faz diferença? Em: *Retratos da juventude brasileira: análises de uma pesquisa nacional.* Helena Wendel Abramo e Pedro Paulo Martoni Branco, pp. 263-290. Rio de Janeiro, São Paulo: Editora Fundação Pereu Abramo, Instituto Cidadania. 2006.

OLIVEIRA, Eliane Martins de. O mergulho no Espírito Santo: interfaces entre o catolicismo carismático e a Nova Era (o caso da Comunidade de Vida no Espírito Santo Canção Nova). *Religião & Sociedade,* 2004. vol. 24, n. 01

Novas Leituras do Campo Religioso Brasileiro

_____. A "vida no Espírito" e dom de ser "Canção Nova". Em: *As Novas Comunidades Católicas: em busca do espaço pós-moderno*. CARRANZA, Brenda; MARIZ, Cecília; CAMURÇA, Marcelo. Aparecida, SP: Ideias & Letras, pp. 195-222, 2009.

PEREIRA, Edilson. *O Espírito da comunidade: Passagens entre o mundo e o sagrado na Canção Nova* dissertação de mestrado. IFCS UFRJ, 2008.

PORTELLA, Rodrigo. Medievais e pós-modernos: a Toca de Assis e as novas sensibilidades católicas juvenis. Em: *As novas comunidades Católicas: em busca do espaço pós-moderno*. CARRANZA, Brenda; MARIZ, Cecília; CAMURÇA, Marcelo. Aparecida, SP: Ideias & Letras, pp. 171-194, 2009.

SILVEIRA, Emerson José Sena da. Tarô dos santos e heresias visuais: um catolicismo new age? *Em: As novas comunidades católicas: em busca do espaço pós-moderno*. CARRANZA, Brenda; MARIZ, Cecília; CAMURÇA, Marcelo. Aparecida, SP: Ideias & Letras, pp. 107-136, 2009.

SOFIATI, Flávio. *Religião e juventude: os jovens carismáticos*. Tese de doutorado Universidade de São Paulo, 2009.

SOUZA, André Ricardo. *Igreja in concert: padres cantores, mídia marketing*. São Paulo: FAPESP, ANNABLUME, 2005.

URQUHART, Gordon. *A armada do Papa: os segredos e o poder das novas seitas da Igreja Católica*. São Paulo: Record, 2002.

2 – Renovação Carismática e Teologia da Libertação: elementos para uma sociologia da juventude católica

Flávio Munhoz Sofiati

> *O texto apresenta uma análise das tendências orgânicas do catolicismo, enfatizando a ação das juventudes carismáticas e das pastorais da juventude no interior da Igreja Católica. Além disso, procura-se apresentar os elementos que possibilitam a articulação de Weber e Gramsci como referencial teórico nos estudos do fenômeno religioso. A proposta é articular conceitos em direção à construção de uma sociologia da juventude católica no sentido de compreender o contexto juvenil dos fiéis praticantes das duas principais tendências orgânicas do catolicismo: os radicais, representados pelas pastorais da juventude, articulados com a perspectiva da Teologia da Libertação, e os modernizadores conservadores, representados pelo movimento carismático, inseridos no processo de pentecostalização do catolicismo brasileiro.*

A proposta deste capítulo é apresentar alguns elementos para a construção de uma sociologia da juventude católica no Brasil. O texto faz um balanço da minha produção publicada em dois livros que debatem a situação dos agrupamentos juvenis católicos no Brasil, principalmente da Renovação Carismática Católica (RCC) e da Teologia da Libertação (TL).

Os livros *Religião e juventude: os novos carismáticos* e *Juventude católica: o novo discurso da Teologia da Libertação* procuram analisar a conjuntura dos jovens do catolicismo a partir da sua presença nas duas principais tendências atuais: os modernizadores conservadores e os radicais, respectivamente.

Dessa maneira, apresenta-se os elementos teóricos principais para a compreensão do fenômeno religioso, principalmente do catolicismo e suas tendências. Em seguida, discute-se a noção de juventude e apresenta-se as principais características da juventude católica a partir dos jovens da RCC e TL. No processo, analisa-se alguns elementos que contribuem para compreender os jovens das principais vertentes do catolicismo brasileiro.

Tendências católicas

O tema das tendências orgânicas do catolicismo é discutido nos dois livros citados. Neste texto, apresenta-se uma sistematização breve a fim de orientar o leitor acerca dos diversos agrupamentos no interior da Igreja Católica (IC).

Na análise do catolicismo, parte-se da perspectiva de que há diferentes vertentes no interior da IC no Brasil. Michael Löwy (2000), a partir dos estudos de Gramsci (2001), utiliza o termo "tendência" para descrever as diferenças existentes no catolicismo: tradicionalistas, modernizadores conservadores, reformistas e radicais. Ele identifica essas tendências a partir das relações sociais, principalmente as relações dos católicos com as várias formas de poder presentes na sociedade.

Seguindo essa perspectiva, utiliza-se o conceito de "Tendências Orgânicas do Catolicismo" como instrumento para compreender os processos internos na IC do Brasil. Essas tendências são definidas da seguinte maneira: 1) Tradicionalistas – composto por "um grupo muito pequeno de fundamentalistas, que defendem ideias ultrarreacionárias e às vezes até semifascistas"; 2) Modernizadores conservadores – composto por "uma poderosa corrente conservadora" extremamente "hostil à Teologia da Libertação e organicamente associada às classes dominantes"; 3) Reformistas – composto pelos moderados, "pronta para defender os direitos humanos e apoiar certas demandas sociais dos pobres"; 4) Radicais – composto por uma "minoria pequena, mas influente" de simpatizantes da TL e solidária aos movimentos sociais (Löwy, 2000, p. 66). É importante destacar que Löwy constrói sua definição a partir da análise de Gramsci que desenvolve uma conceituação das disputas internas na IC italiana, caracterizadas como distintas religiões presentes em seu interior.

Gramsci identifica que, desde o final do século XIX, há três tendências presentes no interior do catolicismo italiano: os integristas, os modernistas e os jesuítas que, por ser uma congregação influente e coesa, é definida por ele também como tendência. Essas tendências representam camadas sociais do bloco católico e suas disputas são definidas como partidos internos que lutam pelo controle institucional da Igreja Católica. Os integristas, "partidários da intransigência ideológica e política", representam o segmento conservador da sociedade. Os modernistas são uma série de "correntes bastante heterogêneas", divididas em duas forças principais: uma que se aproxima das classes populares, favorável ao socialismo, e outra que se aproxima das correntes liberais, favorável à democracia liberal (Gramsci, 2001, p. 153).

Hugues Portelli, um importante estudioso da obra gramsciana, afirma que Gramsci também considera os jesuítas como uma corrente que se localiza ao centro das duas tendências anteriores e que mantinha no início do século XX o controle do Vaticano. "Gramsci considera que a principal força dos jesuítas reside no controle da sociedade civil católica e, antes de tudo, das organizações de massa católica – promovidas, aliás, pelos jesuítas – e principalmente a Ação Católica e das missões" (Portelli, 1984, p. 157).

Gramsci (2001, p. 233) considera a luta dessas tendências internas como "lutas entre partidos". Desse modo, a unidade religiosa, principalmente dos católicos que procuram manter sua condição internacional, é aparente, pois oculta uma série de divergências em relação à visão de mundo da IC. Porém, Portelli (1984, p. 149) afirma que Gramsci caracteriza como "normal" a luta de tendências pelo fato dessas serem "[...] a ilustração dos diferentes tipos de crise interna que toda superestrutura atravessa". Todavia, o importante é ressaltar que Gramsci considera a possibilidade de transformação do conteúdo total da Igreja em determinados contextos. Essa possibilidade é central na análise do desenvolvimento histórico do catolicismo na América Latina, pois, como interpreta Portelli (1984, p. 165), Gramsci considera que os conflitos internos entre os católicos representam a "[...] evolução estrutural e ideológica do mundo leigo, e da subordinação da Igreja a este".

Portanto, ao utilizarmos o referencial de Löwy e Gramsci para análise da IC, conclui-se que as tendências do catolicismo brasileiro podem ser classificadas inicialmente da seguinte maneira: 1) Tradicionalistas: composto pelos movimentos Opus Dei, Tradição Família e Propriedade e Arautos do Evangelho; 2) Modernizadores conservadores: setor no qual se insere o Movimento de Renovação Carismática Católica; 3) Reformistas: no qual predominam as congregações que trabalham diretamente com educação como, por exemplo, os salesianos e maristas; 4) Radicais: composto pelos setores ligados à Teologia da Libertação como as CEB´s, Pastorais Sociais, Pastorais da Juventude.

A formulação dessa classificação é necessária para compreender os espaços nos quais estão inseridos a Renovação Carismática e a Teologia da Libertação em relação ao contexto eclesiástico e social do catolicismo brasileiro. Feito essa diferenciação, discute-se a seguir os conceitos utilizados para a análise da religião no Brasil.

Religião: ação social e visão de mundo

Sendo o jovem religioso o tema do capítulo, cabe nesse momento a tarefa de construir o mapa conceitual das duas matrizes teóricas utilizadas como referencial e mostrar como seus conceitos são trabalhados. Por isso, sistematiza-se um quadro teórico de Weber (2002, 2004, 2005) e Gramsci (2001, 2001b), explicando como seus conceitos são utilizados de forma articulada na análise do objeto.

Seguindo a orientação weberiana, o olhar sobre os jovens do movimento carismático católico e do cristianismo da libertação pretende compreender interpretativamente a ação da IC em determinada realidade social. O intuito é explicar de maneira causal a situação social e adesão religiosa da juventude. Nesse sentido, articula-se as regras gerais dos acontecimentos religiosos a fim de desenvolver um tipo ideal dos jovens católicos. Além disso, utiliza-se o modelo de análise comparativa de Weber com o objetivo de identificar os motivos e impulsos da ação das religiões na realidade observada.

Parte-se do pressuposto de que a ação do jovem católico é de caráter racional com relação a fins e valores. Entende-se também que a IC possui relações sociais de caráter comunitário, pois os participantes sentem-se pertencentes a ela de forma afetiva ou tradicional, mas também associativa, já que há união de interesse racionalmente motivado. As relações

Novas Leituras do Campo Religioso Brasileiro

sociais estabelecidas são interpretadas como "fechada para fora", havendo limitações – regras e doutrinas – para a entrada do indivíduo.

A sociologia da religião de Weber é parte de sua sociologia da dominação. Por isso, entende-se que a religião exerce um tipo de dominação (autoridade) sobre seus fiéis. Essa dominação é legítima no sentido de ser racionalmente respeitada pelos membros da Igreja. Mas também pode ser tradicional, quando se respeita a autoridade a partir da crença nas tradições; e carismática, quando a autoridade é atribuída a uma pessoa identificada com poderes sobrenaturais. Identificam-se esses três tipos de autoridade no movimento carismático católico, todavia, com uma predominância do tipo de dominação carismática. No caso da Teologia da Libertação o processo é parecido, entretanto a dominação carismática é menos enfática em virtude da forte racionalização presente no processo de educação da fé dos jovens.

A obra weberiana também orienta essa investigação no sentido de entender a questão do carisma e da burocracia na religião. Esses conceitos permitem analisar a realidade das igrejas e traçar um quadro do grau de burocratização no qual está submetida, além de averiguar a capacidade que o elemento carismático ainda tem de se manifestar no interior delas.

Outra contribuição de Weber se dá em relação ao funcionamento do campo religioso. Há a necessidade de identificar elementos, práticas e agentes específicos desse campo para o entendimento da ação das igrejas na sociedade. Em sua sociologia sistematizada da religião encontra-se a classificação dos elementos (carisma, espírito, alma e poderes suprassensíveis – deuses e demônios), as principais práticas (oração, sacrifício, sermão e cura de almas) e os atores (profeta, sacerdote, mago/feiticeiro e o leigo) do campo religioso. O trabalho de campo é desenvolvido a partir da observação sistemática desses elementos na Igreja Católica, principalmente nos encontros periódicos com os grupos de oração, grupos de jovens e atividades de formação (acampamentos, encontros e retiros), festividades e louvores.

Dentre os agentes do campo religioso, a atenção volta-se para o sacerdote e o leigo, sem desconsiderar os aspectos de profeta e de mago/feiticeiro presentes no padre que são observados. Entretanto, o que predomina nesse agente são os elementos definidores do sacerdote pelo fato destes terem como principal tarefa a produção da cotidianização do carisma em sua comunidade de fé. Em relação aos jovens do movimento carismático, o perfil aponta as seguintes características: são de camadas negativamente privilegiadas; as concepções racionalizadas não são muito acessíveis e, em contrapartida, predominam os elementos mágicos; e há uma susceptibilidade à ética da retribuição. No caso da juventude da Teologia da Libertação, também são predominantemente de camadas sociais menos favorecidas, as concepções racionais já são mais acessíveis, havendo certa negação dos elementos mágicos nas práticas dos grupos.

Por fim, o problema "teodiceia" colocado por Weber possibilita compreender a forma como o leigo é orientado (ou manipulado) pelo sacerdote na IC. Seu debate acerca dessa questão permite visualizar a vinculação do indivíduo a um cosmos de deveres e à consequente previsibilidade de sua conduta na sociedade. Estabelece-se assim uma ética religiosa que tem no "pecado" e na "fé" os principais elementos de aglutinação. Ao assumir a noção de pecado e de fé em sua vida, o indivíduo vincula-se a uma comunidade de fé (igreja) com o objetivo de alcançar a piedade de Deus e chegar à salvação.

Gramsci também contribui para a investigação quando apresenta um estudo do funcionamento do cristianismo, a partir da análise da Igreja Católica italiana. Visto de maneira sistematizada, suas análises esparsas contidas em *Os cadernos do cárcere* orientam para o entendimento da presença dos setores populares na religião, da origem social do sacerdote e das lutas internas como reflexo das diferentes ligações socioeconômicas presentes em seu interior.

Ao propor uma análise preocupada com as funções sociais, ideológicas e políticas da religião – com enfoque nos aspectos políticos da atuação religiosa na sociedade – permite-nos fazer uma imersão no significado da religião como ideologia (visão de mundo), ou seja, como uma forma de ideologia específica na sociedade. Além disso, seu estudo estabelece relação diferenciada entre a religião e as estruturas socioeconômicas (superestrutura e infraestrutura) no qual não existe influência direta da segunda sobre a primeira e sim, no caso da religião, uma relação mais autônoma.

Há também em Gramsci a análise do papel dos intelectuais religiosos acompanhada de uma crítica da natureza dual do fenômeno religioso – materialismo prático *versus* idealismo teórico – no qual a proposta do ideário igualitário só é alcançada em outro mundo.

A proposta do autor em focar a análise religiosa na função histórica deste fenômeno em determinado contexto social possibilita o estudo da Igreja como norma de conduta prática estabelecida como aparelho ideológico (dominação religiosa) e como visão de mundo (forma de ideologia específica).

Portanto, a obra gramsciana possibilita o entendimento da religião como um cenário de significado cultural-ideológico específico que, em condições determinadas, exerce papel principal na vida social, sendo a Igreja Católica uma instituição atravessada por conflitos sociais.

Em virtude da utilização de conceitos distintos de dois autores considerados como diferentes em seus métodos de análise, é essencial apresentar os elementos que possibilitam a articulação dos mesmos na pesquisa sobre religião. O ponto central dessa utilização está na existência de permeabilidade entre os conceitos de cultura e ideologia. O conceito de cultura utilizado é o definido por Weber que o vê como um segmento finito, como o elemento que dá significado a determinado aspecto do social; e o conceito de ideologia utilizado é o definido por Gramsci, uma visão de mundo, sendo a igreja um aparelho ideológico. Desse modo, é possível utilizar Weber e sua ideia de cultura como instrumento para o estudo e comparação entre as organizações religiosas na sociedade e Gramsci com sua ideia de ideologia como instrumento para a análise dos aspectos políticos da religião.

A partir dessa articulação, pode-se estabelecer alguns pontos de convergência entre os autores em voga. Em Ortiz (1980), encontra-se como ponto de unidade a questão da problemática do poder, da ideia da autonomia religiosa e da questão do monopólio dos aparelhos ideológicos na sociedade. A questão da presença da religião em diferenciados grupos sociais e da análise do papel dos agentes religiosos também são pontos de conexão importantes e que são utilizados no presente texto.

Esse ponto apresentou, em linhas gerais, os elementos teóricos desenvolvidos nos dois livros publicados por este autor. Procurou-se articular duas matrizes teóricas em torno do tema: a sociologia compreensiva alemã (a partir de Weber) e o materialismo histórico-dialético (a partir de Gramsci). Cabe ressaltar que no livro *Juventude católica*, sobre a Teologia da Libertação, a ênfase foi dada nos elementos marxistas em conjunto com alguns conceitos weberianos. Já no livro *Religião e juventude*, sobre a Renovação Carismática Católica, priorizou-se a sociologia compreensiva, utilizando-se alguns elementos do pensamento gramsciano.

Juventude: uma noção em construção

Com relação ao tema da juventude, os livros *Religião e juventude* e *Juventude católica* assumem como referência inicial a obra de Maria M. Foracchi, principalmente seus dois livros *O estudante e a transformação da sociedade brasileira* e *A juventude na sociedade moderna* que tratam da questão dos estudantes e a relação juvenil com a modernidade. Para Foracchi (1965, p. 302), "juventude é, ao mesmo tempo, uma fase da vida, uma força social renovadora e um estilo de existência", sendo que cada sociedade constitui o jovem à sua própria imagem.

Foracchi (1972) argumenta ainda que a definição do conjunto dos jovens enquanto categoria histórica e social ocorre no momento em que esse afirma-se como movimento de juventude, pois a noção de juventude é uma criação da própria sociedade moderna. Por isso, é necessário entender a juventude para entender as diversas características dessa sociedade, já que ela compõe o processo histórico e social de construção da modernidade.

Como afirma Maria Helena Oliva Augusto (2005, p. 20) "A mobilização dos recursos e das potencialidades que possui depende diretamente das alternativas abertas aos jovens por sua inserção social, pelas posições que ocupam, pelos caminhos oferecidos para sua trajetória". Dessa maneira, a juventude corresponderia ao momento de descoberta da vida e da História.

A obra de Foracchi (1965, 1972) é um clássico nos estudos sobre juventude, pois se mantém central para a discussão atual do tema. "Sua reflexão permanece viva e traz contribuições para o campo de conhecimento que tratou" (Augusto, 2005, p. 12). A definição do termo juventude como categoria social é constituída no trabalho de Foracchi a partir de três aspectos: a) o desenvolvimento de relações interpessoais; b) a presença de manifestações vinculadas à situação de classe; c) e a referência aos processos de transformação da sociedade. Augusto (2005, p. 13) argumenta que a articulação desses três níveis permitiu uma equação abrangente do processo de construção da categoria juventude.

A proposta é avançar nas considerações de Foracchi, visto que nos últimos anos houve uma considerável mudança na composição social dos universitários em virtude do aumento de vagas e de instituições públicas e particulares de nível superior. Além disso, o ativismo dos jovens católicos da

Novas Leituras do Campo Religioso Brasileiro

Renovação Carismática e da Teologia da Libertação é bem diferente da ação dos jovens que participam do movimento estudantil, foco dos estudos de Foracchi. Em geral, a ação juvenil do século XXI possui configurações bem diferentes das apresentadas nos anos de 1960 e 1970. E também, os temas com interface juventude e religião ainda são muito incipientes na academia brasileira, conforme retrata Marília Pontes Sposito (2009b, p. 28).

Do ponto de vista sociológico, o jovem é um ser marginal, uma categoria marginalizada. O jovem está naturalmente à margem da sociedade em conjunto com as classes oprimidas, os intelectuais independentes etc. Singer (2005 p. 27) trabalha com a ideia de juventude como "pessoas que estão numa mesma faixa etária" (entre 15 e 24 anos), vivenciando a realidade em "estágios vitais semelhantes". Ele constata que os jovens de hoje nasceram em tempos de crise social.

Essa crise compõe a principal característica da modernidade, ou seja, a sua situação de instabilidade e falta de perspectiva de futuro. O signo do risco é tema central da sociedade atual. "O risco é aqui entendido como uma *interpretação* do enfrentamento do perigo na persecução dos objetivos" (Mendola, 2005, p. 59). No ambiente juvenil o risco se caracteriza principalmente na ideia do estudo como algo necessário para conseguir um bom emprego, mas não suficiente, já que o diploma hoje não proporciona mais uma possibilidade real de inserção profissional. O risco também assume forma relevante na fase juvenil por representar o início de um processo de construção, experimentação e a afirmação da própria identidade. Enfim, o jovem dos anos 2000 projeta seu futuro sob o signo do risco.

Salvatore Mendola (2005, pp. 81-82) apresenta uma caracterização no que refere-se ao enfrentamento do risco na atualidade entre jovens de diferentes segmentos sociais. Ele distingue três grupos: a) "os ainda não incluídos": são os jovens inseridos no modelo burguês de transição para a vida adulta no qual há um treinamento predatório e um estímulo para ocupação de posições de poder; b) "aqueles nas fronteiras": são os jovens com expectativa de mobilidade social, mas sem condições reais de ascensão; c) "os excluídos": são os jovens que estão completamente excluídos dos trajetos institucionais de transição para a vida adulta.

A crise que perpassa a sociedade moderna, em seus mais variados aspectos, coloca em foco novos elementos para a caracterização da "dimensão de futuro". O horizonte temporal vem sendo cada vez mais comprimido com o esvaziamento do tempo futuro como um espaço propício para a construção de um "projeto de vida". Essas transformações são sentidas principalmente nas vivências da juventude contemporânea, já que a noção de juventude como um momento de transição para a vida adulta está se esvaziando.

Carmem Leccardi (2005, p. 43) constrói a noção de "futuro indeterminado e indeterminável", que está cada vez mais presente nos dias atuais. "Nesse, há cada vez menos espaços para dimensões como segurança, controle, certeza". [...] A autora apresenta uma nova noção que substitui a ideia "pouco funcional" de futuro: trata-se do termo "presente estendido". Significa que o tempo se apresenta de forma fragmentada e a possibilidade de desenvolvimento de projetos encontra-se esgotada na modernidade. Nesse processo, a lógica da "experimentação" ganha força e substitui a perspectiva do presente como cenário de construção de uma vida futura estável. No espaço juvenil, essa tese ganha força e o presente estendido torna-se o futuro imediato para vivência plena da vida a partir dos impulsos do sentimento. Dessa maneira, assiste-se ao esgotamento da perspectiva do futuro como espaço para definição do sujeito. O que vale é o "aqui e agora", havendo uma supervalorização dos sentidos.

Significa que para o jovem percorrer as etapas naturais para a condição adulta – conclusão dos estudos, inserção no mundo do trabalho, saída da casa dos pais, construção de um núcleo familiar, geração de filhos – muitos caminhos estão sendo dificultados. Assim, o prolongamento da fase juvenil constitui-se em um aspecto importante em sua caracterização. Além disso, Leccardi (2005, p. 49) chama a atenção para "o desaparecimento da possibilidade de ancorar as *experiências* que os jovens realizam [...] no mundo das *instituições sociais e políticas*". "Para o jovem, no centro dessa crise está a separação entre trajetórias de vida, papéis sociais e vínculos com o universo das instituições capazes de conferir uma forma estável à identidade." (Leccardi, 2005, p. 49). Assim, o jovem encontra-se destituído de espaços de sociabilidade e possibilidades de inserção social.

Em contrapartida, Helena Abramo (2005) constata que os jovens estão chegando à vida adulta sem passar pelos estágios fundamentais estabelecidos no processo de transição (que encontra-se prolongado nos dias atuais): formação escolar, profissionalização, entrada no mercado de trabalho. Ao ser forçado a "pular etapas" em virtude da crise social, o jovem assume

Novas Leituras do Campo Religioso Brasileiro

responsabilidades da vida adulta, casamento e filhos, prejudicando-se na continuidade de sua formação educacional. Consequentemente tem dificuldades em encontrar emprego. O prolongamento da vida juvenil configura-se num aspecto importante e contraditório da crise social, no qual o jovem assume responsabilidades de adulto, mas mantém sua dependência da estrutura dos pais em virtude das dificuldades financeiras. Abramo (2005, p. 60) fala inclusive de "um novo modelo cultural de transição para a vida adulta", em que o fim da juventude não implica necessariamente independência financeira em relação aos pais.

Há, portanto, um processo contraditório no cenário juvenil atual que passa pelo prolongamento e encurtamento da passagem da vida juvenil para adulta. O indivíduo prolonga sua permanência nessa faixa etária na medida em que se mantém dependente dos pais, mas pula etapas ao gerar filhos e assumir o casamento sem conquistar sua autonomia financeira. Todavia, Sposito (2009, pp. 1-2) questiona essas definições e afirma que houve uma mudança no modo de transição para a vida adulta, sendo que alguns autores tratam do assunto como desregularização das etapas, outros como descronologização e há aqueles que dão ênfase à crise das matrizes que orientavam a ação das instituições sobre os indivíduos.

A fim de encaminhar uma saída viável para o tema e que permita desenvolver o estudo acerca dos jovens católicos, insere-se nessa discussão as considerações de José Machado Pais (1993, pp. 72-75) acerca dos "modos de agir dos jovens no interior dos ritmos da vida cotidiana". Segundo o autor, uma metodologia eficiente para a compreensão do jovem na sociedade deve levar em consideração uma abordagem multi e interdisciplinar que possibilite analisar as "culturas juvenis" desenvolvidas por essa categoria social. Assim, a chave para entender a maneira com que os jovens constroem seu processo de passagem para a vida adulta está centrada na realização dessas "culturas juvenis" compreendidas por Pais como "práticas sociais". Em sua perspectiva metodológica do "curso de vida", Pais examina os vínculos entre trajetórias individuais e estruturas sociais, centrais para o desenvolvimento da minha pesquisa que procura compreender a trajetória de jovens no interior dos agrupamentos juvenis católicos e sua inserção e ação, como membro desse grupo, na sociedade.

Augusto (2005, p. 24) argumenta que "o *futuro possível* (do jovem) depende dos processos em curso na sociedade inclusiva e da posição ocupada pelo jovem na família". Na opinião da autora, a perspectiva de futuro do jovem fica cada vez mais nebulosa diante de uma sociedade permeada de indeterminações e de insegurança nos mais diferenciados níveis da vida. A busca principal do jovem é o seu processo de inserção na sociedade. A questão é que essa sociedade vive um profundo problema de exclusão. Diante de uma situação de crise, a busca do religioso se configura numa tentativa de reconquistar o futuro como espaço de estabilidade social. Como afirma Novaes (2005, p. 282), na análise do tema juventude e religião é fundamental que se insiram os elementos da insegurança e dificuldades de inserção social presentes no Brasil. Para a autora, o futuro é olhado pelos jovens pela ótica do medo. O caminho percorrido nesse processo se dá a partir da crise educacional, da falta de trabalho formal, da não participação política e da falta de perspectiva de futuro. Isso leva preponderantemente às drogas, ao alcoolismo e à prostituição. Nessa situação a Igreja passa a ser um ambiente de reencontro com a identidade e de resgate do projeto de vida.

Assim, a demanda por um projeto de vida passa a ser ancorada no religioso, tornando-se parte de um projeto divino. A alternativa para um futuro sem projetos, para parte considerável dos jovens, é a possibilidade de sua realização em outra vida, no além. Por isso, a noção de realização instantânea, diante de uma possibilidade de inclusão por meio do sagrado, torna as religiões espaços potenciais de presença dos jovens, principalmente aqueles que possuem poucos recursos sociais, culturais e econômicos para superar a crise de futuro que apresenta-se na sociedade atual.

Vejamos a seguir como esse cenário se configura na realidade do catolicismo, considerando duas importantes experiências com trabalho juvenil.

Jovens católicos: características principais das duas tendências

Apresentam-se neste ponto as principais características da juventude da Teologia da Libertação e da Renovação Carismática Católica. Começa-se com os jovens da TL a partir do livro *Juventude católica*.

As Pastorais da Juventude do Brasil (PJB) compõem o segmento juvenil da Teologia da Libertação na Igreja Católica. A sigla PJB surge na Assembleia de 1995 para significar a união das pastorais específicas: PJ, PJE, PJR e PJMP. A sigla PJB deixou de existir a partir da última

Novas Leituras do Campo Religioso Brasileiro

Assembleia Nacional realizada em 2008 em virtude da decisão de pôr fim à organização conjunta das pastorais específicas. Todavia, para este trabalho, a sigla será mantida, visto que a pesquisa foi feita durante o período de existência da articulação conjunta das pastorais.

A PJB defende a tese de que os jovens devem ser organizados pelos próprios jovens, apresentando-os como protagonistas de sua ação evangelizadora. Ela é composta por quatro pastorais específicas.

A Pastoral da Juventude – PJ – corresponde aos grupos das paróquias e das CEB´s, das grandes cidades ou do interior, sendo a maior e também a mais articulada e estruturada dentre as pastorais específicas. Sua atuação na comunidade eclesial e nas paróquias enfatiza a ação do jovem no interior da IC. Portanto, grande parte dos jovens da PJB está inserida em trabalhos eclesiais como catequese e liturgia.

A Pastoral da Juventude Rural – PJR – está ligada à problemática da terra: questão agrária e ecológica. Atinge jovens agricultores, filhos de pequenos trabalhadores rurais, sem-terra, peões, arrendatários, assalariados, safristas e boias-frias. A PJR surgiu em 1983 no Rio Grande do Sul, com o apoio da Frente Agrária Gaúcha. Sua primeira Assembleia Nacional ocorreu em 1989 (MG), contando com a participação de 11 regionais da CNBB.

A Pastoral da Juventude do Meio Popular – PJMP – é a articulação dos jovens da classe trabalhadora urbana, que se organiza a partir do meio social: jovens que atuam nos movimentos populares, nos partidos comprometidos com a causa popular, nos sindicatos, no teatro popular, nos grupos de cultura e dança. A PJMP surgiu em 1978 num encontro interregional de animadores, jovens e adultos, da PJ do Nordeste. Essa pastoral específica busca articular jovens das classes populares, ajudando-os a se reconhecerem como membros de uma classe explorada. No início dos anos de 1980 a PJMP argumentava que era pedagogicamente equivocado reunir, em um mesmo grupo, jovens de classes sociais diferenciadas, pois os mais abastados acabam por dominar o grupo. Os jovens das classes populares deveriam se articular entre si para desenvolver sua consciência de classe e buscar sua libertação.

A Pastoral da Juventude Estudantil – PJE – tem sua militância no espaço educacional, organizando o jovem na escola, no bairro, nas atividades estudantis e na política estudantil: movimento estudantil, grêmios.

A PJE era conhecida no início como pastoral secundarista e, a partir de 1984, passa a se chamar Pastoral da Juventude Estudantil. Surgiu no Brasil em 1980, por estímulo do Movimento Internacional de Estudantes Cristãos, por meio de seu secretariado latino-americano.

O grupo de jovens é a experiência e o espaço central da proposta pedagógica e evangelizadora da PJB que propõe a formação de pequenos grupos, de idade homogênea, com nível de participação estável e com ritmo periódico de reuniões (CNBB, 1998, p. 147). O grupo facilita a criação de laços profundos de solidariedade, permitindo partilhar critérios, valores, visões e pontos de vista. Desse modo, o grupo ajuda a enfrentar os desafios da vida, educando o jovem para olhar a realidade e descobri-la junto com os outros. O trabalho em grupo permite a adesão ao projeto de Jesus, impulsionando o jovem para uma renovação permanente do compromisso cristão e dando solidez à sua missão (Celam, 1997, p. 194).

O grupo de jovens possui algumas etapas de desenvolvimento que são: 1) *nascimento e infância*. Nessa etapa o grupo depende, em tudo, do assessor e de valores e expectativas trazidas pelos participantes. É muito frágil no início, sendo fundamental a presença do assessor. Nesse momento o grupo está centrado em si mesmo e cada jovem busca encontrar soluções para seus problemas; 2) *adolescência*. Essa é a fase de crise, conflito, passagem e mudança em que ocorre o crescimento e tomada de consciência do grupo e seu lugar na comunidade; 3) *juventude*. Nessa etapa o grupo se apresenta com maior segurança e estabilidade. Também ocorre maior independência em relação ao assessor. O jovem nesse momento começa a se engajar nos movimentos sociais e populares, superando a esfera da comunidade, na busca pela mudança da sociedade; 4) *idade adulta*. O grupo que alcança essa etapa é uma verdadeira equipe de vida, com fortes relações e projeto de vida definido. Os jovens, assim, estão a serviço da comunidade e da sociedade, sendo a partilha e a troca de experiências a razão de ser do grupo (CNBB, 1998, pp. 150-152); 5) *morte – vida nova*. O grupo não pode existir para sempre. Nessa fase o grupo é chamado a se dividir e se multiplicar na comunidade e na sociedade, gerando novos grupos e novos trabalhos (Celam, 1997, p. 200).

Para o Celam (1987, p. 191), o grupo de jovens é a experiência central pelo fato de pretender acompanhar o jovem em seu processo de discernimento, ajudando-o a construir uma "identidade positiva". Além disso, o

Novas Leituras do Campo Religioso Brasileiro

grupo possibilita o amadurecimento da fé, do entendimento da mensagem evangélica e da missão do jovem, contribuindo para que ele assuma seus compromissos nos diferentes meios da sociedade.

Os grupos das pastorais possuem as seguintes características: são formados por 15 a 20 jovens e todos se conhecem. São grupos de amigos que partilham a vida. Esse contexto faz despertar o espírito de liderança, pois todos têm função no grupo, que age para fora, na comunidade. Suas atividades dão consciência crítica para os jovens que, atuando na realidade em que vivem, possuem uma ação transformadora. Boran (1982, p. 306) afirma que o grupo precisa ter coesão, objetivos claros e metodologia elaborada. O autor insiste na importância do grupo de base. Segundo ele, o funcionamento da reunião do grupo é o eixo de toda a formação e engajamento do jovem na Igreja e na sociedade.

A essência da proposta de formação da PJB está no método ver-julgar-agir, herdado da ACE, ao qual a PJB acrescenta mais dois momentos: revisar-celebrar. Esse método baseia-se na realidade da vida dos jovens (VER), confrontando com os valores da fé (JULGAR), partindo para uma ação de transformação do meio (AGIR) (Oliveira, 2002, p. 17). O momento do VER significa a tomada de consciência da realidade, a partir dos fatos concretos da vida cotidiana. O JULGAR analisa os fatos da realidade à luz da fé, da vida e da mensagem de Jesus Cristo. A Bíblia e os documentos da Igreja Católica são os instrumentos utilizados para confrontar a realidade. O AGIR é a concretização, a ação transformadora, momento que evita que a reflexão fique no abstrato. O REVISAR é a avaliação, momento de ver até onde se caminhou. O CELEBRAR é o momento de agradecimento da experiência vivida (CNBB, 1998, pp. 210-213).

Esse método concretiza-se na revisão de vida e revisão de prática, que consiste num processo que deve se transformar num estilo de vida para os jovens (CNBB, 1998, p. 215). Com essas opções pedagógicas definidas, a PJB afirma que pode contribuir para a viabilização de um sonho de toda Igreja progressista, compartilhada pelos movimentos sociais, sindicatos e partidos de esquerda, que é a construção de outra sociedade chamada pelos cristãos da libertação de *civilização do amor*. As opções pedagógicas assumidas pela PJB levaram-na a assumir em seu processo histórico a opção política defendida pela Igreja Progressista na América. Assim, a PJB pode ser concebida como a ação da IC, por meio da qual se ajuda os jovens a descobrir, a assimilar e se comprometer com Jesus e sua mensagem. Busca-se construir uma Igreja que tenha um perfil celebrativo, participativo, que opte pelos pobres, que seja libertadora e solidária, contribuindo, assim, para a construção de uma sociedade justa e igualitária.

Essa proposta de vivência cristã é assumida como base principal de toda a construção histórica da PJB. Passemos agora para a apresentação das principais características da juventude da RCC a partir do livro *Religião e juventude*.

A juventude do movimento carismático está organizada a partir de dois ministérios: Ministério Jovem (MJ) e Ministério Universidades Renovadas (MUR) que anteriormente eram organizados em uma mesma estrutura chamada Secretaria Marcos. No entanto, com a mudança na organização da RCC, de secretarias para ministérios, há a separação desses dois setores que trabalham com jovens.

Além desses dois ministérios há o Ministério de Música (MM) que possui papel central nos grupos de oração e cujos participantes são, em sua maioria, jovens. Assim, a juventude carismática está organizada a partir de três estruturas: uma responsável pelos grupos de oração jovem, outra responsável pelos grupos de oração universitários (e jovens recém--formados) e outra que trabalha com a música, presente em praticamente todas as atividades do movimento. Comecemos pela discussão do MJ e sua função no interior do carismatismo brasileiro.

O Ministério jovem possui um coordenador nacional, coordenadores estaduais e diocesanos, responsáveis pela animação dos grupos de oração voltados para a evangelização da juventude. Dificilmente é encontrado na realidade um grupo de oração com participantes apenas jovens. Por esses motivos o MJ possui papel importante, pois procura articular temas, programas e metodologias de evangelização voltada para o público juvenil participante dos grupos de oração.

Paralelamente aos grupos de oração existe uma série de atividades que buscam fortalecer a identidade carismática e a adesão do jovem ao movimento. Há por exemplo o evento "Virada radical" que tem a proposta de evangelizar em locais públicos como praças, escolas, praias, rios, locais de lazer e campos de futebol. Existem encontros específicos da juventude, que se discutem temas como sexualidade e afetividade, retiros vocacionais, retiros de formação humana, encontros de primeiras experiências,

Novas Leituras do Campo Religioso Brasileiro

entre outros. As novidades são as "Cristotecas" e as *"Raves* católicas" organizadas com música eletrônica e que são a evolução dos "Barzinhos de Jesus", pequenas festas organizadas pelos grupos de jovens carismáticos. Esses momentos são chamados pelo MJ de "Lazer no Espírito".

Esses elementos são utilizados pelo MJ como forma de articular a juventude presente nos grupos de oração. Por meio de coordenadores – nacional, estadual e diocesano – escolhidos pela coordenação geral da RCC, há o processo de evangelização elaborado em conformidade com os preceitos integrais do movimento carismático no Brasil. No entanto, o MJ não consegue abarcar a diversidade de iniciativas que há no interior do movimento e por isso o MUR, por exemplo, possui papel complementar na organização e estruturação da formação juvenil.

O Ministério Universidades Renovadas (MUR) trabalha o universo acadêmico em duas frentes: com os estudantes a partir do Grupo de Oração Universitário (GOU) e com os já formados a partir de projetos profissionais. Essa segunda proposta consiste em recrutar profissionais recém-formados para trabalhar em programas assistenciais.

O profissional do reino é convidado a adquirir experiência na carreira com o trabalho nos programas assistenciais coordenados pela RCC. Trata-se de unir a formação profissional do fiel com sua formação espiritual carismática e assim construir o processo de aprendizagem no qual esses dois elementos estejam intimamente relacionados.

Acerca dos GOU´s, em 2009 o portal oficial do MUR na internet registrava 702 GOU´s em todo o Brasil. O GOU teve seu início em 1994 na Universidade Federal de Viçosa – UFV (MG) a partir da iniciativa de Fernando Galvani que "sonhou" em ver as universidades brasileiras repletas do Espírito Santo. Para Gabriel (2005, p. 40), "ao apresentar o 'sonho' de evangelização universitário que propõe o GOU, se colocará em questão o sentido da religiosidade (católica carismática) no processo da vida acadêmica cotidiana do universitário, e também o sentido reivindicado na ocupação de espaços no interior da Renovação Carismática".

Gabriel chama a atenção para o contexto inicial do MUR, indicando que sua gênese se dá a partir da articulação de jovens carismáticos que vão para o ambiente universitário e almejam continuar cultivando sua espiritualidade. É por isso que a articulação desses elementos possibilitou o surgimento do MUR e sua difusão em diversas universidades do país, a partir de jovens universitários originários, em sua maioria, de famílias católicas com pais pertencentes ao movimento carismático.

Um fato interessante do GOU é que ele tem conseguido se viabilizar a partir das demandas específicas do universitário. "Os pedidos de oração e louvor no GOU atendem os conflitos e demandas da vida acadêmica: provas, trabalhos, estágios, monitorias, bolsas de estudos etc." (Gabriel, 2005, p. 79). Outro fato ao qual Gabriel chama a atenção é para o projeto de poder contido no GOU na medida em que se reivindica mais espaço e participação no poder e postos de liderança na RCC. O objetivo é a construção de uma elite carismática política e religiosa que é almejada, ao mesmo tempo em que o GOU se constrói com certa autonomia da hierarquia do movimento.

Seguindo a perspectiva de Procópio (2009, pp. 83-84, 88), nota-se que a RCC se legitima na universidade a partir de dois elementos: resgate da potencialidade militante e engajada do jovem universitário e debate de um modelo de ética profissional. Para o primeiro é apresentado um estilo católico-carismático de militância (e de ser universitário) e para o segundo um modelo de profissional baseado na ética católica. Esse processo se estabelece por meio da "negociação" com o ambiente acadêmico em que é oferecida uma "comunidade emocional" que funciona como "família" para o universitário que se sente deslocado de seu estilo de vida.

Para Procópio, ao transformar o campo de conhecimento em campo de missão, os GOU´s fazem da religião o complemento da formação científica, o que causa mudança na perspectiva de vida dos jovens.

O GOU, além do seu papel de socialização do jovem carismático no ambiente universitário, possui a perspectiva de disputa interna no movimento carismático e também almeja permear a sociedade de profissionais do reino comprometidos com o Evangelho e o projeto de Deus para o mundo. Vejamos como esse processo se estabelece no cotidiano da universidade, para isso, toma-se como referência o estudo de Bertolazo (2008) sobre o GOU "Valei-nos São José" da Universidade Federal do Mato Grosso do Sul (UFMS).

O texto de Bertolazo nos interessa pelo fato de direcionar o estudo para a análise da "moral religiosa e sua influência no comportamento sexual" dos participantes do GOU, considerando a "religião como sendo um produto humano que influencia a sociedade na forma de conceber e vivenciar essa sexualidade". Dessa maneira, preocupa-se com a "problemática da vivência do sexo e da postura moral adotada por esses jovens em relação à sua sexualidade".

Bertolazo (2008, p. 46) avalia que os membros do grupo adotaram o chamado "namoro santo" como modo de superação do "ficar". Assim, em oposição às relações afetivas momentâneas simbolizadas pelo "ficar", o "namoro santo" é considerado o relacionamento "ideal entre os fiéis antes do casamento". Trata-se de "um namoro sem relações sexuais, voltado para o conhecimento psicológico um do outro".

Por esses motivos, o fiel do GOU busca manter a posição da instituição católica no ambiente universitário, aguardando o casamento para iniciar sua vida sexual ativa e fazendo duras críticas aos comportamentos homossexuais presentes nas universidades brasileiras. Nesse sentido, a busca pelo contato íntimo com o sagrado conduz o jovem do GOU para um comportamento mais rígido em comparação aos demais jovens da sociedade.

Dando sequência à análise dos setores responsáveis pela evangelização da juventude na RCC, segue-se com a discussão do Ministério de Música. Se por um lado o MJ e o MUR estão voltados para o trabalho de evangelização dos jovens, o MM, apesar de sua importância para o setor, está presente em praticamente todos os segmentos do movimento carismático católico. Responsável pela animação dos grupos de oração, missas e eventos de massa em geral, o MM tem papel fundamental no processo de condução dos momentos de oração e partilha das atividades da RCC.

Dessa maneira, pode-se afirmar que o MM é formado por um grupo de pessoas que tem como meta a transmissão do Evangelho a partir da música. O exemplo mais significativo dessa realidade é o cantor e compositor Dunga, da Comunidade Canção Nova, que foi capaz de gerar um movimento de jovens, *Por Hoje Não* (PHN) *vou mais pecar*, dentro da sua comunidade de vida e no interior do próprio movimento carismático.

A partir do exemplo de Dunga, mostra-se como as Comunidades de Vida e Aliança do movimento carismático também estão articulando os jovens católicos. Pode-se afirmar que há três principais comunidades de vida e aliança no Brasil: além da Canção Nova, destaca-se a Toca de Assis e a Shalom.

Toca de Assis. O Instituto de vida religiosa Toca de Assis é a comunidade que "abraça o ideário franciscano de vivência radical da pobreza e tem como carisma cuidar de moradores em situação de rua" (Carranza & Mariz, 2009, p. 144). Com a maioria de jovens vivendo em comunidade, a Toca de Assis caracteriza-se pelo anti-intelectualismo, pelo desestímulo à formação religiosa (sacerdotes e freiras) e por um tipo de seguimento emocional e incondicional ao líder-fundador Pe. Roberto José Lettieri que atualmente encontra-se afastado da comunidade.

Com a lógica da renúncia total da riqueza, inclusive intelectual, a juventude da Toca de Assis assume, portanto, uma perspectiva de vivência em moldes radicalmente opostos aos princípios presentes na modernidade. Não se busca a formação profissional para a procura de um trabalho e do sucesso, mas sim a subserviência ao líder da comunidade e a confiança no projeto divino ao qual vislumbra estar completamente inserido.

Shalom. Situada na cidade de Fortaleza-CE, a Shalom é uma das mais importantes comunidades carismáticas no Brasil e, diferentemente da Toca de Assis, essa comunidade se preocupa com a formação dos membros da comunidade e possui vínculos com instituição de ensino, a Faculdade Católica Nossa Senhora Rainha do Sertão, situada em Quixadá-CE.

Toda a estrutura de evangelização citada se desenvolve por meio de uma espiritualidade carismática que produz vivências extraordinárias e sensações mágicas, conduzidas pelas lideranças da comunidade, principalmente pelos fundadores Moysés Louro de Azevedo Filho e Maria Emmir Nogueira.

Canção Nova. Possui sua sede central na Chácara Santa Cruz, na cidade de Cachoeira Paulista-SP, desenvolve um trabalho de evangelização juvenil conhecido por PHN. Essa comunidade, precursora das novas comunidades carismáticas, foi fundada em 1978 pelo Monsenhor Jonas Abib em conjunto com um grupo de 12 jovens.

Difundido a partir da Canção Nova, os jovens do PHN são chamados a estar mais próximos de Deus com o auxílio da experiência cotidiana. Com o PHN é possível recomeçar a cada dia. Essa experiência surge em um contexto de crise e indeterminações, isto é, numa perspectiva de futuro imediato. "Pensar em não pecar nunca mais nos dá uma grande insegurança: 'Eu não vou conseguir'. Mas por um dia, só pelo espaço de um dia, se apresenta mais possível e a gente cria coragem" (Abib, 2005, p. 11).

A RCC compreende essa realidade e trabalha com essa possibilidade diante de um cenário de falta de perspectiva, principalmente para os jovens que encontram-se ainda em processo de estabelecimento na sociedade. Monsenhor Jonas defende: "Vai ser mais fácil: por hoje, só por hoje eu não vou mais pecar. Quando chegar amanhã eu vou começar tudo de novo".

O PHN reforça essa realidade de indeterminação e ensina o jovem a enfrentá-la a partir daquilo que ele consegue enxergar, ou seja, o futuro próximo, o agora mesmo, o imediatamente posto. Nesse sentido, desenvolve-se a pedagogia para convencer o jovem a permanecer no roteiro proposto pelo movimento. Roteiro que possui uma fundamentação teológica e moral, concebida principalmente por Jonas Abib e difundida de maneira eficiente pelo cantor, compositor e apresentador Dunga.

Considerações finais

Apresentou-se neste capítulo a síntese de uma pesquisa que durou cerca de 10 anos, entre 2001 e 2011, período no qual o presente autor realizou seus estudos de mestrado em Ciências Sociais (UFSCar, 2002-2004) e doutorado em Sociologia (USP, 2006-2009). Entretanto, a monografia apresentada ao curso de Ciências Sociais (Unesp - Araraquara) e defendida em 2001, foi o ponto de partida deste estudo. Além disso, depois da defesa do doutorado foi possível organizar uma ampla revisão entre 2010 e 2012 para publicação dos resultados nos dois livros já citados.

Como vimos, as juventudes apresentadas refletem a diversidade presente no interior do catolicismo brasileiro. Com propostas de evangelização diferentes, ambas comungam do mesmo princípio: a unidade em torno de Roma. Nenhuma delas se considera menos católica, apesar das críticas mútuas.

Além disso, faz-se necessário frisar que a lógica das tendências é utilizada como ponto de partida para classificar os agrupamentos internos da Igreja Católica. Na base, nas paróquias e comunidades, há diversificada confluência e convivência entre as tendências. No caso dos grupos de pastoral de juventude, por exemplo, evidencia-se elementos da espiritualidade carismática nas atividades dominicais, principalmente com relação ao uso de músicas produzidas pelas bandas do carismatismo.

Há também a existência de grupos que ignoram esses agrupamentos constituídos e desenvolvem uma espiritualidade contextualizada na realidade local. Estes geralmente transitam entre elementos das tendências tradicional e modernizadora conservadora que tendem a predominar no catolicismo contemporâneo.

O fundamental é compreender que a juventude católica, assim como a juventude em geral, precisa ser pensada do ponto de vista de sua pluralidade e diversificação. Apesar de pertencerem a uma mesma instituição, enfatizam elementos que dão identidade ao conteúdo de suas práticas. Conteúdos católicos, todavia, expressos a partir de sensibilidades diferenciadas.

O estudo focou as duas principais vertentes da juventude católica. Entretanto, tantas outras existem e são significativas para o contexto atual. Na tendência tradicional há a presença da juventude dos Arautos do Evangelho. Na tendência reformista encontram-se os jovens maristas que estão presentes em todas as regiões do Brasil. Trata-se de grupos juvenis ainda pouco estudados.

Nesse sentido, o trabalho desse pesquisador continua em direção ao complemento do conhecimento acerca das juventudes presentes na Igreja Católica no Brasil.

Referências bibliográficas

ABIB, Pe. Jonas. *Geração PHN*. Cachoeira Paulista – SP: Canção Nova, 2005.

AUGUSTO, Maria H. O. Retomada de um legado intelectual: Marialice Foracchi e a sociologia da juventude. Em: *Tempo Social*, vol. 17, n. 2. São Paulo: USP, pp. 11-33, 2005.

BERTOLAZO, Gisele S. *Moral e comportamento sexual:* a perspectiva dos jovens do grupo de oração universitário "valei-nos São José". Campo Grande-MS: Dissertação de mestrado, UFMS, mimeo, 2008.

BORAN, J. Juventude, o grande desafio. São Paulo: Paulinas, 1982.

_____. O futuro tem nome: juventude. São Paulo: Paulinas, 1994.

BORAN, J. & DICK, H. Pastoral da Juventude no Brasil. São Paulo: Loyola, 1983.

CARRANZA, Brenda *et al.* (org.) Novas comunidades católicas: em busca do espaço pós-moderno. Aparecida-SP: Ideias & Letras, 2009.

_____. Renovação Carismática Católica: origens, mudanças e tendências. Aparecida-SP: Santuário, 2000.

_____. MARIZ, Cecília L. (2009) Novas comunidades católicas: por que crescem? CARRANZA, Brenda *et al.* (orgs.). Em: *Novas comunidades católicas: em busca do espaço pós-moderno*. Aparecida-SP: Ideias & Letras, 2009. CELAM. *Pastoral Juvenil: si a la Civilización del Amor*. Bogotá: Coleção documentos CELAM n. 93, 1987.

_____. *Civilização do amor: tarefa e esperança – orientação para ao pastoral da juventude latino americana*. São Paulo: Paulinas, 1997.

CNBB (1983) *Pastoral da Juventude do Brasil*. São Paulo: Paulus, Coleção Estudos, n. 44.

_____. *Marco referencial da Pastoral da Juventude do Brasil*. São Paulo: Paulus, Coleção Estudos, n. 76, 1998.

_____. *Evangelização da juventude*: desafios e perspectivas pastorais. São Paulo: Paulus, Coleção Estudos, n. 93, 2006.

_____. *Orientações pastorais sobre a Renovação Carismática Católica*. Documentos da CNBB n. 53. São Paulo: Paulinas, 1994.

FORACCHI, M. M. (1965) *O estudante e a transformação da sociedade brasileira*. São Paulo: Nacional.

_____. *A juventude na sociedade moderna*. São Paulo: Pioneira, 1972.

GABRIEL, Eduardo. *A evangelização carismática católica na universidade:* o sonho do grupo de oração universitário. São Carlos-SP: Dissertação de mestrado, UFSCar, mimeo, 2005.

GRAMSCI, A. *Cadernos do Cárcere*. Rio de Janeiro: Civilização Brasileira, vol. 4, 2001._____. *Cadernos do cárcere*. Rio de Janeiro: Civilização Brasileira, vol. 1, 2001. GROPPO, L. A. *Juventude: ensaios sobre sociologia e história das juventudes modernas*. Rio de Janeiro: Difel, 2000.

LECCARDI, Carmen. Por um novo significado do futuro: mudança social, jovens e tempo. Em: *Tempo social*, vol. 17, n. 2. São Paulo: USP, pp. 35-57, 2005.

LÖWY, M. *Marxismo e Teologia da Libertação*. São Paulo: Cortez, 1991.

_____. *A guerra dos deuses: religião e política na América Latina*. Petrópolis: Vozes, 2000.

MARIZ, Cecília L. Comunidades de vida no Espírito Santo: juventude e religião. Em: *Tempo Social*, vol. 17, n. 2. São Paulo: USP, nov., pp. 253-273, 2005.

MARX, K. *A ideologia alemã*. São Paulo: Hucitec, 1986.

ENDOLA, Salvatore La. O sentido do risco. Em: *Tempo social*, vol. 17, n. 2. São Paulo: USP, pp. 59-91, 2005.

OLIVEIRA, R. *Pastoral da Juventude: e a Igreja se faz jovem*. São Paulo: Paulinas, 2002.

PORTELLI, Hugues. *Gramsci e a questão religiosa*. São Paulo: Paulinas, 1984.

PROCÓPIO, Carlos E. A RCC na universidade: transformando o campo de conhecimento em campo de missão. Em: CARRANZA, Brenda *et. al.* (orgs.) *Novas comunidades católicas*: em busca do espaço pós-moderno. Aparecida-SP: Ideias & Letras, 2009.

SOFIATI, Flávio M. *Religião e juventude*: *os novos carismáticos*. Aparecida-SP: Ideias & Letras/FAPESP, 2011.

_____. *Juventude Católica*: *o novo discurso da Teologia da Libertação*. São Carlos/ Goiânia: EDUFSCar/CAJU, 2012.

WEBER, Max. *A ética protestante e "o espírito" do capitalismo*. São Paulo: Cia da Letras, 2005.

_____. *Economia e sociedade: fundamentos da sociologia compreensiva*. Brasília: UNB. Vol. I, 2004.

3 - Tradicionalidade e estratégia identitária no catolicismo: do turismo religioso aos retiros religioso-ecológicos

Emerson José Sena da Silveira

Entrelaçando antropologia da religião às novas abordagens teóricas da fenomenologia cultural, pretende-se descortinar o vasto panorama aberto por novos objetos como o turismo religioso, os altares e devoções virtuais às práticas ecorreligiosas.

Há, no campo religioso, e em particular no católico, entre tantos aspectos, um vasto panorama aberto por fenomenologias e manifestações, como turismo religioso, altares virtuais, explosão do consumo de produtos religiosos, refundações ortodoxas da identidade.[1] Daí, o caráter ambivalente das atuais

---

1   As reflexões deste texto são decorrentes de alguns trabalhos teórico-empíricos desenvolvidos ao longo de 2002 a 2012 no campo do catolicismo. Alguns resultaram em publicações em encontros, simpósios e congressos nas áreas de ciências sociais e ciências sociais da religião. O confronto desses trabalhos permite traçar uma mirada sobre as transformações pelas quais o catolicismo vem passando em diálogo com as culturas e movimentos sócio-histórico-religiosos contemporâneos. Um dos focos de pesquisa é a Renovação Carismática Católica. Surgido em 1967, em universidades norte-americanas, esse movimento expande-se pelo mundo, chegando ao Brasil em 1969, e passando, a partir daí, por uma considerável expansão e diversificação, paralelamente à sua subordinação institucional e a "linhas de fuga" (ou de insubordinação institucional) (CARRANZA, 2000). Esse movimento esteve originalmente em contato próximo com grupos pentecostais, sendo atrelado às estruturas católicas pelo papa Paulo VI, que designou um cardeal belga, Suenens, para romanizar o movimento. Em nosso país, percorreu uma trajetória de complexificação com diversas práticas e agrupamentos: comunidades de vida e aliança, associações de leigos reconhecidas pelo direito canônico e pelo civil, ministérios ou grupos organizativo-mobilizadores temáticos (Comunicação social, Cura e libertação, Música e artes, Jovem, Formação, Pregação, Promoção Humana, para Família, seminaristas, Cristo Sacerdote, Para as religiosas, Universidades,

transformações no campo da religiosidade brasileira: de um lado, centralidade da experiência e da emoção, engajamento do corpo e dos sentidos, num âmbito não institucional e individual na religião e nas relações desta com outros campos sociais (arte, mídias, política, economia); de outro, racionalidades modernas, mecanismo de garantia da segurança ontológica, num âmbito institucional e comunitário na religião e nos contatos desta com esses mesmos campos sociais.

É preciso dar atenção às zonas de tensão que emergem, simultaneamente, no campo religioso e no diálogo deste com outros campos socioculturais (maiores e menores): a erosão da tradição como continuidade ontológica do passado (com a emergência de uma reinvenção performática da memória); o transbordamento das fronteiras entre os campos simbólicos e sociais; a emergência de hegemonias entrecruzadas, tanto entre os fenômenos religiosos quanto entre os instrumentos analíticos e os paradigmas interpretativos.

No contexto da modernidade ocidental, ocorrem, nos campos religiosos, as ultrapassagens, os descolamentos, as recriações da ortodoxia e as invenções heterodoxas. A modernidade, complexa em suas ramificações e conceituações,[2] impactou profundamente as forças religiosas tradicionais e suscitou outras forças simbólicas.

Com suas complexas relações e facetas, a situação de pluralismo institucional e secularização[3] tornou-se uma plataforma não apenas heurística,

---

Para as crianças, Fé e política. Conferir no *site* oficial: <rccbrasil.org.br/portal/>. Alguns calculam entre 3 e 5 milhões de adeptos brasileiros. Segundo dados da coordenação central, há aproximadamente 20 mil Grupos de oração, com mais de um milhão de participantes efetivos, e os que eles chamam de membros "afetivos" que, embora se identifiquem com o movimento, não mantêm comprometimento, participando, ocasionalmente, dos grupos e eventos. Sua estimativa gira em torno de 10 milhões, entre visitantes esporádicos, telespectadores de programas de TV e ouvintes de programas de rádio ligados às comunidades, padres e lideranças carismáticas. A construção de uma sede nacional, em uma cidade do interior de São Paulo, Canas, consolida um longo processo de institucionalização do movimento tanto em termos simbólicos (por escolher, como patrona, a beata Elena Guerra, italiana do século XIX, devota do Espírito Santo), quanto em termos estruturais <rccbrasil.org.br/portal/, acesso em 2 de julho de 2012>.

2   A modernidade não pode ser entendida num sentido ontológico forte, mesmo porque o epíteto moderno tem sido historicamente usado em distintos momentos: no século XV, para diferenciar o mundo cristão do mundo pagão que o antecede; nos séculos XV e XVI, marcado pelas grandes navegações, e no século XIX, para designar a era burguesa, surgida das revoluções francesa e norte-americana, bem como de um complexo conjunto de fatores, entre os quais citam-se o desenvolvimento técnico-científico, a intensa urbanização das cidades, a industrialização, a mundialização etc. Tal conjunto estrutural de mudanças é chamado de modernização socioeconômica, e o aparato sociossimbólico atrelado a essas mudanças, de modernidade ocidental moderna (ou alta modernidade, entre outros nomes). Conferir: Giddens (2002); Montero (1993); Casanova (1994), entre outros.

3   A perspectiva habermasiana, que enxerga como fatores mutuamente dependentes o surgimento e o fortalecimento da esfera pública e o declínio público da religião, é intensamente criticada, embora

Novas Leituras do Campo Religioso Brasileiro

mas também política e normativa. Portanto, é possível falar de modernidade religiosa em que a religião, definida como um empreendimento de transmissão e perpetuação da memória de um acontecimento fundador, muda profundamente sua função, seu papel e suas orientações (Hervieu-Léger, 2008). A linha crente ou linhagem religiosa, que liga o acontecimento fundador do passado à vivência de sua memória no presente, sofre rupturas. Fratura-se a distância que liga o passado mítico, percebido como real pelos crentes, ao presente momento, visto como continuidade que caminha para um futuro, almejado como realização plena do passado (Hervieu-Léger, 2008).

Imersa num mundo governado pelo imperativo da mudança e da inovação – que atravessa de alto a baixo as classes e as relações sociais, políticas, culturais e econômicas das sociedades ocidentais – a religião (e suas instituições), empreendimento marcado pela busca da continuidade, vê-se atravessada por forças centrípetas e centrífugas.

Segundo Hervieu-Léger (2008), toda religião implica uma mobilização da memória coletiva, constituindo-se num dispositivo prático, simbólico e ideológico a partir do qual a consciência individual e coletiva de pertença a uma linha de crença é constituída, estabelecida e controlada. Se, por um lado, a transmissão ou continuidade de uma tradição religiosa não significa imutabilidade, por outro, implica a ocultação das rupturas que a linha crente sofreu ao longo da História (Hervieu-Léger, 2008).

As disputas dos muitos grupos religiosos em torno da memória autorizada (memória hegemônica e legitimada da maioria dos crentes), bem como as disputas em torno da autenticidade dessa memória ou de sua restauração, expressam essas irrupções ou disjunções históricas (Hervieu--Léger, 2008). Embora os crentes vejam sua linhagem como imutável, legítima, autêntica e unívoca, as linhagens de outrem lhes parece mutáveis, bastardas, inautênticas e plurívocas.

Nos tempos moderno-secularizados, favoráveis à História, à racionalidade formal-instrumental, à pluralidade normativo-cognitiva das esferas institucionais (arte, ciência, política, economia) e à ascensão do indivíduo (vontade, inteligência e emoção) como centro decisório maior, entra em crise o ocultamento da mudança empreendido pelas tradições religiosas.

---

oriente boa parte das reflexões sociológicas sobre religião no Brasil.

As quatro lógicas articuladas pelas instituições religiosas no empreendimento de ocultar ou deter a mudança tornam-se polos autônomos de produção identitária grupal e individual: a lógica ética (universalismo da mensagem religiosa); a lógica comunitária (vivência grupal e local da mensagem universal); a lógica emocional (experiência imediata da emoção religiosa original); e a lógica cultural (aparato de mediação da emoção religiosa e sua perduração) (Hervièu-Leger, 2008).

Na modernidade religiosa, formam-se dois eixos fundamentais de tensão na articulação histórico-social das quatro lógicas: o eixo ético-comunitário e o eixo emoção-cultura. Os processos secularizantes enfraqueceram os controles institucionais usados pelas instituições para que as tensões fossem contidas e administradas. Em torno das quatro lógicas, novas possibilidades de crer e pertencer foram efetivadas: crer sem tradição e pertencer sem crença (Hervieu-Léger, 2008).

A despeito disso, é preciso cuidado na utilização de tais parâmetros para interpretar a realidade latino-americana e brasileira. Ao se analisar o panorama da América Latina, constatam-se fortes descompassos entre tradição, modernismo cultural e modernização socioeconômica bem como entre as trajetórias de formação e constituição dos Estados, sociedades e mercados. Desse modo, as relações entre a esfera pública, a esfera privada e a cultura (religião inclusa) são complexas e heterogêneas, discrepantes dos padrões eurocêntricos de mudanças socioculturais, econômicas e religiosas (Canclini, 2000; Montero, 2006).

É nesse contexto que, no campo do espaço público brasileiro, os processos de produção e legitimação de identidades grupais e individuais conectam-se às dinâmicas das religiões e suas disputas de capital simbólico. No âmbito das mudanças sociorreligiosas, a acelerada destradicionalização (ou perda da cultura católico-afro-brasileira) e a ascensão do individualismo moderno (ou cultura moderna da escolha individual) parecem constituir-se no movimento central. Todavia, as possibilidades semântico-sociais de interação entre sociedade, religião e cultura não se esgotam no trânsito da tradição rumo à modernidade.

No campo católico, objeto central das reflexões e ilustrações empíricas deste artigo, a queda da hegemonia é um fato empiricamente demonstrável por pesquisas e censos do Instituto Brasileiro de Geografia e Estatística (IBGE): em 1872, 99,7% da população declaravam-se católicos; em 1970,

91,8%; em 1980, 88%; em 1991, 80%; em 1994, 74,9%; em 2000, 73,6%; em 2010, 64,6%.[4]

O crescimento do número de evangélicos (pentecostais e neopentecostais) com amplo uso de estratégias de visibilidade e atuação pública, ao lado do crescimento dos sem-religião e das religiões mediúnicas (espiritismo kardecista) traça, em termos quantitativos, o panorama do campo religioso atual. Em termos quantitativos: em 2000, os evangélicos eram 15,4% da população, em 2010, 22,4%; os espíritas passaram de 1,3%, em 2000, para 2,0%, em 2010; os umbandistas e candomblecistas ficaram entre 0,8%, em 2000 e 2010.

Porém, se em termos quantitativos o cenário é de perdas constantes, em termos qualitativos deve-se destacar as combinações e porosidades do catolicismo com outras famílias de crenças religiosas. Em 1998, o Instituto Gallup constatava que 98,5% dos católicos acreditavam em Deus, mas 45,4% acreditavam em reencarnação, 49,6% em inferno, 61% em vida após a morte, 58,% em destino.[5]

Diante desse cenário, toma vulto um movimento massivo de religiosidades pentecostais e neopentecostais, na medida em que, desvinculando-se dos tradicionais laços, criando outras comunidades de adeptos, por meio da soberana vontade e escolha individual (Pierucci, 2006). Nessa realidade de pura modernidade, num fazendo-se e desfazendo-se da tradição, o novo aponta para um questionamento: será, simplesmente, a inauguração de um indivíduo moderno, livre e soberano no campo religioso? Como as religiões tradicionais são afetadas por essas mudanças? Na passagem das tradições religiosas e político-econômicas, pode-se pensar no irreversível declínio das religiões étnicas e tradicionais em face das religiões universais e de conversão individual? (Pierucci, 2006).

Concomitantemente a esse declínio, o quadro interno do catolicismo caracteriza-se por diferenciações culturais crescentes e porosas, de um lado, e de homogeneizações teológico-doutrinal-pastorais endurecidas, hierarquicamente centralizadas e não porosas, de outro.

Assim, tanto no campo católico, quanto no religioso em geral, surgem movimentos simultâneos, intercruzados (dentro e fora dos grupamentos

---

4 Conferir: a) <ibge.gov.br/canal_artigos/>. Acesso em: 30 de junho de 2012; b) <seriesestatisticas. ibge.gov.br/>. Acesso em: 1º de julho de 2012.
5 Fonte em: <gallup.com/poll/trends.aspx>. Acesso em: 5 de julho de 2012.

institucionais): por um lado, movimentos de distinção, multiplicação e rupturas; por outro, movimentos de indistinção, unificação e de tendência homogeneizante. Há uma neopentecostalização católica: expandem-se no catolicismo os moldes empresariais e midiáticos que estruturam o modo de ser neopentecostal (Carranza, 2011).

Os fenômenos de cruzamento, como hibridismo e ortodoxia vividos no campo católico (e no religioso) estão relacionados à estrutura socioeconômica e política brasileira. Esta assume novos contornos, funções e estruturações ao longo do século XX e início do século XXI. Intensas migrações urbano--rurais e mobilidades sociais, industrializações inovadoras e permanências atávicas atravessam o tecido social brasileiro: os segmentos, as classes, as regiões e os grupos (religiosos ou não) são conduzidos pelo ritmo assimétrico das racionalidades político-econômicas e simbólicas.

Nesse aspecto, os fenômenos a seguir retratados ilustram uma pequena parte, embora não esgotem as tensões do catolicismo, formadas pela confluência entre os eixos ético-comunitários e os emocionais e culturais, dotados de diversos arranjos e redes semânticas de sentido em construção, conflito e colaboração.[6]

Turismo religioso: estratégia de afirmação cultural[7]

Abarcando o cruzamento entre fenômenos turísticos e sociorreligiosos, a nomenclatura turismo religioso[8] surgiu na década de 1960. Em 1979, no segundo ano de pontificado do papa João Paulo II, reconhecidamente um dos pontífices mais relacionados com os meios de comunicação modernos, acontecia, na França, o II Congresso Mundial sobre a Pastoral do Turismo, dando mostras de que a Igreja envolvia-se ativamente com essa questão. Em seu discurso, o papa referiu-se ao alcance e à posição

---

6 Indícios dessas tensões são encontrados abundantemente na literatura dos estudos sobre sociedade, cultura e religião no campo católico, tanto no nível das crenças e adesões, quanto no das pertenças e práticas (CAMURÇA, 1998; 2009; 2011).

7 Os dados deste subitem são encontrados em Silveira (2009b).

8 O turismo é um fenômeno da modernidade capitalista, consolidado como fenômeno social a partir do fim do século XVIII. Possui inúmeras definições e formas de abordagem. Consiste, basicamente, em determinados tipos de deslocamento, transitório, de agrupamentos humanos ou indivíduos para certos locais "atrativos". Nesses deslocamentos, utiliza-se uma estrutura específica: meios de transporte, agências ou guias de viagem, hotéis e pousadas. Há inúmeras tipologias, conforme orientações e preferências que emergem no decorrer do século XX: turismo de eventos, de negócios, turismo *gay*, turismo cultural e outros (PADILHA, 1997).

da Igreja diante de tal fenômeno.[9] Em 2004, aconteceu em Bangcoc, Tailândia, o VI Congresso Mundial da Pastoral do Turismo.[10] Por outro lado, a hierarquia católica procura manter o discurso sobre o turismo na moldura teológica do cristianismo, ou seja, o turismo como forma pastoral.

Atualmente aplica-se a categoria turismo religioso ao deslocamento de pessoas a lugares, eventos e fenômenos ligados, de algum modo, a manifestações do sagrado e às atividades festivas de consumo e lazer. Enquanto o consumo e a experiência da viagem estão próximos a uma encenação teatral, em contrapartida, a vivência e a crença religiosa estão próximas de uma experiência ontológica. Apesar disso, as fronteiras tornam-se frequentemente embaçadas, o que evoca a polissemia das identidades instaladas nos locais, nas festas, nos diversos e variados usos dos espaços e dos rituais por parte dos turistas e dos fiéis.

Todavia, é na circulação de pessoas, imagens, crenças e consumo, que se estabelece a relação entre esferas tão diferentes (lazer e religião). Essa circulação estende-se aos mais variados lugares, colocando-se numa espécie de rizoma os elementos associados à religião e à religiosidade: templos, igrejas, cultos, ritos exóticos, santuários, locais de supostas aparições da virgem Maria, ou de anjos, santos, duendes, extraterrestres e outras personagens místicas que se acredita serem portadoras de uma energia divina e sagrada.

Simultaneamente, políticos (prefeitos, secretários, vereadores) e empresários valem-se de determinados aspectos religiosos (festas, monumentos, locais, santuários, entre outros) para empreender alianças, pactos e investimentos em serviços e produtos cujo atrativo aproxima-se do místico, do religioso ou espiritual.

Os agentes religiosos, em especial os católicos, também se articulam e fazem alianças para compor parte do calendário e dos roteiros turísticos no Brasil e em outros países. Em virtude de um extenso patrimônio material e imaterial, igrejas e festas, que se espalham por todo o Brasil, o católico, como expressão religiosa, dispõe de um espaço sociocultural altamente

---

9   Informações obtidas no *site* oficial dos documentos do vaticano na versão para língua portuguesa: <64.233.161.104/search?q=cache:Ka0E0zmIc7oJ:www.vatican.va/roman_curia/pontifical_councils/migrants/s_index_tourism/rc_pc_migrants_sectiontourists__po.htm+pastoral.do.turismo&hl=pt-BR>. Acesso: em 5 de julho de 2012.

10   As edições desse encontro mundial não cessaram desde então. Paralelamente, aconteceram outros eventos, como o XXVI Dia Mundial do Turismo, ocorrido em 27 de setembro de 2005.

permeável a estratégias de visibilização e transformação da religião em um produto de consumo para turistas.

Nesses espaços, cria-se uma discrepância: enquanto os agentes eclesiásticos tendem a ver e agir a partir de noções como evangelização e resgate da identidade católica, os turistas, ao contrário, tendem a ver a e agir a partir de noções como diversão e lazer. Apesar disso, pode-se afirmar que o turismo religioso católico encaixa-se no eixo cultural da identidade religiosa, em torno do qual gira a memória religiosa, as imagens, a arquitetura, as cerimônias e as liturgias, eruditas ou populares, as mestiçagens, entre outros aspectos. A tensão entre as lógicas cultura/comunidade/ética/emoção é clara: tensão entre o deslocamento para fruir a paisagem, o monumento, os ritos e o deslocamento para aderir, assumir e confessar a pertença, o dogma e as prescrições (Silveira, 2009b).

Remetendo à importância das antigas e novas festas religiosas populares católicas, a Embratur[11] divulga roteiros turístico-religiosos que reúnem milhares de pessoas em eventos em que o catolicismo figura como protagonista: Círio de Nazaré (Belém do Pará), Nossa Senhora dos Navegantes (Bahia e Rio Grande do Sul), festas de padroeiros famosos e importantes, Festa de Nossa Senhora da Penha (Rio de Janeiro), entre inúmeras outras manifestações, como os Congados e Festas do Divino. Junto às mesmas, liturgias tradicionais, como procissões, barracas e comes e bebes, são divulgadas pela mídia como parte do "turismo religioso". Na medida em que, para os frequentadores, varie o significado das festas, é necessário criar categorias interpretativas para organizar a multiplicidade de vivências que vai desde o consumo e o espetáculo, até a contrição e a mística. Dessa maneira, identificam-se as continuidades e os limites entre o peregrino, o turista, o romeiro e o fiel.

Para se obter uma dimensão desse turismo católico, fez-se um levantamento em portais e sítios de busca eletrônica mais utilizados, como o Google, bem como em portais exclusivamente voltados ao público católico, como o Católica.net:[12]

---

11 Embratur: órgão criado em 1966, durante o Regime Militar de exceção. É uma autarquia especial do Ministério do Turismo, responsável pela execução da Política Nacional de Turismo no que diz respeito à promoção, *marketing* e apoio à comercialização dos destinos, serviços e produtos turísticos brasileiros no mercado internacional. Teve sua atribuição direcionada exclusivamente para a promoção internacional, a partir de 2003, com a criação do Ministério do Turismo. Conferir: <turismo.gov.br/turismo/o_ministerio/embratur/index_old.html>. Acesso em: 3 de julho de 2012.

12 É um portal católico que agrupa milhares de links ligados ao catolicismo, além de outros dados,

Dioceses brasileiras que mantêm a Pastoral do Turismo ou do lazer e similares	26
Dioceses que possuem sítio com *links* voltados para agências católicas de passeio e turismo	26
Dioceses que possuem imagens de atrações turístico-religiosas (fotos de templos, locais de cultos etc.)	26

Quadro 1: Pastoral do Turismo e *Links*.
Fonte: pesquisa pessoal, 2012.

Avançando quanto aos levantamentos no portal Católica.net,[13] especializado em notícias e agrupamento de páginas católicas, evidencia-se a existência de, pelo menos, inúmeras agências de turismo que assumem a nomenclatura de "turismo religioso" em suas propostas e objetivos.

SÍTIOS	CARACTERÍSTICAS AUTOATRIBUÍDAS
Magnificat turismo	Grupos de peregrinação católica ao México (N. Sra. de Guadalupe) e à Europa (Fátima, Lourdes, Caravágio, Pádova, Assis, Roma e Medjugorje) e Terra Santa. Passagens aéreas em geral. Pacotes turísticos em geral. Proprietários membros da Renovação Carismática Católica de Caxias do Sul.
Católicos tur	Com viagens, excursões católicas, temos o objetivo de evangelizar; por essa ferramenta, as viagens a locais católicos têm como objetivo divulgar a Palavra de Deus.
Êxodo viagens e peregrinações	Santiago de Compostela, Roma, Medjugorje, Polônia, Praga, Budapeste, Terra Santa. Lisboa, Fátima, Lourdes, Paris, Veneza, Assis, Cássia, S. Giovani Rotondo, Caminhos de São Paulo, papa João Paulo II, peregrinação, peregrinações Na Europa, santuários, padres, bispos, cardeais, basílicas, diocese, viagem e excursões.

imagens e atividades.
13   <buscacatolica.com.br/categorias>. Acesso em: 2 de julho de 2012.

Ixtus peregrinações	Neste *site* você conhecerá a Terra Santa e os principais locais de peregrinação católica, onde ocorreram os fatos mais marcantes do cristianismo. Receba também o material do curso "Raízes bíblicas".
Caravana dos escolhidos	*Site* destinado ao turismo religioso, criado por uma arrecadadora da Canção Nova, com o objetivo de levar os católicos aos lugares nos quais poderemos louvar a Deus. Possuímos peregrinações nacionais e internacionais.
Caravana divina providência	Caravana para todos os acampamentos / retiros na Canção Nova e na Comunidade Bethânia do Pe. Léo. Tudo sobre a missão CN no Rio de Janeiro e eventos. Fotos, cliparts, mensagens, orações e muito mais você vai encontrar em nosso *site*.
Central de peregrinações viagens e turismo Ltda.	A perfeita união entre fé, cultura e lazer. Peregrinações à Terra Santa (Jerusalém, Nazaré, Belém e Egito, Jordânia). Santuários europeus: Roma, Santiago de Compostela, Fátima, Lourdes, Assis, Pádua. Leste Europeu: caminhos de São Paulo; Turquia e Grécia. México: N. Sra. de Guadalupe. A Central de Peregrinações Viagens e Turismo Ltda. Foi fundada em 1997, por iniciativa do Frei José Clemente Müller, OFM, que na ocasião era Comissário da Terra Santa e tinha como uma das suas principais funções levar peregrinos à Terra Santa, promovendo as devoções nos santuários ali existentes.

Quadro 2: sítios de agências católicas de turismo.[14]
Fonte: pesquisa pessoal.

Observando as tabelas, percebe-se um expressivo número de atores católicos que visibilizam a relação entre turismo e religião. Esse investimento em pastorais, encontros, e outros elementos, parece evidenciar a circulação de "categorias ambíguas" que associam imagens, muitas vezes antagônicas de religião, fé e lazer, ao "turismo religioso".

---

14 O texto do quadro mantém a escrita original que está nos sítios eletrônicos.

Nesse sentido, "turismo religioso" (re)territorializa o religioso, concretizando-o noutra dimensão: a do passeio, do lúdico, do ver e ser visto. Em outras palavras, há uma imbricação entre lazer e louvor, entre fé contrita e deslocamento prazeroso. Ressalta-se que, não raro, esses anúncios partem de agentes ligados a movimentos religiosos, como a Renovação Carismática Católica.

Existem, por fim, comunidades de cunho carismático dedicadas ao serviço de viagens turístico-religiosas, como a Comunidade Obra de Maria,[15] que atua com a Comunidade Canção Nova. Esta, fundada no começo de 1990 por meio da missão Rainha da Paz Peregrinações, tem levado milhares de peregrinos-turistas, organizados em grupos, a congressos católicos (em especial aos da Canção Nova) e a santuários nacionais e internacionais (América Latina, Europa, Terra Santa ou Jerusalém, entre outros).[16] Na autoapresentação da missão, misturam-se termos ligados ao universo empresarial e ao religioso. Distribuindo-se pelo Brasil e Europa em 30 casas, com centenas de leigos assessorados por sacerdotes, essa comunidade disponibiliza os roteiros turísticos nacionais e internacionais com os respectivos preços. Os passeios são apresentados por sacerdotes com experiências de fé e reencontro com Deus:

Rainha da Paz Peregrinações é uma missão da Comunidade Obra de Maria,
uma entidade Católica com espiritualidade da Renovação Carismática

---

15   Como já foi dito, as comunidades leigas, oriundas da RCC, chamadas de comunidades de vida e aliança, podem ter um regime de dedicação integral ou parcial dos leigos. Geralmente combinam os dois tipos de dedicação: uma equipe morando e vivendo em tempo integral na comunidade; outra em tempo parcial. As maiores contratam funcionários para gerirem atividades, como atendimento, vendas, TV etc. No Brasil, as mais influentes são a comunidade Shalon (Fortaleza) e a Canção Nova (Cachoeira Paulista). A Comunidade Canção Nova foi inaugurada em 1978 pelo padre Jonas Abib. Junto com um grupo de jovens, egressos da Renovação Carismática Católica, construiu uma das mais famosas organizações ligadas aos católicos carismáticos, a ponto de ser considerada representativa desse tipo de religiosidade pentecostal, dentro da religião católica. As comunidades são centros de oferecimento de produtos e serviços religiosos. Há grande oferta de encontros e acampamentos (marca da Canção Nova), divulgados por meio de uma extensa rede nacional, de TV e rádio. Tornam-se eventos concorridos. A relação entre a Comunidade Obra de Maria e a Canção Nova é profunda. Os dados citados neste texto são retirados da Wikipédia da Canção Nova: <wiki.cancaonova.com/index.php/Comunidade_Obra_de_Maria>. Acesso em: 2 de julho de 2012. Eles possuem, no entanto, um portal próprio: <obrademaria.com.br/>, onde *link* "peregrinações" <obrademaria.com.br/rdp/>, que explica o que é peregrinar e descreve detalhadamente os roteiros (divididos em nacionais, internacionais e eventos Canção Nova).

16   De acordo com a página da Wikipédia da Canção Nova, citada na nota anterior, um dos dirigentes é formado em turismo. A Comunidade Obra de Maria atua juntamente com a Comunidade Canção Nova em Jerusalém. Para visualizar os roteiros, acessar: <obrademaria.com.br/rdp/>. A empresa de peregrinações possui filial em Brasília, Cachoeira Paulista (sede da Canção Nova), São Paulo e Aracaju. A matriz está situada em Recife.

Católica e Mariana. [...] Entre nós há famílias inteiras, religiosos, sacerdotes e jovens a serviço da evangelização e da promoção humana. Nossa meta é levar as pessoas a um encontro pessoal com Jesus. [...] Viajando com a Missão Rainha da Paz ou adquirindo qualquer produto com a marca "Obra de Maria", você estará contribuindo diretamente com a manutenção da Comunidade e com a continuação da evangelização.[17]

Pela intensidade com que o termo "turismo religioso" circula no catolicismo, postula-se que há uma legitimação por parte da Igreja, ratificada por recomendações e práticas. Observe-se o seguinte trecho do documento eletrônico do Conselho Pontifício da Cultura, no qual se fala de uma pastoral da cultura:

No contexto do desenvolvimento do tempo livre e do turismo religioso, tomar algumas iniciativas para salvaguardar, restaurar e valorizar o patrimônio cultural religioso existente, como também transmitir às novas gerações as riquezas da cultura cristã, fruto de uma harmoniosa síntese entre a fé cristã e o gênio dos povos. Com este objetivo, é desejável. [...] a) Introduzir a pastoral do turismo e do tempo livre e a catequese através da arte, entre as atividades habituais das dioceses; b) Conceber itinerários devocionais em uma diocese ou região, percorrendo a rede dos lugares da fé que constituem o seu patrimônio espiritual e cultural; c) Prever uma pastoral dos edifícios religiosos mais frequentados; [...] d) Criar organizações de guias católicos, capazes de fornecer aos turistas um serviço cultural de qualidade animado por um testemunho de fé [...].[18]

Convocando para um tripé de ações – criação da pastoral do turismo e do tempo livre, organização de guias católicos e criação de itinerários devocionais –, o documento proporciona à Igreja inserir-se num campo de transformações culturais, deslizando-se da religião "pura" para uma interface com o consumo, com o lazer e com o divertimento. É preciso levar em conta "os processos mundiais que a própria Igreja produz, processa, acelera e veicula," na medida em que ela assumiu um modo de ser transnacional (Montero, 1993, p. 172).

---

17   Conferir: <obrademaria.com.br/rdp/>. Acesso em: 2 de julho de 2012.
18   Conferir no *site* do Vaticano: <vatican.va/phome_po.htm>. Acesso em: 2 de julho de 2012.

Está clara a mixagem de práticas num espaço marcado pela simbologia católica, mas sob o *leitmotiv* da pastoral do turismo: lazer (teatro e dança sacra), social (prevenção às drogas), cidadania (consultoria jurídica) e religiosa *strictu sensu* (missa).

No entanto, o turismo religioso no âmbito do catolicismo é um oceano de possibilidades ainda a ser desbravado em distintas abordagens interpretativas e quantitativas: os santuários regionais e nacionais (Aparecida), os caminhos católicos de peregrinação (Padre Anchieta, no litoral do Espírito Santo), as festas tradicionais, como a de Nossa Senhora da Penha (Rio de Janeiro) entre outros numerosos exemplos, apontam, grosso modo, a amplitude dos fenômenos que envolvem o eixo cultural religião-lazer-passeio-consumo. Muitos são os agentes e os níveis de interlocução envolvidos: igrejas, sacerdotes, leigos, empresários e turistas, que possuem diferentes formas de percepção e segmentações internas.

Divertimento católico: estratégia ambígua de pertença[19]

A construção da identidade como tarefa empreendida, submersa nos atuais fluxos de mídia e consumo, é um trabalho religioso extenuante, já que as fronteiras entre a sociedade, outros grupos religiosos e fenômenos sociais precisam ser recompostas a partir de diversas estratégias de diferenciação, por um lado, e indistinção, por outro.

Um dos espaços em que é possível dimensionar a complexidade dessa tarefa é o do divertimento, do lúdico, do lazer, enfim, o espaço da festa. Na festa, todas as possibilidades de consumação estão reunidas (música, comida, bebida e outras artes), contribuindo para torná-la "o lugar e o tempo de um desencadeamento espetacular" (Bataille, 1993, p. 45). Um espaço tenso, atravessado por cruzamentos entre regras instituídas e transgressões às mesmas, entre o nomos e o caos.

Tradicionalmente, as festas católicas ligavam-se às devoções marianas, a outros(as) santos(as), ao calendário litúrgico, às inaugurações e às solenidades eclesiásticas. Nelas, a pluralidade de uso e combinações é patente: os sincretismos religiosos dos grupos socialmente discriminados (os escravos) produziram ricos espaços e subjetividades.

---

19 Conferir: Silveira (2011).

Durante muito tempo, a festa produziu laços e trocas simbólicas e sociais. Marcada por gestos e sinais litúrgicos, sempre houve espaço para as profanidades se imiscuírem em uma tensa relação de controle/descontrole. Da festa religiosa surge o calendário como escansão do tempo e marcação de memória coletiva, como desejo de origem e como nostalgia da tradição. De inúmeras formas, o clero católico exerceu controle (proibição de danças, fogos etc.) e tomou em suas mãos a tarefa de institucionalizar ou, ao menos, tolerar. Por outro lado, houve inúmeras formas de resistência acionadas pelos leigos (as irmandades no período colonial brasileiro e latino-americano, por exemplo). As festas mesclavam, em seus rituais e estruturação, nas interações entre as elites rurais e urbanas, entre a população pobre, camponesa e urbana, aspectos políticos, econômicos e culturais.

Porém, pretende-se visitar outro grupo de festas modernas que cresce vertiginosamente no meio católico: as festas voltadas para a juventude. A intensificação de atividades festivas no catolicismo carismático levou à ampliação da oferta de eventos: *shows*, encontros dos mais variados tipos e proporções, promovidos por grupos de oração, dioceses e comunidades.

Atualmente, esse mercado ganhou uma dimensão incalculável. Basta dizer que, no Brasil, durante a Festa do Carnaval (O carnaval de Jesus), mais de 600 cidades de grande e médio porte realizam eventos de massa, reunindo milhares de pessoas, bandas, músicas, enfim, consumo, corpos e imagens (Silveira, 2009a). Há centenas de bandas e de festivais, ligados em sua maioria ao catolicismo carismático, mas também aos vicentinos, aos cursilhos, entre outros, nas mais diversas cidades,[20] especialmente os que envolvem a juventude, promovidos pelos católicos carismáticos, por meio de duas instâncias organizacionais: os grupos de oração, junto com os ministérios e coordenações; e as comunidades carismáticas. Entre esses eventos, destacam-se as *cristotecas*.

Nos anos 2000, incentivadas pela comunidade carismática "Aliança de misericórdia", sediada na cidade de São Paulo e coordenada por dois padres de origem italiana, iniciam-se as *cristotecas*, cuja missão e vocação estão voltadas para a juventude drogada e aidética. A partir do sucesso da *cristoteca* paulista, a experiência espalhou-se pelo Brasil,

---

20   São Paulo, Rio de Janeiro, Belo Horizonte, Fortaleza e outras, entre as quais Juiz de Fora, onde foram recolhidos os fatos para este texto.

sendo realizada tanto em cidades do interior quanto em grandes metró-poles (Silveira, 2009a).

Promovendo um verdadeiro surto de músicas católicas e animadas por famosas bandas do circuito católico-carismático, as *cristotecas* arrastam, em grandes capitais e cidades do Brasil, multidões de jovens. O uso da música e do som é particularmente importante, com bandas carismáticas tocando diversos estilos, que vão do *pop-rock* ao sertanejo. Com efeito, balizadas por uma arrojada estrutura comunicacional (empresários, *sites* eletrônicos, vídeos, canais de divulgação etc.), badaladas bandas carismáticas, como Beatrix, Dominus, Rosa de Saron, The Flanders, entre outras, arrastam milhares de jovens, realizam *shows*, participam de centenas de eventos festivos e vendem produtos (CDs, DVDs, camisas, bonés, chaveiros etc.).

Com o objetivo de corroborar essas reflexões, procede-se ao relato de um evento periodicamente mantido por um grupo jovem de oração, da cidade de Juiz de Fora[21] e frequentado, em sua maioria, pela juven-tude católico-carismática local. Para os jovens organizadores das festas, as estratégias de divulgação do evento são fundamentais, de modo que as mídias eletrônicas e suas redes sociais são espaços privilegiados. Na festa juiz-forana, divulgada nos grupos de oração da cidade, nas livrarias e demais locais com afixação de pequenos cartazes em preto-e-branco, em *blogs* e outros meios,[22] o evento festivo foi apresentado como "uma verda-deira revolução".

A *cristoteca* reuniu dezenas de jovens adeptos e não adeptos do cato-licismo e do movimento carismático. A decoração, com cartazes, faixas e imagens, perfazendo imperativos ou afirmações ("Jesus é revolução", "Deixe-se revolucionar e seja diferente de verdade"), bem como a venda de lanches sem bebidas alcoólicas, é claro, marcam a semântica religiosa.

O DJ *Anjo Guerreiro* dava breves explicações sobre as bandas e as músicas e comandava a pista improvisada, sobre a qual piscava um pequeno globo. Jovem estudante de classe média, *Anjo Guerreiro* converteu-se num grupo de oração e se "apaixonou", segundo ele, pelas bandas e músicas carismáticas. As *cristotecas* começam à noite, com os organizadores dando as boas-vindas, orando e consagrando ao sangue

---

21 Conferir: Silveira (2009a).
22 O uso das redes sociais *online* e de meios digitais de divulgação é feito em larga escala pela juven-tude carismática.

de Jesus o local, a aparelhagem de som, o DJ, os participantes, a rua e o retorno de todos às respectivas casas. O evento que ora se relata estendeu-se madrugada adentro: "Se o Diabo não perde tempo em seduzir as almas, como vamos perder tempo?", afirmou um dos organizadores.

O espaço e o sentido do tempo modificam-se. Emerge a contrastividade consciente em face dos muitos modos de ser, vestir, expressar apontados como "não religiosos". No fluxo da festa, o espaço é abolido, as fronteiras tornam-se tênues e/ou performáticas.[23] A *cristoteca* é uma festa no "fio da navalha", como reconhece seu organizador: "Na última festa deu muito trabalho as luzes, a pista, o som, mas mais ainda os casais que se formavam no salão. A gente sabe que o mundo contamina tudo e se não formos espertos, lá vai o pessoal sensualizando [...] mas não podemos expulsar eles, temos de orar e vigiar".

Remetendo aos constantes deslizamentos entre a dimensão do religioso e do não religioso, a ironia da fala de um jovem frequentador, desligado da igreja e das práticas religiosas, revelou um questionamento: "[...] a gente vem aqui empolgado, mas cadê as bebidas? [...] O pessoal não fala que Jesus abençoa e ilumina? Então! Jesus pode colocar juízo na cabeça das pessoas para que elas, mesmo bebendo, não fiquem violentas, né? Ou ainda, por que não benzer as cervejas?".

Destacavam-se as camisas usadas pelos jovens, com as mais variadas cores – do azul ao vermelho-rubro – e com os mais variados dizeres: "Castidade. Eu posso, Deus quer" ou "Jesus injetou vida nova em minha veia". Com uma inusitada frase na camisa, "Agora sou casta, e daí, vai encarar?", uma jovem mulher testemunhou publicamente, durante o evento, que sofreu agressão do ex-noivo.

Embora, discursivamente, demonizem o mundo, o consumo, as mídias e suas manifestações (músicas, moda, dança etc.), os jovens católico-carismáticos, em sua *performance*, reapropriam-se de estilos e gestos provindos desses outros domínios da cultura, ressignificando-os. Nesse sentido, elemento importante nas cristotecas é a expressão corporal. No salão da *cristoteca* juiz-forana, entre os jovens que ensaiavam passos ritmados, destacou-se um grupo de cinco mulheres: usando pulseiras com imagens de santos, anéis com o nome de Jesus e camisas

---

23 Sobre outros fenômenos de hibridação entre catolicismo carismático e outras religiosidades, como a New Age, ver Oliveira (2008).

com estampas como *Por Hoje Não* (PHN) *vou mais pecar*, faziam uma animada coreografia, gingando todo o corpo.

Dançar é fundamental: o deixar-se "tomar pelas mãos dos anjos" (expressão de uma jovem), e eventualmente das anjas, como observaram discretamente, e às vezes rindo de maneira debochada, alguns jovens. À medida que dançavam ao som das músicas, o centro do salão parecia uma onda de braços, pernas e mãos, numa situação, no mínimo, ambígua. Como afirma o organizador: "É aí que o Diabo entra. [...] A sensualidade está à flor da pele e, se não estivermos atentos, ela desvia os jovens de Jesus e chama o Diabo".

Citando a expressão atribuída a Santo Agostinho: "Ó tão feliz culpa que nos fez merecer tão grande salvador", um estudante de filosofia e seminarista completou dizendo que a criação e o amor são danças de Deus, pois Ele dança e, ao dançar, cria, espalha por todo o universo Seu amor.

Como em outras festas carismáticas, há um momento da evangelização, quando, por meio de uma pequena peça teatral, reflete-se sobre algum tema de impacto, como a história de um drogado. Trajados de preto, dois jovens espalhavam no ar e ofereciam um pó branco – farinha – a um grupo de jovens em farrapos. Vestidos de branco, outros dois jovens aproximavam-se dos jovens esfarrapados e tentavam resgatá-los. Os gestos suaves dos vestidos de branco contrastavam com os gestos violentos dos vestidos de preto.

Pela beleza, chegam experiências com efeito de verdade, que pretendem transcender os territórios da subjetividade territorializada e fragmentada. Pode-se dizer que a festa é um momento heurístico privilegiado porque o grupo, ritualmente, empreende reflexividades práticas, nas quais a metanarrativa da tradição é entrelaçada à pequena narrativa biográfica.

Cura interior: estratégia de ressemantização identitária[24]

Busca da cura, do milagre e do maravilhoso: outro aspecto que, embora tradicional no catolicismo, tem sofrido, como a festa, intensas ressignificações. Os votos, as promessas e os pedidos de curas e milagres, sempre voltados a questões como saúde física, trabalho, acidentes, questões familiares e correlatos, são essenciais no catolicismo devocional. As buscas e rituais de cura eram, e ainda são, expressas por fenômenos

---

24   Conferir: Silveira (2006).

e personagens, como benzedeiras, pajelanças, entre outros, situados às margens dos sistemas e linguagens teológicas e pastorais da Igreja Católica. Tais margens abriam-se, muitas vezes, ao sincretismo com as religiões afrobrasileiras de matriz mediúnica, marcando personagens, gestos, falas e espaços.

Apesar das transformações sociais, econômicas e culturais vivenciadas pelo Brasil no século XX, o estatuto católico da cura sofreu novas inflexões, de forma que os rituais de cura podem ser vistos como dramas (cósmico, trágico ou místico) nos quais se desenrola uma batalha, uma busca do êxtase, da individuação ou da dissolução no coletivo. Nesses dramas, conjugam-se tanto o elemento simbólico quanto o elemento político.

Nos cultos católicos de cura, a eficácia do rito passa por dois pressupostos básicos: a interpretação da experiência da doença, realizada por meio de diferentes estratégias, e a modificação da maneira pela qual o doente e a comunidade percebem e tratam a saúde (Csordas, 1983-1994).

Essa relação pode ser facilmente identificada no catolicismo, na medida em que sua abrangência atravessa diversas classes sociais e diferentes níveis hierárquicos na sociedade brasileira. Nesse sentido, desperta atenção a prática do movimento católico-carismático inserida numa tensão entre o reforço da identidade pelo reavivamento da tradição e a experimentação individual, afetivo-existencial.

O *locus* do encontro com o sagrado, que reaviva a fé, é o encontro pessoal com Jesus. Segundo a concepção dos carismáticos, para ser legítimo, esse encontro precisa ser despojado do formalismo. Daí a espontaneidade, com cantos, danças, orações coletivas espontâneas, entre outras práticas. Trata-se de um novo estatuto do sensorial sendo construído dentro da experiência religiosa do catolicismo.

A expansão desse imaginário e das práticas de cura entre os carismáticos católicos dá origem ao que o antropólogo norte-americano Csordas (1994) chamou de cura das memórias ou cura interior.[25]

Em encontros, congressos e seminários de todas as instâncias (internacional, nacional, regional e diocesana), a cura interior é estimulada em grupos de oração e ministérios de cura. Também são muito comentados

---

25 Consideradas pseudopsicoterapias ou alienações políticas, entre outras acusações, as práticas de cura interior têm provocado críticas, na medida em que se alastram entre membros de associações católicas, como a Associação Católica de Psicólogos e Psiquiatras Profissionais de São Paulo (ACPP/SP).

entre os carismáticos os encontros internacionais e nacionais de cura e libertação, promovidos pela comunidade Canção Nova e transmitidos por seu sistema de comunicação (TV, rádio, portal com *webTV*).

A cura interior (cura das memórias) abarca uma série de técnicas e procedimentos, ideias e noções que objetivam curar lembranças dolorosas, obsessivas ou compulsivas, traumas, medos, fobias, síndromes e complexos que acometem os indivíduos, prejudicando-os na vida familiar, profissional ou religiosa (Silveira, 2006). Entre as técnicas e procedimentos, destacam--se: abraçar e impor as mãos, tocar com as mãos certas áreas do corpo, como cabeça e coração, por exemplo. Entre as ideias: vindo ao mundo e ao longo da vida, cada indivíduo sofre traumas e rejeições que ferem intimamente e que, em última instância, ligam-se ao pecado original e às suas consequências, que são o afastamento de Deus e de seus planos de amor a cada pessoa.

Sua estrutura é simples: na abertura de um ritual, a pessoa que busca a cura expõe os motivos e conversa com os curadores sobre suas necessidades. Em seguida, os curadores aplicam as práticas multissensórias (imposição de mãos, uso da imaginação por comandos verbais, cantos e melodias improvisadas, entre outras). Finalizando, são passados conselhos e recomendações (Silveira, 2006).

A cura interior pode ser realizada em grupos ou entre dois ou mais indivíduos, num processo que envolve os que pedem oração e os que a ministram. Como todo ritual religioso, existem os oficiantes e os oficiados. Em termos sociológicos, quem aplica a cura é um membro do movimento com domínio da corporeidade dos processos e técnicas, e os que buscam são indivíduos que sofrem aflições e desordens emocionais. Católicos (praticantes ou não), de outros movimentos (maior quantidade), evangélicos (menor quantidade), seguidos de adeptos de outras religiões (mais reduzido).

Os praticantes da cura interior são, desse modo, membros do movimento carismático que se sentem chamados ou agraciados com os dons de cura, doados pelo Espírito Santo. Na medida em que a cura interior foi passando de uma prática esporádica e marginal a uma prática rotineira, uma série de exigências passou a ser feita pelas instâncias institucionalizadas: tempo de adesão ao movimento, fidelidade aos princípios da Igreja Católica e algumas práticas, como rezar o terço, ir à missa e confessar. Apesar disso, enquanto muitos curadores seguem parcialmente tais regras, outros desligam-se dos laços institucionais, praticando a cura interior de maneira autônoma.

A cura é produzida pela ação dos dons espirituais ou carismáticos. A oração de cura (ou como se referem os carismáticos, a oração pela cura, pois a fonte curativa é Deus e a intercessão de Maria, dos santos e anjos) produz eficácia a partir da identificação entre o indivíduo e a figura de Cristo. Associando local e prática, segue uma descrição dos espaços em que ocorre a cura interior:

Os grupos de oração, "unidade mínima" do movimento carismático. São compostos de diversas partes e funções, seus membros reúnem-se semanalmente para cantar, orar e ouvir a Palavra e um trecho bíblico lido e comentado. O ritual da cura interior pode acontecer em qualquer momento da reunião: no início, quando se reza o terço ou se canta; quando se lê e explica um trecho da Bíblia; após essa leitura e explicação; durante as orações de louvor; ou ao final;

Comunidades carismáticas de evangelização: nas comunidades de vida e aliança, essas experiências são constantemente realizadas, e algumas até constituíram um serviço contínuo de oração de cura. Em Juiz de Fora, a comunidade "Resgate" e a "Irmãos no Mestre Jesus", fundadas nos anos de 1990-2000, oferecem serviços de cura e oração às pessoas em geral, dispondo uma equipe de oração que atende de maneira contínua os solicitantes, em dia e horários pré-definidos, ou não;

Ambientes domiciliares dos solicitantes: muitos curadores atendem nas casas daqueles que solicitam oração. Essa prática tem sido coibida pela direção do movimento carismático. Seguindo recomendações oficiais, devem ser feitas apenas em casos nos quais a pessoa não pode deslocar-se para uma igreja ou grupo de oração;

Espaços midiáticos (internet, TV e rádio): os mais comuns são a Canção Nova e o programa do padre Marcelo Rossi (Rádio Globo), entre outros. Começando pelos programas da TV e da rádio Canção Nova, existem pelo menos quatro grandes encontros anuais, dedicados ao tema da cura. Em geral, duram cerca de três a quatro dias, com palestras, músicas, padres e leigos revezando-se no "palco-altar" do espaço da comunidade, exposição do Santíssimo. Chegam a reunir dezenas de milhares, como acontece, por exemplo, nas palestras do padre Robert De Grandis, jesuíta norte-americano e um dos maiores difusores mundiais das práticas de cura, e do padre

Ruffos Pereira, sacerdote indiano, especialista no ministério de libertação e exorcismo. Existem alguns programas semanais, como "O amor vencerá" que, embora dedicados à oração em geral, apresentam orações de cura interior, conduzidas pelos integrantes e pelos padres da comunidade.[26]

A institucionalização do movimento carismático, cuja pretensão mítica seria levar a Igreja real a ser a Igreja ideal, produz instâncias conflitantes porque se referem a diferentes modos de institucionalizar-se. Enquanto alguns segmentos estão ligados ao comando central, a comunidade de vida e aliança é mais autônoma, ligando-se mais ao bispo. Ao lado dessas instâncias, entre os interstícios do movimento carismático, é comum encontrarem-se curadores não institucionalizados, desconectados ou flutuantes que parecem absorver com mais flexibilidade técnicas terapêuticas e crenças provindas de outras tradições e universos religiosos (florais de Bach, cromoterapia, massagens orientais), aliando-as à oração de cura interior.

Já os espaços institucionais, por buscarem uma identidade católica agregada à instituição (valores e práticas: sacramentos, sacrário), impõem aos curadores uma moldura dentro da qual precisam se mover, embora esses espaços não sejam totalmente impermeáveis a influências de outras terapias seculares e dimensões religiosas.

Todavia, nos diversos *locus*, permanece uma tensão entre a autonomia da cura e do agente *versus* a subordinação institucional. Atravessando-os, a narrativa mitológica de Jesus e seu sangue, a crença no Espírito Santo e em Maria tornam densas as experiências dos sujeitos que reinterpretam suas trajetórias de vida, integrando as experiências do passado, bem como as emoções a ela associadas, em novos quadros de significado corpo-sensoriais. Os espaços de cura, apesar das descontinuidades entre eles, tornam-se fonte de reencaixe, momento no qual o indivíduo é ritualmente levado a rememorar sua vida, seus fracassos, suas emoções mais desconcertantes, enfim, sua sensação de mal-estar.

---

26 Cabe uma indagação: por que tantos espaços de prática de cura? A resposta parece indicar que a RCC reproduz dentro de si mesma como movimento a dinâmica organizacional da Igreja Católica: "dispositivos que permitem uma diversidade controlada" (MARIZ, 2003, p. 173), "criando espaço para o desenvolvimento de subestruturas, subgrupos ou até comunidades autônomas, sem deixar de reforçar a importância da identidade unificada dentro da organização maior, a Igreja [...]" (MARIZ, 2003, p. 173). Esse mecanismo permite a proliferação de "subespaços". Porém, a criação desses subespaços pode causar conflito com a autoridade do pároco. Custou à comunidade Resgate, por exemplo, conseguir o registro de seus estatutos e a autorização episcopal para que uma capela com o Santíssimo (a "presença real" de Jesus para os católicos) fosse instalada.

Os rituais acontecem de diversas formas e em diferentes locais. Para ilustrar as reflexões aqui empreendidas, menciona-se brevemente um ritual ocorrido em Juiz de Fora. Situada em um bairro simples, numa rua de chão batido, com pessoas de baixo poder aquisitivo, a casa onde aconteceu o atendimento dividia-se em quatro cômodos. Os atendidos eram uma família negra, de baixo poder aquisitivo, com seis pessoas: mãe, quatro filhos e a avó. A mãe era gari; dos filhos, apenas uma pessoa trabalhava numa "loja" de jogo do bicho. Essa família destoa da "média aritmética" divulgada pela literatura sociológica acerca do movimento carismático (membros de classe média, com relativo grau de instrução e oriundos do próprio catolicismo). O relato dos problemas é um elemento importante: as brigas familiares e o "nervosismo". Tal "nervosismo" produzia sintomas de insônia, "choradeiras" sem motivo aparente, entre outras manifestações. Em geral, essas orações em domicílio são feitas em dupla.

O encontro, que durou algumas horas, foi um ritual performático: entonação de voz, variação na forma de orar, fala ritmada, crescente tom de voz, com frases e afirmações, durante a leitura da Bíblia, culminando com o alívio da angústia sentida pela família.

Assim, as orações feitas nas casas demonstram que a tentativa de instrução e normalização ainda não atingiu todos os que trabalham no ministério. Essa flexibilidade e autonomização são características do exercício da cura, de modo que, nos grupos de oração e comunidades, bem como em eventos coletivos, é comum o estilo carismático de orar simultaneamente. Nas pequenas capelas, nas casas e nas comunidades de vida em atendimentos individuais, não se procede dessa maneira.

Nesse ritual, orações tradicionais costumam ser intercaladas a orações espontâneas. Os curadores lançaram mão de uma "técnica corporal" que consiste em abraços e imposições de mão, entremeados de orações, sussurros e escala tonal crescente de comandos verbais ("Em nome de Jesus" é uma frase constante).

É comum, nas sessões de cura interior, a prática da oração em línguas, que consiste em orações simultâneas, sob a forma de conversa ou de canto, cujo tom vai se elevando até os curadores entrarem em estado de êxtase. Ela é acompanhada de uma série de práticas, como imposição de mãos, canto em línguas, toque, profecias, revelações divinas e palavras de ciência

Novas Leituras do Campo Religioso Brasileiro

e sabedoria. Acreditam ser, simultaneamente, um dom e uma manifestação direta da força divina, ou seja, uma linguagem que permite falar diretamente com Deus. Quando se percebe que o atendido não é integrante da renovação, o dom de línguas é usado mais discretamente, o tom de voz é suave, pausado e melódico, ou sussurrado.

Tudo isso integra o dinamismo do ritual de cura interior: o afloramento das emoções e do passado do sujeito torna-se objeto de ressignificação, torna-se uma corporeidade multissensorial, reenquadrando a tradição em novos contextos e produzindo uma individualidade relacional. Ou seja, uma individualidade só factível na relação tensa entre tradição e dogma católicos e as demandas pessoais de busca de sentido que emergem dos sujeitos fraturados em suas emoções e memórias.

O ritual da cura interior localiza no corpus da memória os nós da extensa rede de memórias passadas e construída ao longo da biografia dos indivíduos, os quais estão incrustados nas relações tensas travadas consigo mesmo, com os outros, com o mundo.

Os sujeitos que se expressam, fazem-no em termos de emoção, atrelando a cura à grande narrativa ou fazendo de seu estado uma narrativa. Assim, o externo produz o interno; a *performance*, a ontologia; a metáfora produz a ligação entre mito e biografia; e inversamente, a *performance* ontologiza a própria vida.

Carismáticos.com: estratégia de disseminação identitária[27]

Canclini (2000-2008), analisando as estratégias de entrada e saída da modernidade e as novas configurações entre sociedade e mídias, argumenta que as fronteiras entre internautas, espectadores e leitores tornam-se cada vez mais móveis e flexíveis. As misturas de linguagens e de códigos apontam para a formação de novos hábitos culturais em que texto, imagem e som vão existindo à medida que a interconexão e o acesso são realizados pelo usuário. Até mesmo numa mesma pessoa "combinam-se a leitura que se ouve num disco, livros escaneados, publicidade da televisão, *iPods*, enciclopédias digitais que mudam todo dia, uma variedade de imagens, textos e saberes que formigam na palma de sua mão, com a qual você liga o celular" (Canclini, 2008, p. 12).

---

27 Conferir: Silveira (2009a).

Dessa maneira, a internet, como um dos diversos aspectos das novas tecnologias de comunicação, estabelece um processo de virtualização que institui uma "unidade de tempo sem lugar (graças às interações em tempo real por redes eletrônicas, às transmissões ao vivo [...]), continuidade de ação apesar de uma duração descontínua" (Levy, 1999, p. 21). Essas novas formas de socialidade e de "modos de pensamentos e valores" reúnem milhões de pessoas e organizações das quais se desprendem novas formas simbólicas e reais de vínculo e produção da realidade (Levy, 1997-1999).[28]

Segundo Castells (2005, p. 45), "assistimos atualmente a uma crescente revolução das tecnologias digitais, que abrange a convergência dos meios de telecomunicações com sistemas de computação". Meio mais amplamente conhecido dessa convergência digital, a internet promoveu um verdadeiro impacto nos relacionamentos pessoais e sociais, com novas possibilidades de pesquisa e de aprendizagem.

No âmbito do mundo digital, cujo modelo é uma verdadeira galáxia, a presença religiosa é ainda mais complexa. Os deslizamentos de uma página a outra, de um texto a outro, abrem uma vasta fronteira na qual os indivíduos movem-se e transitam por uma rede de sentidos diversos e (des)ordenados, fazendo da sua deambulação um ir-e-vir de aparições ligeiras sem assentamentos.

Assim, o fenômeno religioso sai da comunidade e passa pela ação da tecnointeração que organiza os processos pelos quais são apresentados milagres, curas, enfermidades e bênçãos. A partir dessa conformação, eles são consumidos pela TV, pelo rádio e pela internet. Em se tratando do catolicismo carismático, o uso intensivo dos meios de comunicação está ligado ao fluxo de consumo. A imagem e a palavra vividas e experimentadas nesses meios de comunicação encontram sua encarnação nos

---

28 Segundo Lévy (1999), as categorias do mundo digital estão em constante mutação. Há quem justifique o uso de termos como "comunicação mediada por computador" para substituir categorias originadas do mundo da informática, como a própria noção de internet (JUNGBLUT, 2002-2004). Argumenta-se que essas categorias seriam, em última instância, apenas material, uma imensa rede de computadores interligados que medeiam a comunicação humana. Outros defendem que a categoria internet é mais do que essa rede material. Ela seria dotada de uma poderosa semântica, cujo sentido seria constituir uma interatividade que estabelece distintas direções do processo de comunicação (um-para-todos, todos-para-todos, todos-para-um, um-para-um) com formas mais próximas ou mais distantes em relação às mídias tradicionais. Os termos são diversos: O *site* ou sítio seria um "local virtual" no qual os recursos de interatividade entre o usuário e o computador (interface) são realizados por *links*, ou seja, atalhos ou nódulos digitais que levam o internauta às outras partes do virtual. Já o portal é uma página eletrônica complexa que se desdobra em outras páginas, atalhos e recursos de interatividade, simultaneamente.

produtos e serviços oferecidos por lojas virtuais e tradicionais ao fiel consumidor (livros, músicas, palestras).

Empresas, instituições, igrejas, governos e indivíduos lidam, gradativamente, com dados, imagens e ações que circulam pela internet. Em andamento, há um vasto processo de virtualização em razão da facilidade de tráfego, da conexão mais rápida, refletindo-se também nas doutrinas, nos ritos e nas mensagens religiosas, de modo que velas e orações aparecem em altares virtuais.

Esse crescente processo de digitalização resulta na interpenetração do mundo social, e sua (re)tradução cibernética passa a envolver muitas dimensões da vida social, incluindo a religião em seus mais diversos aspectos. No computador, abre-se um plano, linear na tela, mas labiríntico em seus desdobramentos, estendendo-se em múltiplas dimensões: sons, cores, atalhos, informações que levam o internauta a deslizar de um conteúdo a outro, em curto espaço de tempo. Nesse sentido, o percurso do internauta torna-se completamente imprevisível.

Analisar a atuação da dimensão religiosa no mundo virtual é, portanto, uma tarefa complexa pela própria inconstância, velocidade e multiplicidade das informações relacionadas à religião que atravessam a rede, e que são constantemente refeitas. Dessa maneira, se existia uma presença massiva de evangélicos na internet, hoje há uma considerável diversificação religiosa: páginas *new age* e afrobrasileiras, santo daime, kardecistas, budistas, orientais (sei-cho-no-iê), seguidores da religião de *wicca*, paróquias, devoções a santos e santas, hinduístas, umbandistas, islâmicos e uma interminável lista, um verdadeiro "campo religioso eletrônico".

A busca de páginas religiosas e a sua quantificação tornam-se uma tarefa inacabável, em virtude de vários aspectos: primeiro, pela quantidade de buscadores (Cadê, Yahoo, Google etc.) que elencam esses *sites*; segundo, porque existem buscadores especificamente religiosos, como o "busca.católica"; terceiro, porque os endereços eletrônicos possuem um elevado grau de obsolescência; quarto, pela multiplicidade de inserção dos *sites* em diversos buscadores e pelos constantes entrecruzamentos de páginas e *links* ou atalhos virtuais, numa intrincada e complexa rede.

O catolicismo, particularmente no final da década de 1990, afirmou-se na internet. A própria instituição católica tem publicado documentos que procuram não só refletir, mas também criar um "poder pastoral" da Igreja dentro dessa cambiante realidade eletrônica. Isso é o que pretende o documento *Igreja e Internet*,[29] publicado, em 2002, pelo Pontifício Conselho para as Comunicações Sociais, presidido pelo então bispo americano John Foley. Há uma espécie de movimentação cujo objetivo é construir e propagar uma rede católica evangelizadora ou, em outras palavras, uma catequese eletrônica.

Numa análise mais ampla das páginas católicas, identificam-se três tipos principais: a) páginas institucionais de paróquias, dioceses, editoras católicas, associações e movimentos que mantêm um *site* oficial e formal; b) páginas de comunidades e bandas, construídas com os mais diversos estilos e com os mais variados recursos interativos; c) páginas pessoais de adeptos ou de personalidades católicas, em especial de padres. Alguns portais católicos, entre os quais o Catolicanet, usam outros recursos de comunicação, como as enquetes, uma espécie de questionário, com perguntas simples e diretas, muitas vezes tendenciosas e distorcidas.

Uma pesquisa exploratória em catálogos de páginas católicas mostrou o seguinte resultado:

Categorias	Registros	*Tipo*	
		Católico em geral	*Católico carismático*
Portais eletrônicos católicos	9	6	3
Comunidades	34	10	24
Dioceses	80	80	----
Entidades	69	59	10
Fundações	22	12	10
Meios de comunicação	41	16	25
Santos católicos	131	131	----
Serviços e produtos	110	63	47
Bandas	39	15	24
Universidades	29	28	1
Paróquias, catedrais e capelas	481	481	----

---

29 Conferir: <vatican.va/roman_curia/pontifical_councils/pccs/documents/rc_pc_pccs_doc_20020228_church-internet_po.html>.

Pastorais e movimentos	482	245	237
Colégios	75	75	----
Instituições religiosas masculinas	106	106	----
Instituições religiosas femininas	54	54	----
Pessoais — Leigos	15	10	5
Pessoais — Padres	20	7	13
Pessoais — Outras páginas pessoais	17	7	10
Total	1802	1394	408

Quadro 3: Categorias e números de registro – Portal "Busca Católica"
Fonte: pesquisa pessoal.

Como se pode perceber, possivelmente por sua crença na missão espiritual de *aggiornamento* bem como na necessidade de evangelizar e de renovar a Igreja, a RCC é o movimento que mais tem investido na utilização dos meios de comunicação, em geral, e o eletrônico, de modo específico (Carranza, 2000-2011; Silveira, 2009a; 2009b). De fato, além do *site* oficial,[30] há mais de cem *sites* ligados às dioceses, de modo que, em outros segmentos, conforme quadro 3 (comunidades[31] e bandas), sua presença também é superior à de outros movimentos e associações católicas. Esse alto investimento por parte dos carismáticos na mídia deve-se ao fato de assumirem a identidade de "protetores espirituais da Igreja".

Para os não católicos, o movimento apresenta-se como um catolicismo diferente, modernizado, encantador, emotivo e espontâneo. Para os católicos não carismáticos, ele se apresenta como uma alternativa espiritual.

---

30 O endereço eletrônico é <rccbrasil.org.br/index.php?s=home>. Na página eletrônica, a estrutura de secretarias é abandonada e, numa coluna lateral chamada "ministérios", podem-se ler os *links* que conduzem a outras páginas assim dispostos por ordem de aparecimento: Família, Sacerdotes, Artes, Comunicação Social, Universidades, Jovem, Promoção Humana, Fé e Política, Intercessão, Formação, Pregação, Cura e Libertação, Seminaristas e Crianças. Cada *link* desses citados conduz a uma página em que se podem ler textos, informar-se de eventos relacionados à temática evocada pelo nome do "ministério" etc.

31 Talvez as comunidades sejam os agrupamentos católicos mais bem estruturados na internet. As mais famosas são a Canção Nova e a Comunidade Shalom, com milhares de acessos diários e extensos serviços eletrônicos, como notícias, salas de bate-papo, fóruns, *shopping* etc. O crescimento vertiginoso (filiais no Brasil e no exterior – França, EUA, Portugal), a inserção nos meios de comunicação (TV, Rádio e Internet), a produção de itens de consumo religioso e musical, a atração de milhares de jovens e adultos em seus eventos corroboram a percepção dessa representatividade.

Embora se autoapresentem como legítimos católicos, as páginas eletrônicas carismáticas evidenciam constantemente essa relação dentro-fora, situando a identidade católica no ambiente eletrônico, de maneira complexa e interativa.

Essa diversidade reflete-se na internet, na qual se encontram desde *site* oficiais mais divulgados, como o do escritório internacional, os nacionais, os regionais e os diocesanos, até os de leigos carismáticos. Cada *site* oficial disponibiliza *links* interligados a outros carismáticos e católicos. A tipologia das páginas pode ser ampliada da seguinte forma: a) Associações beneficentes ou de evangelização; b) Comunidades de vida e aliança: Canção Nova (Cachoeira Paulista, SP), Shalom (Fortaleza, CE), Kairós (São Paulo, SP) e outras, que se complexificaram de tal modo que detêm meios de comunicação, como rádio, televisão, revistas, abrindo filiais no Brasil e exterior; c) Pessoais, ligadas à atuação de leigos ou sacerdotes do movimento, como a do padre Marcelo Rossi, chegando milhares de acessos diários; d) Bandas de música, que têm grupos de dança e coreografias próprias e divulgam suas *performances* e ritmos, sendo, por isso, muito acessados, como o *site* da Banda Dominus (Belo Horizonte, MG); e) Grupos de oração, unidade mínima de agrupamento dos fiéis carismáticos.

Embora todas assumam enfaticamente a identidade católica de maneira militante, não é prerrogativa, já que o mesmo é feito por páginas católicas não carismáticas. Por outro lado, o catolicismo assume outras proporções no mundo virtual, de modo que, fazendo uma breve incursão nesse infinito mundo digital, será mencionado o Portal da Canção Nova, pelo volume de acessos e de informações, e por ser um dos primeiros a ser criado e mantido em constante desenvolvimento.

A Canção Nova, com televisão, rádio e editora, é, sem dúvida, uma das mais influentes comunidades carismáticas do Brasil e está, desde 2002, investindo na internet.[32] De acordo com dados da comunidade, o portal eletrônico chegou a receber, em 2003, 800 mil acessos anuais, atingindo 123 países, com tradução para diversas línguas (na época, inglês, espanhol e italiano). Em 2005, teve um milhão e meio de acessos anuais, em 137 países, além dos países de língua portuguesa e seus imigrantes dispersos no globo.

As estratégias de *marketing* da Canção Nova modernizam-se cada vez mais. Em 2008, no canto superior do seu portal, havia um globo azulado,

---

32   Conferir os detalhes em: <cancaonova.com/>. Acessos em: 1º a 8 de julho de 2012.

encimado pela logomarca com caracteres ambíguos: ao mesmo tempo em que se assemelha a uma pomba, também tem a aparência de violão ou mão com os dedos juntos, na posição de oração, além de frases com efeitos luminosos, as quais, periodicamente, variam: em 2005, lia-se "100 % católico"; em 2009, "Um mundo ao seu alcance"; em 2011, "Um mundo novo ao seu alcance".

Em 2011, a página foi reformulada, apresentando, logo no início, uma chamada horizontal para a loja virtual da comunidade e, abaixo, a logomarca seguida dos atalhos em letras menores: Home, Chat, TV ao vivo, Rádio AM ao vivo, Blogs. Dividida em quatro colunas, a página pode ser descrita deste modo:

a) Coluna central: mais ampla, com propaganda do *shopping* da comunidade (livro, CD, DVD etc.), seguida dos *sites* jornalísticos (cancaonovanews.com). A temática explícita no *site* mostra uma estratégia catequética tradicional combinada a uma mistura de códigos linguísticos oriundos da ciência e da religião. Em 2008 havia a seguinte chamada: "Por que não usar camisinha: veja provas científicas e a posição da Igreja". O argumento é o de que o vírus da Aids e o esperma são milhões de vezes menores do que os poros do látex, podendo, portanto, ultrapassá--los. Dessa maneira, segundo o artigo, a única forma de deter o vírus é a castidade e a fidelidade. A coluna apresenta o *link* Santo do Dia: pequena ilustração, biografia e oração de santos(as) comemorados(as) pela Igreja;

b) Coluna da esquerda: estreita, subdividida em duas, desdobrando--se em novas páginas, sobre os mais variados assuntos e espaços: Canção Nova e suas filiais; *shopping* de produtos (camisetas, CDs, livros, imagens, terços); obras sociais da comunidade; campanhas e doação *on line*; atalhos para páginas de crônicas do fundador da comunidade, Monsenhor Jonas Abib, e de outros fundadores; agenda de eventos, entre outros. Durante a atualização dos dados, em 2011, o atalho para a página de formação ou catequese continha um pequeno artigo intitulado: "Como vencer o vício da masturbação", seguido de um resumo: "A masturbação é um ato gravemente desordenado". Guiado por uma catequese conservadora, o usuário pode navegar por textos catequéticos com data e títulos, como "Podemos venerar as imagens dos santos?";

c) Coluna da direita: estreita, com atalhos para *blogs*, calendários, *chat* ou sala de bate-papo, clube, editora, homilia diária, eventos, formação, mensagem do dia, *mobile*, música, santo do dia, *sites* católicos, obras sociais, vocação, TV e Rádio em comunicação síncrona, acampamentos temáticos desenvolvidos com palestras, pregações, orações e exercício dos dons carismáticos.[33] Além do *e-mail* para contatos, uma pluralidade de opções virtuais, com entradas para outras páginas, que abrem para *sites* de bandas ou de entidades associadas e hospedadas no portal. Destacam-se, além de enquetes semanais ou mensais, promovendo maior interação entre os internautas, o *link* da loja virtual. Até 2011, no *shopping* virtual, pelo mídia *player* (transmissão de imagem e som), um membro da comunidade anima as vendas, mostrando produtos, improvisando *jingles* religiosos e repetindo o *e-mail* e o telefone do Departamento de Audiovisuais (Davi).

Embora as páginas sejam alimentadas diariamente com uma considerável quantidade de informações, imagens e sons, em seus atalhos, sua temática estrutura-se em algumas direções: a) intracatólica: doutrina católica, notícias e vídeos sobre padres, bispos, retiros e catequeses, campanha da fraternidade, eventos litúrgicos (quaresma, Páscoa, Natal e outros), músicas, eventos da Canção Nova e de outros movimentos; b) extracatólica: informações e notícias voltadas ao público jovem e adulto; notícias sociais, políticas e econômicas. Essa mesma configuração descrita ocorre em outras páginas carismáticas.

Em 2012, nova reformulação mudou o *webdesign* do portal, simplificando-o: na primeira barra horizontal, um espaço para promover os produtos vendidos (camisas, livros da comunidade); uma segunda barra horizontal disponibiliza os seguintes *links*: TV, Rádio AM, Rádio FM, *Mobile*, *Chat* e Loja Virtual, todos situados no canto esquerdo; no canto direito, *links* para as versões em espanhol, francês e italiano; as quatro barras verticais organizam as demais seções, com imagens, setores de notícias e as colunas do fundador padre Jonas Abib, e dos líderes Luzia Santiago e Ricardo Sá.

Essas atualizações no desenho do portal conectam-se às tendências de mercado e destinam-se a fornecer ao internauta maior fluidez na navegação, melhor aproveitamento do espaço para a distribuição do conteúdo e outros elementos sinalizadores da navegação bem como para a integração

---

33 Mais recentemente, a partir de 2008, a Canção Nova promoveu seminários de dons carismáticos, entre outras temáticas, e disponibilizou no YouTube, gerando centenas de comentários e disseminando práticas restritas a grupos de oração como o dom de línguas.

Novas Leituras do Campo Religioso Brasileiro

entre as mídias e redes sociais eletrônicas: TV, Rádio, *Mobile*, *Facebook*, *Twitter* e outros.

Retiros religioso-ecológicos: estratégia heterodoxa[34]

De fato, o movimento carismático católico imprimiu mudanças no catolicismo, entre as quais a ênfase nos dons do Espírito Santo, a busca pela cura, a emoção e a experiência individual de (re)conversão ao catolicismo. Em oposição à religiosidade tradicional, cuja ênfase recai na culpa, no sofrimento, na condenação e no "Deus-Juiz", o carismatismo enfatiza a celebração, a alegria, o corpo que louva e canta ao "Deus-Amor".

É preciso observar que, conquanto muitas dessas práticas combinem elementos e crenças que fogem ao âmbito estrito da doutrina católica, será destacado um exemplo que pode ser um tipo ideal, no sentido weberiano. Por meio de processos rituais e de incorporação e "naturalização" no comportamento cotidiano dos carismáticos católicos, esse exemplo remete à ideia de cultivo autorreflexivo do Eu.

Combinando traços românticos e racionalidade institucional, numa interface com práticas ecorreligiosas, estão os retiros espirituais heterodoxos[35] entre católicos carismáticos, os quais não são comuns, na medida em que se estabelecem critérios para participação. Pode-se dizer que tais práticas orbitam às margens da galáxia católico-carismática, cujo eixo central é constituído pelos grupos de oração e pelas comunidades de vida e aliança, agrupamentos fundamentais do movimento.

Como são destinados a um grupo restrito, os encontros são oferecidos, com pouca publicidade, por algum membro da hierarquia ou do movimento. Consiste nesta ação: retirar-se para um lugar cheio com matas, durante alguns dias, durante os quais o grupo canta, dança, e vive experiências religioso-ecológicas.[36]

O retiro de que o casal carismático de meia-idade participou é oferecido por uma comunidade católico-carismática, no Estado do Espírito

---

34 Conferir: Silveira (2009a).

35 Por se tratar de retiros diferentes dos tradicionais e a pedido dos entrevistados para que fosse evitada a identificação direta, serão feitas indicações genéricas para nomes, locais e outros.

36 O exemplo relatado foi uma das inúmeras práticas carismáticas ocorridas no ano de 2000. Os dados foram inicialmente retirados do testemunho público de um casal de carismáticos e de uma entrevista posterior, ao final de 2010, quando os mesmos refizeram o retiro.

Santo, cuja duração varia de três a quatro dias, com diversas atividades, palestras, dinâmicas, entre outras. Em geral, são oferecidas, no máximo, vinte a trinta vagas.

Fundada em 1993 e localizada em uma paróquia pouco populosa, a alguns quilômetros da cidade principal, a comunidade católico-carismática, no rastro de uma mobilização interna do movimento, dedica-se à evangelização de jovens, ao tratamento de narcodependentes e à formação de lideranças cristãs.

Entre as primeiras dinâmicas dos que chegam ao encontro, vindos de diversas partes do Brasil, encontra-se a "meditação cristã" na natureza. Segundo o casal, na primeira manhã do encontro, ao raiar do dia, todos, com suas respectivas Bíblias, reúnem-se num descampado, próximo a uma mata remanescente. Segundo o dentista, "Quando o Sol despontou, todos nós levantamos os braços para louvar o Senhor, sol da nossa vida". Em seguida, sentados em círculo, com as pernas cruzadas, ficam longos momentos em silêncio, num exercício de esvaziamento, porque, "se a gente não esvazia a mente, o coração, tudo, Deus não pode entrar", afirmou a professora.

Essas sessões duravam uma hora e ocorriam ao raiar e ao pôr do sol, quando todos meditavam ao som da "Ave-Maria". Nesses momentos, os palestrantes e líderes conduziam a oração de cura, com o uso da imaginação. Em geral, no uso da "imaginação curadora", os cenários mentais ressaltavam a natureza: Jesus Cristo num jardim, a Virgem Maria numa cachoeira. Nessas orações, o condutor da oração ou a pregação, dizia: "Imagine você saindo à procura de Jesus. Você está num terreno pedregoso, com espinhos. É o mundo com suas decepções, com as feridas que nos causam dor, a traição, a ingratidão". Pausadamente, as imagens eram retomadas: "Agora visualize um jardim além do terreno, muito verde, com uma entrada cheia de flores. Dentro desse lindo jardim, estão Jesus e Maria". Após um momento, retomava-se: "Você entra, e Jesus diz: é preciso se tornar criança para entrar no Reino dos céus. Você olha para o lado, vê um riacho cristalino, entra e, à medida que sai banhado, volta a ser criança e senta no colo de Jesus. Jesus te toca profundamente. Sinta o toque dele. Sinta o amor dele".

As manifestações dos corpos e das subjetividades, nesses encontros, tendem a ser intensas e orgiásticas: os membros da comunidade que oram pela cura impõem as mãos ou abraçam as pessoas que choram compulsivamente, gritam ou caem em movimentos convulsivos. Entre todos os momentos que encantaram o casal, destaca-se a dança da criação, inspirada pelos fundadores, ao receberem um "sonho profético" em que Deus envia, por meio de sinais, uma mensagem. Segundo o casal, foi-lhes passada a seguinte mensagem: "Que era necessário voltar à origem, a um novo Éden, pois, quando Ele criou o mundo, Ele ficou tão feliz que dançava e cantava".

Fascinou o casal o uso do corpo por redescobrirem sentimentos e afetos perdidos, como no ritual em que dançavam durante a chuva: os casais abraçavam-se, os homens e as mulheres solteiras entrelaçavam as mãos, já que os coordenadores do evento não permitiam que eles se abraçassem durante esses rituais: "O corpo pode ficar entre o sentido da crença e da fé, em vez de ajudar a fé da pessoa, pode ir a outras direções".

Outro momento destacado foi durante as refeições: no horário determinado pela comunidade, ao som de cânticos, os participantes iam à horta, munidos de cestos de vime, colher hortaliças, como tomate, alface, couve e outros. Alguns esposos enfeitavam os cabelos das esposas com flores. Iam caminhando em procissão, fazendo leituras de passagens bíblicas que se referiam a festas religiosas, como a festa da colheita, seguidas de breves explanações dos coordenadores, em que dados históricos misturavam-se a reflexões teológicas e existenciais. Valorizando o ato de alimentar-se, muitos casais serviam-se reciprocamente.

Pregando o consumo "ecossustentável", os organizadores eliminaram qualquer produto ou objeto descartável, usando somente cestos de vime, sacolas de algodão, entre outros. O casal referiu-se à mudança em várias práticas, após o retiro, entre as quais o uso de sacolas de algodão ou de vime, "coisas que a gente da roça, minha mãe fazia" (fala da professora).

Outro detalhe significativo era o uso de vestes e cores específicas, todas produzidas na comunidade e de fabricação com fibras naturais. As cores acompanhavam o uso litúrgico da Igreja: roxo para penitência, vermelha para martírio, e assim por diante. Havia momentos em que liam a Bíblia, seguindo-se da partilha. Outras vezes, faziam orações e exercitavam os dons carismáticos. "O encontro com a natureza é o encontro consigo mesmo e com Deus, que é pai e mãe", afirma a professora, segundo a qual dá continuidade a muitas dinâmicas do retiro e inventa outras.

Para o dentista, assim como a "natureza é sagrada por ser criação divina, a alma, o sentimento interior é o sagrado recinto do coração onde

Deus se faz presente e onde sua vontade se faz presente como um trovão ou brisa, e ouve". Paradoxalmente, a professora diz que é no "solo sagrado do Eu que a gente aprende a valorizar a tradição da Igreja. Isso porque o amor e o contato com esse divino sagrado na terra e no verde, liberta do medo, e você não adere mais às regras por medo de ir para o inferno, mas por amor. Um solo que precisa acolher as sementes da Palavra divina, o *logo*".

O sagrado constitui novas tramas de práticas e crenças. Um *self*-nostálgico, centrado no interior e na fenomenologia, rearticula experiências, reflexiona sobre as mesmas e opta por adesões e crenças "ecorreligiosas".

Algumas reflexões acerca das fenomenologias empíricas

Os fenômenos aqui abordados parecem dissolver o laço ontológico e moral da tradição católica em relação aos dogmas, dissolvendo também os laços da moral tradicional católica com seus símbolos e memórias social e culturalmente arraigados no solo da sociedade brasileira.

A partir de outras formas de percepção e produção de comportamentos, a tradição católica é lançada num contexto errante, em que o leitor-peregrino, o turista-peregrino, o curador-flutuante, o internauta--crente apropria-se da religiosidade vista como autossalvação.

Produz-se, com isso, uma reflexividade que descentraliza a religião: descanoniza-a, tornando-a um elemento de autoconstrução na busca pela identidade, por parte de diversos grupos sociais. Ao lado de tal reflexividade aberta, outra é produzida e canonicamente orientada: a partir de escolhas subjetivas e pessoais, retoma-se a tradição e o fechamento dogmático como fios condutores da identidade.

Diante disso, pode-se concluir que a relação entre crer e pertencer torna-se mais complexa, na medida em que a erosão da experiência como continuidade de um passado evidencia o problema da continuidade institucional da experiência religiosa (crise da transmissão) e expressa as novas ressignificações no campo católico.

O jogo entre as estratégias de produção da diferença e da semelhança marca a experiência contemporânea do crer e do pertencer no âmbito católico. Nesse sentido, os diversos fenômenos aqui relatados constituem-se, num espaço de negociações identitárias, um espaço-rito ou espaço-*performance* em que tradição e inovação tornam-se categorias intercambiáveis.

Esse jogo é perpassado por rituais e, em todos os exemplos citados, adquirem importância como elementos de comutação simbólica: a ritualidade é um catalisador que permite combinar a tradição e seus valores com a experiência individual. A tradição contida em imagens e em procedimentos morais acontece num fruir estético (dispositivos sensórios).

Embora, sob um olhar externo, haja incorporação de mecanismos hipermodernos, uma imitação do *marketing* e das estratégias de mercado, sob um olhar interno, essa reapropriação não é artificial ou mimética, mas natural decorrência de uma missão dada por Deus, um mandado divino e profético, portanto.

Nesses horizontes de compreensão, é preciso indicar dois aspectos: inicialmente, a expansão semântica de conceitos (circunscritos a certos discursos sociais e religiosos, mas posteriormente desterritorializados) para fora do "território de origem", tanto em termos de classe social quanto em termos étnicos ou geográficos; em segundo lugar, a questão do intenso consumo de serviços e de produtos religiosos.

Apesar dessa abertura, ocorrem tensões, como a reação de padres e de leigos católicos, de diferentes matizes teológicas e pastorais (conservadores e progressistas), contra o turismo religioso, as *cristotecas*, por exemplo, nos quais veem uma (des)ontologização: ou perda da certeza da norma, da eficácia da conduta, por parte da religião, ou alienação e desinvestimento do evangelho como socialmente transformador, tornando-se espetáculo e objeto de consumo.

Há uma operação ritual estratégica da qual a identidade católico--carismática alimenta-se, permitindo a incorporação de uma reflexividade pragmática, sem perder as linhas da doxologia estabelecida pela tradição católica. As fronteiras do e nos eventos, e os fenômenos aqui relatados produzem sentimentos religiosos por meio de vivências baseadas em sensações corporais, imagens e ritmos. Sem o sensual e o demoníaco, não é possível ao santo dançar, obter de sua luta uma *performance* vitoriosa e um efeito de verdade.

O controle total do dogma e da tradição sobre o comportamento individual não é restabelecido. Ao contrário, é possível que se abram cada vez mais linhas de fuga, acelerando as hibridações num contexto microssocial que, por sua vez, podem interagir com o contexto macrossocial, em que estão situadas a própria tradição e a instituição que dela se diz guardiã.

Se estabelece uma tensão entre controle do comportamento e experimentação subjetiva, e as fronteiras tornam-se territórios em que os jovens católicos incursionam, com maior ou menor inovação.

Há um mundo pós-tradicional em efervescência, na medida em que a tradição precisa justificar-se como escolha a partir das incursões dos adeptos. Em outras palavras, embora não seja mais natural e espontânea, ela precisa lançar-se nas redes do consumo, da mídia e do lúdico para tornar-se pertinente e plausível aos indivíduos contemporâneos, pelo menos para os jovens que participam desses eventos festivos e lúdicos. O catolicismo carismático vivido nessas fenomenologias produz uma individualidade construída na tensão entre a fidelidade à tradição e a fidelidade aos próprios sentimentos e escolhas. Multiplicam-se os jogos de dissolução e recomposição de fronteiras, e alarga-se o campo das fenomenologias e manifestações católicas.

É de se supor que, no catolicismo em visível declínio, tais processos multipliquem-se e, com eles, as tensões entre as buscas ortodoxas, as miscigenações simbólico-culturais e as disputas por memórias autorizadas e fronteiras sociais e simbólicas.

Referências bibliográficas

BATAILLE, George. *Teoria da religião*. São Paulo: Ática, 1993.

BERGER, Peter. *Una Gloria Remota*. Avere fede nell'epoca del puralismo. Bologna: Il mulino, 1994.

BRANDÃO, Carlos R.; PESSOA, Jadir M. *Os rostos do Deus do Outro. Mapas, fronteiras, identidades e olhares sobre religião no Brasil*. São Paulo: Loyola, 2005.

CAMURÇA, M. A. Sombras na Catedral: a influência New Age na igreja católica e o holismo da teologia de Leonardo Boff e frei Betto.

NUMEM, *Revista de Estudos e Pesquisa da Religião*, vol. 1, n. 1, Juiz de Fora: EDUFJF, 1998.

CAMURÇA, M. A. Entre sincretismos e "guerras santas": dinâmicas e linhas de força do campo religioso brasileiro. Revista USP, São Paulo, n. 81, pp. 173-185, março/maio 2009.

_____. Tradicionalismo e meios de comunicação de massa: o catolicismo midiático. Em: CARRANZA, Brenda; MARIZ, Cecília; CAMURÇA, Marcelo. *Novas comunidades católicas: em busca do espaço pós-moderno*. Aparecida: Ideias & Letras, pp. 59-78.

CARRANZA, B. *Renovação carismática católica: origens, tendências, mudanças*. Aparecida: Santuário, 2000.

_____. Perspectivas da neopentencostalização católica. Em: CARRANZA, Brenda; MARIZ, Cecília; CAMURÇA, Marcelo. *Novas comunidades católicas: em busca do espaço pós-moderno*. Aparecida: Ideias & Letras, pp. 33-58, 2011.

CANCLINI, Néstor Garcia. Culturas híbridas: estratégias para entrar e sair da modernidade. São Paulo, EDUSP, 2000.

_____. Leitores, espectadores e internautas. São Paulo Iluminuras, 2008.

CASTELLS, Manuel. *A sociedade em rede. A era da informação: economia, sociedade e cultura*. 8ª Ed. São Paulo: Paz e Terra, 2005.

CASANOVA, José. *Public Religions in the Modern World*. Chicago: The University of Chicago Press, 1994.

CSORDAS, Thomas J. *The Rhetoric of Transformation in Ritual Healing. Culture, Medicine and Psychiatric*, n. 7, Hingham: Reidel Publishing, pp. 333-375, 1983.

_____. The sacred self: a cultural phenomenology of charismatic healing. Berkeley/Los Angeles: University of California Press, 1994.

DUVIGNAUD, Jean. *Festas e civilizações*. Fortaleza/Rio de Janeiro: UFC/Tempo Brasileiro, 1983.

GIDDENS, Anthony. *Modernidade e identidade*. Rio de Janeiro: Jorge Zahar Editor, 2002.

HERVIEU-LÈGER, Danièle. *O peregrino e convertido*. A religião em movimento. Petrópolis: Vozes 2008.

JUNGBLUT, Aírton L. *Os evangélicos brasileiros e a colonização da internet*. Ciencias Sociales y Religión/Ciências Sociais e Religião, Porto Alegre, n. 4, pp. 149-166, 2002.

_____. A heterogenia do mundo *online*: algumas reflexões sobre virtualização, comunicação mediada por computador e ciberespaço. Horizontes Antropológicos (Antropologi@Web), UFRGS, Porto Alegre, ano 10, n. 21, pp. 97-121, janeiro-julho, 2004.

LÉVY, Pierre. *Cibercultura*. São Paulo Editora 34, 1999.

_____. *O que é o virtual?* São Paulo: Editora 34, 1997.

MARIZ, Cecília L. A Renovação Carismática Católica: uma igreja dentro da Igreja? Civitas. *Revista de Ciências Sociais*, vol. 3 n. 1, pp. 169-186, 2003.

MONTERO, Paula. Questões para a etnografia numa sociedade mundial, Novos Estudos CEBRAP, São Paulo, n.36, pp. 161-177, julho de 1993.

_____. *Religião, pluralismo e esfera pública no Brasil*. Novos Estudos Cebrap, São Paulo, n. 74, pp. 47-65, 2006.

OLIVEIRA, Eliane. Canção Nova, homens novos, mundo novo: entre o "velho" destes tempos e o "novo" do final dos tempos. GOMES, E. de C. (org.). *Dinâmicas contemporâneas do fenômeno religioso na sociedade brasileira*. Aparecida. Ideias & Letras, pp. 147-168, 2009.

ORO, Ari P. Considerações sobre a Modernidade Religiosa. *Sociedade y Religión*, n. 14/15, noviembre, pp. 61-70, 1996.

Novas Leituras do Campo Religioso Brasileiro

PADILHA, Óscar de La Torre. *El turismo: fenómeno social.* 2ª ed. C. México: Fondo de Cultura Económica, 1997.

PIERUCCI, Antônio F. *Religião como solvente universal, uma aula.* Novos Estudos CEBRAP. São Paulo, n. 75, julho, 2006.

PLACE, Robert M. *Tarô dos santos.* 2ª ed. Rio de Janeiro: Ediouro, 2003.

SANCHIS, Pierre. *As religiões dos brasileiros.* Vol. 1, n. 2, pp. 28-43, 2 sem, 1997.

SILVEIRA, Emerson J. Sena. *Tecnologia e Ética de si: subjetividade e performance na cura interior católico-carismática a partir da figura do curador.* Tese de Doutoramento, Programa de Pós-Graduação em Ciência da Religião – UFJF, 2006.

_____. Linguagens e Fluxos Midiático-Consumeristas no Catolicismo Carismático. Estágio Pós-Doutoral com bolsa pelo CNPq na área de concentração: Ciências Sociais da Religião. Departamento/Programa de Pós-Graduação em Ciência da Religião, Instituto de Ciências Humanas, Universidade Federal de Juiz de Fora, 2009a.

_____. Tourisme Religieux au Brésil: Étymologie et post-modernite dans une perspective locale et globale. Esprit Critique (Montréal), vol. 12, pp. 1-15, 2009 b.

4 – Semântica da Canção Nova: relações de duplo vínculo e segredo em pesquisas sobre a Comunidade de Vida Canção Nova

Eliane Martins de Oliveira

Entre os diversos intérpretes, "Canção Nova" é, principalmente, associada a configurações "materiais". Numa direção inversa, este artigo, baseado em entendimentos resultantes de experiência etnográfica (Favret-Saada, 2005), chama atenção para uma perspectiva "imaterial" da "Canção Nova", que, neste caso, constitui-se em torno de uma "cosmologia" "da Canção Nova" formada por duplo vínculo (Bateson, 1985) e segredos (Simmel, 1999). O assunto é abordado no contexto da trajetória de pesquisas realizadas entre 1995 e 2008 sobre a Comunidade de Vida Canção Nova.

No contexto do catolicismo carismático, quando dizemos "Canção Nova", em geral, costumamos tecer cinco anotações de imediato e pelo menos. A primeira: "Canção Nova" é um lugar situado na cidade de Cachoeira Paulista/SP, onde, periodicamente, nos fins de semana, católicos carismáticos, simpatizantes, entre outros, reúnem-se para grandes eventos de massa (encontros/retiros com palestras, *shows*, missas), a maioria deles conhecida como "acampamentos".[1] A segunda: "Canção Nova" é um complexo

---

1 Os acampamentos obedecem a linhas de evangelização para grupos e temáticas específicos, como "acampamento para jovens", "para casais", "para músicos". Foram denominados "acampamentos" porque, originalmente, propunha-se aos seus participantes fixarem barracas de *camping* em espaço reservado na Chácara de Santa Cruz, pois não havia ainda, dentro da comunidade ou nas proximidades desta, qualquer tipo de hospedaria que abrigasse os visitantes.

religioso-ritualístico, templo, igreja, onde se é possível aprender e praticar a cosmovisão católico-carismática, que se dá tanto pela experimentação místico-subjetiva de dons enviados pelo Espírito Santo, quanto pela apreensão de princípios ascéticos, como regras morais relativas à família e à sexualidade, previstas na doutrina da Igreja. A terceira: "Canção Nova" é um sistema midiático, composto por Rádio, TV e *internet*, pelo qual se transmite, além dos próprios "acampamentos" e eventos públicos de natureza semelhante que se sucedem normalmente em Cachoeira Paulista, ainda um variado conjunto de programações e matérias de evangelização, de estilo e conteúdo católico-carismático. A quarta: "Canção Nova" é originalmente Comunidade de Vida,[2] um agrupamento de católicos carismáticos, dentre leigos, celibatários e sacerdotes que moram em habitação comum e que administram o lugar, o templo, os eventos, a mídia e a comunidade a que chamamos "Canção Nova". A quinta: "Canção Nova" é um conjunto arquitetônico (casas, escritórios, estádios, estúdios, shopping, lanchonete, restaurante, capelas, entre vários outros) onde funcionam os serviços missionários, operados, principalmente, pela Comunidade de Vida Canção Nova.[3]

A redundância que parece haver entre "Canção Nova" e uma matéria, um grupo, uma instituição, uma organização – um substantivo: "a Canção Nova"[4] –, torna impensável, por exemplo, a possibilidade de "Canção Nova" adjetivar antes de substantivar, imaterializar antes de materializar, descorporificar antes de corporificar quaisquer conformações que ela evoque no mundo. Uma formulação de Canção Nova como adjetivo, qualidade, essência, cosmologia, ou como uma "imaterialidade latentemente material" faz parte de um ponto de vista nativo sobre "Canção Nova" e tomou centralidade na última relação etnográfica

---

2 A vida comunitária "da Canção Nova" é, desde sua fundação, principalmente, a Comunidade de Vida. No decorrer do tempo, nasceu uma forma derivada: a Comunidade de aliança. São membros da Comunidade de Vida aqueles que vivem a missão Canção Nova em regime de dedicação integral, morando em residências comunitárias e trabalhando na e para a Comunidade em serviços da missão Canção Nova. A Comunidade de Aliança, também chamada Segundo Elo, forma-se ao redor da Comunidade de Vida. Seus membros seguem as mesmas regras de vida da Comunidade de Vida, mas não vivem em regime de dedicação integral, continuando a exercer sua profissão e a fixar residência fora da comunidade.
3 Essa tarefa é também realizada por funcionários contratados e membros da Comunidade de Aliança.
4 A partir daqui, ao longo do texto, utilizarei entre aspas as expressões que atribuírem à palavra "Canção Nova" significados substantivos, como por ex.: Fui "à Canção Nova" (lugar); transmitido "pela Canção Nova" (mídia); membros "da Canção Nova" (Comunidade de Vida), assim por diante. Faço isso para marcar uma diferenciação entre este e um significado adjetivo de "Canção Nova", usado por seus nativos, para o qual adotarei a palavra "Canção Nova" sem pronome ou advérbios antecedentes.

que estabeleci junto à Comunidade de Vida Canção Nova, entre 2005 a 2008, quando elaborava tese de doutorado (Oliveira, 2008). No presente artigo, abordo essa perspectiva, considerando, não obstante, o caminho de pesquisas que trilhei até ela e os diferentes entendimentos sobre "Canção Nova" a que, em períodos distintos, cheguei: na graduação – quando pela primeira vez estive em Cachoeira Paulista, para um "acampamento" "da Canção Nova" – e no mestrado – quando iniciei pesquisas sistemáticas "na Canção Nova". No âmbito desta discussão, pretendo pontuar a mudança da atitude reflexiva e metodológica sobre a produção de conhecimento a respeito de "Canção Nova", sucedida com o decorrer do tempo. Do objetivismo clássico das ciências sociais – para quem "conhecer é dessubjetivar tanto quanto possível" a realidade social, a fim de descrevê-la "em uma linguagem integralmente objetiva, sem resto" (Viveiros de Castro, 2002a, p. 486) –, passei a uma relação etnográfica em que reconheceria a afetação entre pesquisador e pesquisado como "uma dimensão central em trabalho de campo" (Favret-Saada, 2005, p. 155) e privilegiaria a experiência etnográfica como orientadora dos rumos do entendimento, mesmo que para isso fosse necessário apostar em repensamentos teóricos e conceituais bem menos previsíveis e até, às vezes, experimentais. Considerando, como Goldman (2005), que o tempo é ele próprio uma relação e não um simples provedor "de um meio externo onde se dão as relações humanas" (Goldman, 2005, p. 150), foi com o tempo que, sem planejar - ou, se quisermos uma interpretação nativa, "conduzida pela força espiritual" de "Canção Nova" –, fui me afetando, percebendo a mim mesma me afetando e, por fim, deixando-me me afetar por "Canção Nova" e por uma teia de relações, sujeitos, situações, estruturas, significados e entendimentos que se formavam em torno disso. Somente quando abandonei os projetos de conhecimento que até então havia feito acerca de "Canção Nova" pude perceber que, a todo tempo, desde as primeiras pesquisas, de maneiras diferentes, mais ou menos intensas, porém fundamentalmente, experimentava, com os membros da Comunidade de Vida Canção Nova e com outros sujeitos envolvidos na interação com ela, relações duplo-vinculantes (Bateson, 1985), baseadas em ocultação e revelação. E que essas relações, viscerais para compreender Canção Nova, estavam plenamente integradas a um enredo "cosmológico" nativo.

A "Cosmologia Canção Nova" – revelando Canção Nova como um adjetivo que já é substantivizado antes de se substantivizar, na realidade, bem como explicando o processo de *ocultação-revelação-ocultação* pelo qual se substantiviza – somada às relações etnográficas duplo-vinculantes com membros da Comunidade de Vida Canção Nova, entre outros sujeitos a ela ligados, sugeriu-me que o segredo (Simmel, 1999) e o duplo-vínculo (Bateson, 1985), tomados como categorias analíticas, podiam oferecer compreensões interessantes sobre a construção e manutenção social de "Canção Nova" como expressão religiosa e comunitária no mundo.

No princípio

Ouvi falar de "Canção Nova" ainda nos anos de 1980. Minha avó materna, a vida toda católica, havia se arrebatado pela Renovação Carismática. Lembro-me bem de seu "lar renovado pelo Espírito", circunscrito num bairro do subúrbio do Rio de Janeiro, onde presenciei passagens singulares quando criança. Era certo encontrá-la, às noites, sentada junto a seu aparelho de rádio portátil AM, em cujo painel ela colara um pedacinho de esparadrapo para marcar mais ou menos onde o ponteiro das estações sintonizaria as ondas curtas de uma Rádio chamada "Canção Nova". O que ela buscava era, principalmente, a voz de padre Jonas Abib,[5] transmitida em pregações e canções. Chamava-o de "ungido".

Os que não viam com simpatia o mergulho dela no movimento carismático e nas ondas da rádio Canção Nova eram meus pais. Antigos militantes em movimentos católicos (JEC/JOC) e no sindicalismo em tempos de ditadura militar – o que, inclusive, a um deles, rendera prisão política –, nessa época, atuavam em "partido de esquerda", em grupos do movimento social e mantinham-se engajados no catolicismo, mas naquele lido pela Teologia da libertação. Comungavam com a ideia de que a mensagem cristã central era o Reino de Deus e relacionavam-No a um projeto de sociedade pautado em valores de justiça e igualdade, a ser construído pelos homens, como alternativa e em contraposição ao sistema capitalista vigente. Por isso, incomodavam-se com a ideia de salvação do

---

5   O fundador da Comunidade Canção Nova, em dezembro de 2007, recebeu do papa Bento XVI o título eclesiástico de Monsenhor. Mas, como o presente texto é uma reconstituição histórica de pesquisas realizadas "na Canção Nova" entre 1995 até início de 2007, achei coerente preservar o título "padre Jonas Abib".

Novas Leituras do Campo Religioso Brasileiro

mundo por meio da salvação do indivíduo, bem como com experiência religiosa em torno da figura do Espírito Santo e da ação dos seus dons espirituais, postos no centro pelos carismáticos. Sua crítica ajustava-se com aquela dos vários estudiosos da religião e intelectuais da época, quando avaliavam a Renovação Carismática Católica a partir de conceitos como alienação política e religiosa (Boff, 1978; Oliveira, 1978); ritualismo extravagante e emocional dissociado do racional (Benedetti, 1988; Prandi, 1997); *ethos* individualista e pouco consistente teologicamente (Oliveira, 1978; Benedetti, 1988).

Foi conhecendo as interpretações de catolicismo e de catolicismo carismático produzidas por esses diferentes sujeitos – muito embora pessoalmente adepta do "catolicismo progressista" herdado de meus pais –, que, em 1995, eu, já estudante na graduação de ciências sociais, resolvi adotar como exercício de experiência etnográfica os rituais de grupos de oração da Renovação Carismática Católica. E, no bojo dessas pesquisas, "Canção Nova" tomou novamente a minha atenção. O que dela me contavam incluía agora, além de uma emissora de rádio, também uma emissora de TV, um lugar e um templo. Na condição desses dois últimos predicados, descreviam-na como um território sagrado dotado de elevada e incomum atmosfera espiritual, onde se era possível até "sentir os anjos voando".[6] O tom de mistério e de segredo com que a aludiam, provocavam-me imaginações sobre o que lá encontraria. Apesar de instigante e envolvente pela sua riqueza simbólica e imagética, aquela descrição de "Canção Nova", intimamente, parecia-me infantil e fantasiosa, e corroborava minhas opiniões pré-concebidas sobre os carismáticos. Por outro lado, eu era aprendiz nos princípios epistemológicos das ciências sociais que me orientavam a estranhar e familiarizar meus próprios pontos de vista, enquanto estranhava e familiarizava "o outro" em seus pontos de vista, como forma de produzir conhecimento sobre mim e sobre ele (Da Matta, 1978). Incorporada dessas duas pessoas, no sentido maussiano da palavra (Mauss, 1974), decidi que embarcaria, semanas depois, com aquele grupo de oração, rumo "à Canção Nova", para um trabalho de campo num acampamento.

Naquele acampamento, minha presença foi "observante", ainda que, em discurso acadêmico, eu dissesse que fazia observação-participante.

---

6   É importante aqui lembrarmos que o vento e a brisa são símbolos bíblicos usados para objetivar fenômenos espirituais. Ver, por exemplo, o episódio de Pentecostes em Atos dos Apóstolos 2.1-4.

Favret-Saada (2005) refletiu sobre a camuflagem que, às vezes, nós, pesquisadores, fazemos em trabalho de campo, quando, em nome da observação-participante, praticamos, em tautologia flagrante, "observação-observante" (não participante, traduzindo), contrariando o que propõe singularmente o método. Observação-participante com "alma" de observação-observante acaba sendo "estar presente em" ou "estar lá" para observar, e não para tomar parte naquilo que se observa, como indica o sentido estrito da palavra "participante" (Favret-Saada, 2005, p. 156). No meu caso, o que evidenciou a intenção velada de não tomar parte do ritual com e como fiéis "na Canção Nova", mas de abstrair-me dele, a pretexto de analisá-lo com distanciamento e objetividade, foi o direcionamento da câmera filmadora que levara para registrar o evento. Enquanto os fiéis compartilhavam do evento, cantando, batendo palmas, direcionando seu olhar para o palco do estádio que chamavam "Rincão do Meu Senhor", eu ocupava a função de cinegrafista, posicionando-me – ou querendo posicionar-me – de fora ou acima do ritual. Do degrau de uma escada que dava acesso ao palco, alcançando uma visão ampla e completa de todo o estádio, direcionei a lente da câmera do palco para a multidão, justamente no sentido contrário do olhar dos fiéis. Com isso, esperava registrar a experiência "dos carismáticos" no momento do ritual religioso sugerido. Mas, não me questionei se observando essa experiência sem me envolver com ela, sobretudo do ponto de vista daqueles que a experimentam como nativos, poderia elaborar alguma compreensão sobre essa experiência e sobre esses nativos. A miopia não estava nas lentes da câmera filmadora, mas na minha visão.

O objetivismo com que analisava "a Canção Nova" denunciava aos organizadores do acampamento que eu não era carismática. E, então, não sendo carismática num encontro de carismáticos, o que eu era? Houve uma desconfiança sobre mim. Eu era "estranha". Bauman (1999) indicou uma interessante distinção sociológica entre as categorias amigo, inimigo e estranho. Disse ele que, enquanto a oposição entre amigos e inimigos distinguiria o bem do mal, o certo e o errado, a verdade da falsidade, o próprio e o impróprio, o estranho seria contra as oposições, colocando em risco a própria possibilidade de sociação que é fundada em oposições. As oposições são ordenadoras: "isso não é aquilo". O estranho destrói o poder ordenador das oposições: "isso pode ser aquilo, ou não". Ele pertence

Novas Leituras do Campo Religioso Brasileiro

ao indefinido e ao indefinível, está fora de foco, embaçado, nebuloso. A imaginação produzida pelo "segredo que é o outro" é assustadora pela imprecisão e obscuridade do que isso significa. Recordando Simmel (1999): "Diante do desconhecido, o impulso natural do homem em idealizar e o seu temor natural cooperam para com o mesmo objetivo: intensificar o desconhecido através da imaginação e dar-lhe uma ênfase que nem sempre corresponde à realidade patente" (Simmel, 1999, p. 223). Nesse sentido, a ambivalência do estranho faz dele um "inimigo a princípio", pois, se não podemos ter a certeza de que o "outro" também é amigo, então será prudente considerá-lo, a princípio, como inimigo, até que se prove o contrário. E certamente foi, por via das dúvidas, que um daqueles organizadores de acampamento "da Canção Nova", possivelmente na função de segurança (vigilante), veio até a mim e me solicitou que eu interrompesse as filmagens. A "bronca" aconteceu exatamente no momento em que eu registrava milhares de mãos levantadas e vozes entoando, em uníssono, a "oração na linguagem dos anjos" (glossolalia), que nunca tinha visto ser realizada com tal naturalidade e amplitude.[7] As imagens dos acampamentos eram transmitidas pela TV Canção Nova e vendidas durante os eventos em formato de fitas VHS, mas mostravam somente o momento da palestra, não todo o ritual. A atitude do segurança em impedir o registro do ritual sugeriu-me uma vigília sobre o que podia e o que não podia ser exposto à apreciação de estranhos sobre um acampamento.

Evidentemente que essa repreensão à minha filmagem, somada à conversa que consegui naquele mesmo dia com uma distinta organizadora do acampamento "da Canção Nova", a qual também me proibiu de fazer quaisquer registros – escritos, falado ou filmado – do que ela narrasse; somada ao que ela narrou – que "a Canção Nova" era sustentada pela providência divina e isso significava frequentemente lidar com a ação oculta e misteriosa de Deus que, por meios não sabidos "pela Canção Nova", provia-a com dinheiro quando se precisava; somada ao tema da palestra proferida pelo padre Jonas Abib – que versava sobre a maneira como as famílias católicas deviam lidar com sua sexualidade, condenando severamente a separação e o divórcio, o sexo antes do casamento, o aborto, os

---

7 Em 1994, a CNBB lançou um documento intitulado "Orientações Pastorais sobre a Renovação Carismática Católica" (1994), em que identificava a glossolalia como um dos excessos da RCC e proibia sua manifestação nos rituais católicos.

métodos contraceptivos, o homossexualismo, além de sugerir que a busca do prazer era o principal motivo para o cometimento desses "pecados" –, entre diversos episódios havidos, tudo não só não me estimulou a relativizar as impressões que já fazia dos carismáticos como as reforçou com novos predicados, como ortodoxia e rigidez. Digo "dos carismáticos" porque, nessa época, não pensava "Canção Nova" como uma organização especial e autônoma dentro do movimento carismático, mas como uma espécie de grupo de oração cujos membros organizavam retiros num terreno em Cachoeira Paulista.

A vida no Espírito e a Nova Era

Iniciei o curso de mestrado em 2001 e quis estudar mais detidamente "a Canção Nova". Em 2002, encetaria um trabalho de campo sistemático em acampamentos, nos quais, desta vez, pretendia "participar-participando" – leia-se "fazer observação-participante nos marcos do método". Num desses, aconteceu comigo uma experiência inesperada e um tanto estranha de ser vivida por uma antropóloga não nativa da Renovação Carismática e, embora agora mais franqueada a desconstruções e repensamentos, legatária de um histórico pessoal crítico aos carismáticos. Acomodei-me num dos bancos de madeira localizados ao centro do "Rincão do Meu Senhor", juntamente com uma multidão de pessoas – cerca de 15 mil –, para acompanhar o encadeamento ritual que preparava os ânimos de todos para a primeira palestra do dia. Em certo momento, uma brisa sobreveio-me de repente. De imediato, lembrei-me do que ouvira em 1995 sobre a existência de anjos voando "na Canção Nova". E, concluí, ironicamente: "Devem ser os anjos". Pois não foi que anjos compuseram mesmo a temática central das preleções naquele acampamento? Vários ilustres "da Canção Nova" que palestravam sobre o palco testemunharam ter visionado anjos presentes ali no retiro, que, segundo eles, voavam sobre e por entre todos nós. Não somente eu – vulgo representante da ciência social – "sentira" ou significara a brisa súbita e passageira como a dinâmica dos anjos voando.[8] Percebi que então começava a compartilhar de um conjunto de códigos definidos pelos fiéis carismáticos "da e na Canção Nova", os quais falavam,

---

8 Não posso deixar de associar essa experiência à situação vivida e narrada por Goldman (2003) que ouviu os "tambores dos mortos" quando fazia trabalho de campo entre adeptos do candomblé.

dentre outras coisas, da irrupção (revelação) imprevisível de uma realidade extraordinária (oculta, invisível) no tempo e espaço ordinário dos homens. Integrando-me ao nível dos rituais, da subjetividade dos adeptos e mesmo ao âmbito do próprio discurso dos membros "da Canção Nova" era possível entender o que se queria dizer com "sentir a presença do sagrado ocupando o espaço da existência". O ambiente interno ao ritual – as "orações na linguagem dos anjos", as profecias, as visões, música e expressão corporal – e o ambiente externo ao ritual – relativo aos fenômenos naturais, como a brisa, o vento, o sol - combinavam-se, definindo determinado contexto de realidade decifrado como sobrenatural.

Destaco este episódio em que fui "pega" pela força espiritual "da Canção Nova" principalmente para ressaltar o meu encontro com uma dimensão do trabalho de campo a que Favret-Saada (2005) chamou de "ser afetado". Para Favret-Saada, "aceitar participar e ser afetado" não significa "sentir empatia por uma pessoa ou experimentar, de maneira indireta, as sensações, percepções e pensamentos do outro" (Favret-Saada, 2005, pp. 138-139). Tampouco significa vivenciar uma "emoção que escapa da razão" (Goldman, 2005, p. 150) nem "insistir na instantaneidade da comunicação, na fusão com o outro que seria atingido pela identificação com ele" (Favret--Saada, 2005, p. 159). Não se trata de converter-se à crença nativa, mas sim de se dispor a ocupar o lugar do nativo (sem sê-lo), em vez de representá-lo ou imaginar-se nele (Favret-Saada, 2005, p. 159). Participar da experiência nativa de "sentir anjos", por exemplo, não significou passar a acreditar (compartilhar da crença) em anjos "na Canção Nova", ou a simpatizar-me com "a Canção Nova", carismáticos ou anjos. Mas significou me introduzir por ideias e esferas da "Canção Nova" que se resguardavam de uma visão mais periférica, imediata e "observante". Em primeiro lugar, divisei sua forte veia mística (Weber, 1982) operando de modo oscilante e, amiúde, predominante, a um ascetismo (Weber, 1982), ortodoxo e austero, que identificara na visita de 1995 e que, de fato, ainda se mantinha nos retiros de 2002. E, em segundo lugar, aprendi com frequentadores de "acampamentos" que a "Canção Nova", além de tudo o que já conhecia dela, era também uma "comunidade". Chamavam-na de "Comunidade de Vida no Espírito" porque consideravam que nela havia uma qualidade especial: a vida no Espírito. Entendi o que isso significava quando li o único livro nativo publicado sobre o assunto, chamado "Canção Nova: uma obra de Deus –

Nossa história, identidade e missão", escrito pelo padre Jonas Abib (2000), o fundador da Comunidade Canção Nova. Ali se contava a história de um grupo de pessoas, entre homens, mulheres, solteiros, casados, celibatários e sacerdotes que, no final da década de 1970, decidiram abdicar de suas propriedades, bens, família, emprego, relacionamentos, planos pessoais para morar juntos numa comunidade. Disporiam suas vidas à condução imprevisível do Espírito Santo, oferecendo-se à evangelização do mundo, realizada por meio de encontros de massa e dos meios de comunicação social. Sua missão era anunciar a salvação dos homens pela "santidade", que se crê possível alcançar pelo seguimento de regras baseadas na doutrina da Igreja, especialmente as que dizem respeito à sexualidade, à família, ao consumo de drogas, à lealdade religiosa à Igreja Católica e à rejeição a manifestações religiosas não cristãs. Eles dependeriam somente da Providência Divina para sobreviver e descobririam a vontade de Deus sobre os rumos práticos da sua missão interpretando os sinais divinos revelados nos fatos do cotidiano e confirmados por meio de dons e carismas como profecias, visão e audição espirituais, sonhos prognósticos, inspirações, intuições, sensações, curas, milagres. No domínio etnográfico, a "vida no Espírito" podia ser observada pela oscilação entre um discurso institucionalizado e institucionalizador (Mariz & Machado, 1998), exigente da defesa e do cumprimento dos princípios, sobretudo morais, previstos na doutrina católica, e um processo de subjetivação do sagrado, que imputava ressignificações a elementos institucionais pela experiência mística. A ambivalência misticismo e ascetismo agia como uma matriz donde derivavam outras ambivalências. "Na Canção Nova", podia-se, ao mesmo tempo, estar dentro e fora da Igreja, ou seja, afirmado o vínculo com o catolicismo, mas guardando certa autonomia da Igreja, pois ela não tinha ainda reconhecimento do Vaticano;[9] podia-se negar severamente o mundo moderno capitalista e globalizado por seus valores e estruturas, simultaneamente, utilizando como instrumento alguns dos próprios valores e estruturas oriundos daquele, como vemos, por exemplo, no enorme investimento em tecnologia midiática e na construção de edificações com *design* urbano modernos, providas com aparelhagem e infraestrutura tecnológica de última geração; podia-se promover *show* com bandas de música religiosa

---

9   Somente em 3 de novembro de 2008, a Comunidade de Vida Canção Nova recebeu o reconhecimento pontifício como Associação Privada de Leigos.

Novas Leituras do Campo Religioso Brasileiro

que tocavam ritmos modernos laicos (axé, samba, forró, rock etc.); podia--se organizar "boates de Jesus", produzir CD com músicas remixadas com som eletrônico, vender e usar vestuário e artigos da moda nas grandes cidades, embora com símbolos católicos; podia-se envolver com a política, apoiando e lançando candidatos a cargos eletivos, entre outras possibilidades (Oliveira, 2003-2008; Carranza, 2000; Sofiati, 2011).

Mas, a combinação que mais me chamava a atenção era uma relacionada com o aspecto religioso estrito senso: a reprovação do chamado movimento Nova Era[10] (Amaral, 2000; D'Andrea, 2000), mediante discurso que o relacionava com o final dos tempos, a segunda vinda de Cristo e a indicação da Nova Era como a religião do anticristo (Oliveira, 2003-2008; Sofiati, 2011), e, ao mesmo tempo, a vivência e o estímulo de experiências espirituais que, em vários aspectos, assemelhavam-se à espiritualidade reprovada, obviamente sem deixar os parâmetros católicos. Aspectos da cosmovisão "novaerista" como o Deus presente no *self*, a existência de uma energia cósmica pulsadora do Universo e percepções extrassensoriais eram compatíveis com a experiência carismática de experimentação da presença divina no interior ou no coração (*self*) dos fiéis; o entendimento do Espírito Santo como "força ou energia espiritual" onipresente e movimentadora da realidade ordinária; a providência divina; a aquisição e o desenvolvimento de dons espirituais (Oliveira, 2003). Num exercício de interpretação socioantropológica, a partir da proposta religiosa da "vida no Espírito" ou "viver mergulhado no Espírito de Deus" abraçada "pela Canção Nova", e observando sinais de relativização institucional em retiros "da Canção Nova", propus dissertar, em trabalho de mestrado, sobre semelhanças e dessemelhanças entre catolicismo carismático e o chamado movimento Nova Era (Oliveira, 2003), e, a partir disso, explorar entre eles diálogos impossíveis e possíveis.[11] Essa comparação pôde ser concebida porque o foco da pesquisa e da análise privilegiaria o "universo interno do movimento", "prática religiosa dos indivíduos, grupos e comunidades" – sua estrutura subjetiva (Silveira, 2000) – e não o

---

10 O movimento Nova Era foi caracterizado por Amaral (2000) como uma religiosidade caleidoscópica ou um "sincretismo em movimento", ou seja, uma composição em se fazendo de múltiplos elementos de diversas tradições culturais religiosas ou não religiosas.

11 Marcelo Camurça (1997) cogitara pontos de diálogo entre o catolicismo em geral e a Nova Era pelas dimensões místico-experienciais, o holismo, a energia cósmica e as manifestações explícitas do transcendente.

"aparato material, administrativo e discursivo oficial do movimento" – sua "estrutura objetiva" (Silveira, 2000). E, além disso, porque baseava-se na verificação de que, na oscilação entre misticismo e ascetismo, o componente místico predominava, frequentemente, "na Canção Nova".

Ao fim deste segundo período de pesquisas, eu desenhava duas ideias particulares da "Canção Nova", entre as quais a diferença estava no entendimento acerca da Comunidade de Vida. Num primeiro ângulo, avaliei a Comunidade de Vida Canção Nova como uma estrutura objetiva "da Canção Nova" juntamente com os acampamentos, a mídia e todas as suas arquiteturas. Contida e ressoante na Comunidade de Vida como "estrutura objetiva", estaria a "vida no Espírito", que seria sua "estrutura subjetiva", sua essência, seu núcleo ou seu espírito (filosofia, cosmovisão, misticismo-ascetismo, experiência subjetiva, princípios). "Canção Nova" resultaria na soma dessas instâncias. Sendo assim, no bojo dos estudos para o mestrado, eu havia estudado a "estrutura subjetiva" "da Canção Nova", "a vida no Espírito" operada publicamente por suas "estruturas objetivas" (membros da Comunidade de Vida, acampamentos, mídia, demais estruturas) e, além disso, experimentada por fiéis carismáticos que participavam dos acampamentos. No entanto, ao adotar essa forma de pensar "a Canção Nova", deixava de fora outra instância da Comunidade de Vida Canção Nova, certamente a mais íntima e talvez tão essencial e nuclear quanto a filosofia da "vida no Espírito": a convivência cotidiana em comunidade. Pensando a Comunidade de Vida por esse ângulo, ela seria também uma estrutura subjetiva "da Canção Nova". Ou melhor, considerando que "a Canção Nova" surge com a Comunidade de Vida, a vida comunitária "da Canção Nova" seria o "centro exemplar" (Geertz, 1991) da "vida no Espírito". Essa perspectiva abria brecha para posteriores estudos específicos a respeito dessa realidade comunitária.

Cosmologia Canção Nova

Em 2004, dispus-me a prosseguir nos estudos e pesquisas sobre "a Canção Nova", propondo um projeto de doutorado focado na Comunidade de Vida propriamente dita. O que sobrava das conjecturas produzidas a partir da leitura do livro de padre Jonas Abib (2000) e das reflexões advindas com a dissertação de mestrado sobre a Comunidade de Vida

Canção Nova eram questões para uma possível nova investigação: o que motivara os membros da Comunidade de Vida Canção Nova a escolherem viver em uma comunidade, que era católica, mas preservava significativa autonomia da Igreja? Não haveria na base da constituição dessa comunidade uma concepção romântica refletida na expressão nostálgica pelas origens da "comunidade humana", pensada como um tempo em que o entendimento entre indivíduos era harmônico e natural, e a vida, mais pura, justa, abundante? Não estariam os comunitários "da Canção Nova" buscando a vivência numa comunidade como forma de recuperar a vida do paraíso perdido, outrora buscada pelos primeiros cristãos? Com isso, não se quereria resgatar valores tradicionais, que incluem as concepções de família e a religião, considerados maculados pela sociedade moderna, a quem chama de "mundo"?[12] Haveria uma relação direta entre o ideal comunitário religioso de "vida no Espírito" proposta "pela Canção Nova" e a localização de sua casa-sede na pequena cidade interiorana de Cachoeira Paulista? Considerando que Cachoeira Paulista é abraçada pela cadeia montanhosa do Vale do Paraíba, não seria proposital a fixação da comunidade no interior e próximo da natureza para, em se distanciando do modo de vida "mundano" das grandes cidades, garantir-se a preservação e o desenvolvimento da espiritualidade de seus membros? A localização contígua de Cachoeira Paulista às cidades de Aparecida do Norte e Guaratinguetá, popularmente conhecidas como regiões de irrupção do sobrenatural (Aparição de Nossa Senhora e os milagres de Frei Galvão), logo, configurando o Vale do Paraíba como um "território sagrado", não construiria a ideia de que isso era mais um traço confirmador de que "a Canção Nova", no seio desta região, é cheia das graças de Deus, sendo um lugar propício para os acontecimentos sobrenaturais como profecias, intuições, inspirações, visões, audições, sensações de seres celestiais, entre outros fenômenos? Por outro lado, considerando que ao lado da crítica da modernidade e de suas consequências, "a Canção Nova" apropria-se dos valores modernos para, a partir deles, evangelizar, que significados ela mobilizaria para explicar esse diálogo? Como seria a vida de uma

---

12 A Canção Nova e os fiéis da Renovação Carismática de um modo geral empregam a palavra "mundo" quando querem explicar quais são o lugar, o tempo ou a natureza do pecado e do mal. "No mundo", reina a promiscuidade sexual, a degeneração da família, o hedonismo, o secularismo, o pluralismo, o relativismo, a diversidade religiosa. Neste texto, quando me refiro a "mundo" com esse sentido, coloco aspas (Oliveira, 2008).

comunidade em que experiências místicas subjetivas e fenômenos sobrenaturais, reputados ao Espírito Santo, brotassem no dia a dia? Como seria a vida numa comunidade em que se cresse que a sua fundação e seu funcionamento havia sido e era conduzida direta e invisivelmente pela "movimentação do Espírito Santo" – uma energia "espiritual" imanente na realidade ordinária dos homens – e pelas instruções indicadas por Ele por meio de "comunicação espiritual"? Como seria uma comunidade que vivesse sob as regras ascéticas, sobretudo às da moral sexual, que severamente defendia em retiros? A conjunção das ideias de comunidade, interior, natureza e mística, mais do que a sua característica ascética e institucional, formava uma hipótese sobre a presença de feições românticas (Duarte, 2004) "na Canção Nova".

Embora, pelo que dizia padre Jonas Abib (2000), a vida comunitária ocupasse centralidade "na Canção Nova", sobre ela muito pouca coisa era dita no discurso público habitual dos seus membros. Logo que soube que "Canção Nova" era uma "comunidade de vida" (onde se mora conjuntamente) e de "vida no Espírito" (com uma cosmovisão própria), achei significativo o fato disso não estar evidente na comunicação dela sobre ela mesma, como estavam outros assuntos. A Comunidade de Vida Canção Nova existia, mas não era revelada por quem dela participava. Com exceção daquele livro de padre Jonas que a anunciava, não havia mais qualquer publicação nativa, ou escrita por autores no âmbito da Renovação Carismática Católica ou do catolicismo em geral, sobre a existência e a vivência de sua comunidade. No âmbito das ciências sociais da religião e teologia, eu não tinha notícia de outra etnografia anterior sobre a Comunidade de Vida Canção Nova.[13] De seu lado, os membros da Comunidade de Vida, que estavam expostos na mídia, transmitindo mensagens de proximidade, familiaridade, acolhimento e intimidade, em acampamentos posicionavam-se sobre o palco dos estádios e não circulavam por entre fiéis, quando, em tese, estariam mais próximos do que na mídia. O contato com esses, geralmente, fazia-se pela concessão de autógrafos ao final de cada evento, atrás do palco. Estavam perto, mantendo distância. A Comunidade de Vida Canção Nova, como lugar de moradia,

---

13   Antes de defender a dissertação, nas ciências sociais, as referências para os estudos das Novas Comunidades Carismáticas no Brasil eram Brenda Carranza (2000) e Júlia Miranda (1999), mas nenhuma das duas tratava específica e etnograficamente "da Canção Nova".

Novas Leituras do Campo Religioso Brasileiro

por sua vez, não podia ser identificada facilmente por quem frequentasse os acampamentos. *Dizendo-se sem-se-dizer, mostrando-se sem-se-mostrar, anunciando-se ao mesmo tempo em que se ocultava,* criava em torno de si uma neblina enigmática. *Como se* segredasse.

Quero recordar Simmel e sua teoria sobre o segredo. O autor considerou o "segredo" como um dos fundamentos da vida social, uma forma sociológica geral, neutra – portanto nem positiva nem negativa – e capaz de estruturar as ações recíprocas humanas (Simmel, 1999): "Toda relação humana é caracterizada, entre outras coisas, pela quantidade de segredo que nela se encontra e que a envolve" (Simmel, 1999, p. 223). Mais do que a ocultação de um conteúdo, segredo, para Simmel, deveria ser compreendido como gerador do processo comunicativo e viabilizador das relações sociais, uma vez que as atitudes de silêncio, obscuridade, anonimato, confiança, transparência, revelação, cooperação e mentira, intrínsecas nos contextos de segredo, são elementos instituidores de interação (Simmel, 1999, p. 221). O segredo possui uma capacidade de sedução socialmente determinada, gera imaginação e contém uma tensão que somente se dissolve no momento da revelação (Simmel, 1999, pp. 222-223). Independente do conteúdo que ele guarda ou mesmo independente se ele existe, basta a possibilidade de ele existir para que, aquele que o supõe, mas não o detém, o cobice, bem como para aquele que o insinua, mesmo se não o detém, sinta que possui um grande poder em suas mãos (Simmel, 1999, p. 222). Em mim, particularmente, a sensação de segredo em torno da Comunidade de Vida Canção Nova e, por consequência, a ideia de que, se ele existia, eu estava despossuída dele, aumentava a ansiedade por tê-lo, além do quê criava a imaginação de que, o que ela não expunha, devia ter um valor especial.

Estava decidida a adotar o clássico modelo de trabalho de campo antropológico, que implicava na proximidade radical com o nativo. Minha ideia era pleitear junto à comunidade uma curta estada em sua casa como visitante. Supunha que, compartilhando das experiências dos sujeitos no convívio íntimo do grupo (sua moradia, sua rotina, seu trabalho), compreenderia seus princípios de vida comunitária em ação, a gestação de sua motivação missionária e mística, conheceria as continuidades e rearranjos entre o que se concebe e o que e como se atua. Esperava "experimentar seu pensamento", não no sentido de "entrada imaginária na experiência pelo (próprio) pensamento, mas no de entrada no (outro) pensamento pela experiência real: não se trata de imaginar uma experiência, mas de experimentar uma imaginação" (Viveiros de Castro, 2002, p. 123). "Experimentar a imaginação" dos comunitários "da Canção Nova" significava tomar os "objetos" do seu pensar para que, na relação do meu pensamento com o seu pensamento nativo, eu pudesse compreender-com-eles. Para realizar esse projeto de pesquisa, ponderei que o primeiro passo era conversar com membros da Comunidade de Vida Canção Nova para me apresentar e apresentar a pesquisa, e, o segundo passo, negociar entrevistas, quiçá, visitas à sua comunidade. Entretanto, com o reinício das atividades etnográficas, logo entenderia que até chegar ao que pensava ser só o primeiro passo, precisaria percorrer um longo caminho de muitos passos, e que, talvez, nem fosse possível dar sequência ao plano de pesquisa.

Em 2005, durante a busca por um encontro face a face com os membros da Comunidade de Vida e por seu espaço comunitário, deparei-me com um padrão comunicativo que chamaria de *comunicação-não-comunicativa, contatos-não-contatantes* ou *aproximação-não-aproximativa* (Oliveira, 2008). Esse padrão fora emitido por membros consagrados (efetivos) da Comunidade de Vida Canção Nova, mas também por vocacionados[14] e ex-vocacionados; pré-discípulos e discípulos;[15] ex-comunitários "da Canção Nova" e membros de outras Comunidades de Vida no Brasil, com quem fiz contato, quase sempre virtual (*internet*), mas, algumas vezes pessoal, durante a pesquisa; manifestava-se sempre que evocava a vida comunitária da Comunidade de Vida e seus membros; originava-se a partir de uma aura de segredo e mistério; mostrava-se por meio de um movimento contínuo e ambivalente de ocultação e revelação, ausência e presença, aproximação e distância, confiança e desconfiança, saudação e rejeição, que se expunha não somente pela oscilação (ora uma coisa ora outra) – como havia identificado em dissertação de mestrado com "ora misticismo ora ascetismo" –, mas também pela simultaneidade (uma coisa e outra) –, forçando-me a inventar palavras compostas para explicar o caso, tal como *mostrava-se não-se-mostrando.*

---

14 Jovens entre 18 a 35 anos que se candidatam a fazer "caminho vocacional" para a Comunidade de Vida Canção Nova. Após serem escolhidos, passam a pré-discípulos.

15 Discípulos são jovens que estão em fase de formação religiosa e doutrinária sobre a Comunidade de Vida. Retiram-se para uma casa de retiros da Canção Nova por um ano e, após essa fase, passam a membros consagrados. Pré-discípulos são jovens que já foram escolhidos para ingressar na Comunidade de Vida, mas ainda não são considerados membros.

Senti-o pela primeira vez quando, tendo ido a Cachoeira Paulista no meio da semana por supor encontrar os membros da Comunidade de Vida mais acessíveis para conversas, descobri que, para conversar com eles, precisaria passar por uma triagem de guaritas, portões fechados, seguranças (funcionários), recepções de prédios administrativos, onde trabalhavam durante a semana, gerindo o que chamam de "Sistema Canção Nova de Comunicação" – complexo de telecomunicações formado pela Rádio, TV e *internet* – e outros setores da Fundação João Paulo II. Cotejando essa fronteira com a imagem cálida e acolhedora dos membros da Comunidade de Vida na mídia, convidando telespectadores e ouvintes a fazerem parte da "família Canção Nova", podia dizer que "a Canção Nova", simultaneamente, *abraçava-refreando, pessoalizava-impessoalizando, abria-se permanecendo reclusa, transparecia-se eclipsando*. A materialidade da fronteira, que, fisicamente, separava "dentro" e "fora", lembrava-me o aspecto simbólico da sua missão de evangelização do mundo: retirar-se "do mundo" e o negar para voltar ao "mundo" e evangelizá-lo de fora dele. Deslocar-se "para fora" e "para dentro" do "mundo": "para fora", porque ela não é "do mundo" e sim de Deus; "para dentro", porque sua missão é levar pessoas "do mundo" para fora dele, onde ela, o catolicismo carismático e as Novas Comunidades de Vida estão.

Além dessa manifestação material, direta e objetiva, a *comunicação--não-comunicativa* "da Canção Nova" envolveria outras nuances mais subjetivas: silêncio a correspondências enviadas e reenviadas a alguns de seus setores; respostas evasivas e incompletas após longos intervalos de tempo do contato anterior; contatos começados, mas interrompidos de repente e sem reatação; respostas que, não respondendo as questões formuladas, respondiam o que eu não havia perguntado ou proposto, contudo, dando a entender que eu tivesse perguntado ou proposto; respostas ambivalentes que transmitiam duas mensagens opostas simultaneamente, mas integradas: em correspondências sucessivas, recebi cumprimentos e bênçãos pela pesquisa acerca da vivência comunitária da Comunidade de Vida juntamente com desculpas de que não seria possível me apresentar aos seus membros no momento e contínuas promessas de agendamento, mas dizendo-me que ficasse à vontade para fazer a pesquisa. Esclarecendo-lhes que "a pesquisa sobre a vivência na Comunidade de Vida" dependia, pelo menos, de um encontro ou contato com alguns membros as respostas com saudações e promessas repetiam-se, mas tudo mantinha-se em aberto, sem combinações e entendimentos. *Aproximavam-não-se-aproximando*, transmitindo algo como "seja sempre bem-vinda não vindo". Essa comunicação, além de me deixar confusa a respeito do que estariam me comunicando com os paradoxos, mantinha-me sempre na metade do caminho, em estado de suspensão e de reticências, no "entre", no *quase-lá-ainda-não*, *muito-perto-sempre-longe* da consumação do que havia cogitado como começo da pesquisa.

Uma relação como aquela, baseada em mensagens paradoxais simultâneas, levou-me a Gregory Bateson e à categoria do duplo vínculo. A teoria do duplo-vínculo originou-se na década de 1950 no panorama dos estudos interdisciplinares de Bateson sobre os processos da comunicação nas relações humanas (Velho, 2007, pp. 123-124). Ele observava que existiam diversos níveis de abstração na comunicação e que as trocas de informações entre indivíduos podiam produzir um entrecruzamento de níveis capaz de gerar paradoxos, duplos vínculos. Configuraria duplo vínculo, por exemplo, uma comunicação, verbal ou não verbal, que transmitisse um teor do tipo: "Nós amamos você, mas temos de castigá-lo porque, se não o fizermos, você irá se comportar mal, e não queremos que isso aconteça porque queremos continuar amando você". Segundo o autor, em situações de duplo vínculo, há um colapso na capacidade para discriminar tipos lógicos diferentes:

> *As características gerais dessa situação são as seguintes: 1- quando o indivíduo está envolto numa relação intensa, quer dizer, uma relação na qual sente que é vitalmente importante discriminar qual mensagem está sendo comunicada para responder a ela de forma adequada; 2- quando o indivíduo está confuso em uma situação na qual as outras pessoas que intervêm na relação expressam duas ordens de mensagens, e uma delas nega a outra; 3- quando o indivíduo é incapaz de comentar as mensagens que recebe, [...] quer dizer, não pode formular uma enunciação metacomunicativa* (Bateson, Jackson, Heley y Weakland apud Perez, 1996, p. 178).

Inicialmente, deparar-me com essas questões deixou-me confusa, desconfiada, irritada, e temerosa de que o projeto de doutorado, àquela altura, não se concretizasse. Por outro lado, era evidente que o campo

Novas Leituras do Campo Religioso Brasileiro

me trazia questões novas, não esperadas e desafiantes. Na verdade, observando retrospectivamente, aquelas questões não eram tão novas assim. Era possível vê-las presentes, como um eixo contínuo, por todo o curso de pesquisas desde a primeira visita em 1995. Porém, passaram por mim sem que houvesse notado a centralidade que tinham no entendimento "da Canção Nova". Penso que fora assim porque provavelmente somente agora, nas pesquisas para o doutorado, eu me abeirava da Comunidade de Vida. Era em torno dela que aquelas questões "epifanizavam". Portanto, se eu realmente quisesse, conforme prometera, deixar que a experiência etnográfica orientasse as direções do estudo e do entendimento "da Canção Nova" a partir da sua Comunidade de Vida seria preciso abandonar boa parte das questões daquele projeto de pesquisa original. Pois, embora fossem coerentes socioantropologicamente e rendessem discussões interessantes, não estavam, a princípio, ressoando etnograficamente. "Nenhum dado tem importância por si só a não ser no seio de uma situação, como expressão de uma trama de relações que lhe dão sentido. Isto é: os dados são recolhidos no contexto porque é no contexto que adquirem significado" (Guber, 2001, p. 81). "Deixar-me afetar" por "Canção Nova" significava deixar-me "ser pega" – surpreendida – pelo conteúdo nativo, ou o que quer que ele fosse.

Não obstante, insisti no projeto. Quer dizer: nem tanto nas questões levantadas para investigação, mas no plano etnográfico mediante o qual pretendia fazê-las. É que, sem perceber, eu estava seduzida e enredada – "afetada" – pela névoa enigmática "da Canção Nova". E, duplo vinculada, apeguei-me ao que não conseguia alcançar "da Canção Nova", mas que, ao mesmo tempo, me era prometido. Comecei a compreender o que me acontecia quando, em 2006, consegui, enfim, encontros face a face com alguns membros da Comunidade de Vida para o procedimento de curtas entrevistas sempre em seu horário de trabalho. Então, *fui descobrindo* que ter vivido obstáculos para encontrá-los e ter persistido nesse "caminho", mesmo nunca alcançando o que planejara, significava, do ponto de vista nativo, ter sido "pega pela Canção Nova". Diziam-me, normalmente em gerúndio: "É assim mesmo. Quem pretende chegar até a Comunidade de Vida tem de 'ir fazendo por onde', tem de 'ir correndo atrás', 'tem de ir persistindo', 'fazendo caminho' para ela". Com a expressão "fazer caminho", referiam-se ao percurso de "caminho vocacional" vivido por candidatos a membros da

Comunidade de Vida, os quais, durante dois a três anos, passavam por atenta avaliação moral e religiosa dos membros mais antigos até serem aceitos (ou não) como pré-discípulos da Comunidade de Vida. A novidade era que, segundo eles, o caminho para "a Canção Nova" não terminava com o caminho vocacional e, de alguma maneira, abrangia toda pessoa que a buscasse e que, num devir, fosse buscando-a. "O básico é dar passos. O não querer dar passos é sinal de não querer corresponder ao próprio chamado de Deus" (Comunidade Canção Nova, 2002, p. 29). No meu caso, se eu conseguira chegar até ali era porque o fluxo espiritual que circunda "a Canção Nova" – a qual eles chamavam de "eficácia sobrenatural" (Comunidade Canção Nova, 2002, p. 91) – englobara a mim e à pesquisa. Recorrendo aos matizes de segredo, uns revelavam-me: "Eu sei o verdadeiro motivo pelo qual você chegou próximo da Comunidade de vida: você caiu em cheio numa armadilha de Deus. A pesquisa científica é a 'isca' usada por Deus para 'fisgá-la'. Você *pensa* que é pesquisadora". Outros, durante o encontro face a face, percebiam uma ação espiritual acontecendo no meio de nós. Ficavam atônitos, como se vivessem uma espécie de "epifania", diante de uma inesperada experiência visionária, de uma percepção extrassensorial, da providência divina que se comunicava, ocultamente, nos fatos aparentemente banais. Como no caso do seminarista a quem apelido de Ricardo, que, após uma entrevista, oferecera-me um café para que continuássemos a conversa. Ao perceber que não havia mais café, ofereceu-me um suco. Mas, havia acabado também. Então, concluiu: "Está vendo? Isso é providência divina! Deus providencia também pela falta. Nossa conversa precisa acabar aqui". O que podia parecer mero acaso era entendido por Ricardo como uma espécie de recado de Deus: a falta de café sinalizava que a vontade de Deus era que nos separássemos logo após a entrevista, embora a vontade pessoal de Ricardo fosse alongar a conversa. A falta do café não fora suficiente para que Ricardo "ouvisse" a voz de Deus naquela situação e percebesse a Sua vontade. Mas, quando faltou suco também, ele não teve dúvidas de que Deus queria lhe dizer algo e ele "entendeu" que estávamos envolvidos por uma ação espiritual. Era como se, ao oferecer suco, Ricardo estivesse teimando em sua vontade pessoal em detrimento do que era a vontade de Deus, a qual, naquela ocasião, ele ainda não sabia, mas, a própria situação o fizera "descobrir": se não havia nada para me oferecer, era porque não era para me oferecer nada, não havia por que ficarmos ali

Novas Leituras do Campo Religioso Brasileiro

conversando se já havia cumprido cada um seu objetivo. Por isso, logo que "entendeu", exclamou que eu estava testemunhando uma revelação da providência divina e despediu-se de mim. "Uma vez que o etnógrafo tenha pisado o solo nativo ao tentar estabelecer (laços orgânicos com os sujeitos envolvidos nas relações sociais que pretende estudar), fica enredado nas tensões, conflitos e dinâmicas próprias do campo no qual desenvolverá sua atividade" (Zenobi, 2010, p. 487).

Para eles, o fato de tê-los encontrado com reveses era um sinal de que havia um desejo e uma permissão divina para eu estar junto deles, por motivos espiritualmente secretos, bem como significava que eu havia passado e continuaria passando por uma espécie de aprendizado ou aprofundamento espiritual. Quem sabe até um "chamado" de Deus para integrar-me à comunidade – alguns suspeitavam. E, aí sim, estava capacitada a adentrar por universos mais recônditos "da Canção Nova". Foi nesse bojo que, após quase dois anos de pesquisa, um dia, a assessora de imprensa emprestou-me um livro chamado *Nossos documentos*. Tratava-se de uma literatura não publicada e privativa à leitura dos membros consagrados à Comunidade de Vida, escrito pelo padre Jonas Abib com base em inspirações espirituais. Considerado como sua "Sagrada Escritura", o texto possuía um enredo holista, orgânico, teatral, escatológico, bem como uma linguagem mítica, provocando-me a ideia de que estava diante de uma espécie de "cosmologia". A essa altura "afetada" (Favret-Saada, 2005) por "Canção Nova", senti-me impelida a experimentar a maneira emblemática de seus nativos se pensarem e se dizerem "Canção Nova", traduzindo minhas impressões de leitura acerca de "Canção Nova" também em termos cosmológicos, metafóricos e fabulosos. Se, como diz Clifford, "os textos etnográficos são inescapavelmente alegóricos" (Clifford, 2002, p. 65), nesse caso, em específico, eu confessadamente 'alegorizaria' etnograficamente, refletindo propositalmente acerca de alegorias com alegorias, por considerá-las não como abstrações ou interpretações 'acrescentadas' ao 'simples' relato original" (Clifford, 2002, p. 65), mas como "condições de significação" (Clifford, 2002, p. 65) de "Canção Nova". Redizer "Canção Nova", pela forma "Canção Nova" de dizer-se, significaria fazer a passagem para um peculiar entendimento de "Canção Nova". De modo que, vendo explícita a relação entre a expressão "Canção Nova" com a música, fiz uma leitura do *Nossos documentos* mais ou menos assim:

No princípio dos tempos, no mesmo ato que criou todas as coisas, Deus compôs uma sinfonia espiritual chamada "Canção Nova" (dom). Para executá-la, fez surgir, de dentro dela, um "cacho de músicos" – uma orquestra (comunidade) – e um palco com muitos cenários (lugares, paisagens, templo, arquiteturas, mídia), também espirituais, dando a eles o mesmo nome. "Canção Nova" era uma obra musical de engenharia divina, pronta e acabada em natureza espiritual, destinada a tornar "corpo" na história dos homens, um dia. Quando chegou esse dia, Deus "corporificou" alguns músicos, parte da orquestra e parte do palco "espirituais" da sinfonia "Canção Nova". Nasceu "a Canção Nova": "os Canção Nova" (pessoas que portam o "dom Canção Nova"), "a Orquestra Canção Nova" (Comunidade de Vida) e "o palco Canção Nova" (lugares, paisagens, templo, arquiteturas, mídia). "A Canção Nova" carrega em si "Canção Nova" (uma "planta imaterial" em que estão previstas "matérias" já realizadas imaterialmente).

Mas, havia um pormenor: embora Deus-maestro houvesse concluído "Canção Nova" em "espírito", Ele decidira entregá-la à Sua orquestra em doses homeopáticas. De modo que, embora os Canção Nova tivessem sido criados somente para executá-la, não conheciam o que executariam. Pois o maestro escondia "Canção Nova" dentro do seu próprio coração e não revelava a ninguém. Ele anunciava Sinfonia Canção Nova à sua orquestra, mas nunca a revelava completamente: ia anunciando. Revelava-não-revelando. Os Canção Nova iam conhecendo a sinfonia conforme a descobriam com as sempre meias-revelações do maestro. Sinfonia Canção Nova era uma promessa que ia se cumprindo enquanto não se cumpria. E, também o inverso: não ia se cumprindo enquanto (quase) se cumpria.

Contudo, dentre todas as coisas que a Orquestra Canção Nova já descobrira, havia as três mais importantes. A primeira era que Sinfonia Canção Nova fora composta por Deus especialmente para que: a) a Sua orquestra a tocasse e a ouvisse; b) e para que a plateia de homens e mulheres no teatro da história dos homens somente a ouvisse. Entretanto, havia um pormenor: uns trechos sinfônicos não podiam ser tocados para a plateia porque haviam sido feitos pelo criador-maestro somente para que a Orquestra os ouvisse. Não adiantava a plateia querer saber mais do que era mostrado pelos músicos, porque, em primeiro lugar, nem mesmo eles conheciam o todo sinfônico, e, em segundo lugar, porque a parte que eles já conheciam e não mostravam, fora feita exatamente para não ser mostrada. Assim como Deus segredava a Sua Orquestra, Sua Orquestra segredaria a sua plateia. Deus-maestro anunciava a Sinfonia, mas não a revelava aos músicos, os quais, por sua vez, anunciavam a sinfonia à plateia, mas não a revelavam a esta. A plateia, se quisesse ouvir a Sinfonia Canção Nova, precisaria submeter-se ao ritmo de revelação do maestro e das descobertas dos músicos, aprendendo a ir descobrindo tal como os músicos iam descobrindo, deixando-se conduzir pela correnteza "espiritual" regida por Deus-maestro. Dessa maneira, os homens e mulheres do "mundo" iriam descobrindo a sinfonia conforme os músicos da Orquestra fossem descobrindo-a e a tocando.

A segunda coisa era que o criador-maestro criara Sinfonia Canção Nova porque tinha um plano: desejava que tanto os músicos quanto os homens e mulheres da plateia, também chamada "mundo", se convertessem quando ouvissem os ensinamentos divinos emitidos pelas melodias, harmonias e arranjos sinfônicos. "No mundo", estavam homens e mulheres que, em sua grande maioria, há muito tempo ouviam as músicas regidas pelo demônio e não por Deus. As músicas do demônio, apesar de serem aparentemente "novas", eram, na verdade, "velhas" porque defendiam o sexo antes do casamento, o uso de métodos contraceptivos, o aborto, o divórcio, o homossexualismo, o secularismo, o pluralismo, o relativismo, a diversidade religiosa, guerras, injustiça, individualismo, consumismo. Em compensação, as músicas regidas por Deus tocavam o "novo" verdadeiramente "novo": a santidade, a casti- dade, o exclusivismo religioso, a família aos moldes católicos, a "vida". Deus queria que a plateia ouvisse uma "nova" música em oposição à música "velha" regida pelo demônio. E por isso compôs Sinfonia Canção Nova: escutando a música "nova", os homens e mulheres ficariam "novos".

A terceira coisa foi que Deus-maestro tivera esse plano porque vislumbrava dois horizontes: primeiro, o dia em que Ele voltaria à história dos homens, encarnado na pessoa de seu filho, Jesus Cristo (segunda vinda de Cristo), para a inauguração do Reino da Música, e, segundo, o dia em que Ele, finalmente, acabaria de revelar Sinfonia Canção Nova. Os dois horizontes acontecerão no mesmo dia. Nesse dia – dizem –, homens e mulheres que tiverem preparado seus ouvidos com Sinfonia Canção Nova estarão aptos para viver num novo mundo onde tudo é música. Nesse dia, terá terminado o tempo dos silêncios, das faltas, do "quase", das pausas, das ausências, dos segredos, dos gerún- dios, das inacabadas descobertas, da imaginação, do "velho", do não-ser, da não-vida, e se instalará o tempo onde tudo é som, comunicação, presença, transparência, conhecimento, completude, "novo", Ser e vida. Nesse dia, será o "fim dos tempos velhos". Começo de tempos "novos". Os tempos que começarão serão tão "novos" quanto foram "novos" o tempo do princípio dos tempos, quando Deus e Suas criaturas viviam em harmonia e felicidade no paraíso terrestre, que foi perdido pelo pecado dos homens. Nesse dia, tudo voltará como era antes, no princípio. Então, todos dirão, em uníssono: "No princípio, era a música. E a música estava com Deus. E a música era Deus".

Todos os Canção Nova dizem que Deus-maestro está voltando. Há sinais disso: o demônio tem tocado músicas infernais, tentando abafar a música celestial para que os homens não a ouçam. A Orquestra Canção Nova e a Sinfonia Canção Nova durarão até o último dia do final dos tempos, a partir do qual começarão tempos "novos". A Orquestra Canção Nova foi criada exclusivamente para executar Sinfonia Canção Nova. Seu destino é ir descobrindo o que é "Canção Nova", para que, sempre não sendo "Canção Nova", seja "Canção Nova" que foi desde sempre. Essa descoberta se faz pela lembrança progressiva sobre o que "a Canção Nova" já é espiritualmente, desde o princípio dos tempos. Haverá "Orquestra" e "palco" "Canção Nova" até esse dia, pois sua missão acaba quando acaba a necessidade de preparação dos homens para a vinda da Música. Eles foram criados por Deus como passagem, como caminho entre o final dos tempos e o dia final. Eles são "meio", "entre", "quase". Estão num estado liminar, fronteiriço, na metade do caminho. Sempre "ainda não", o que conhecemos como "a Canção Nova" é uma sinfonia inacabada.

Rematando

O *Nossos documentos* narrava a existência da "Canção Nova", o substrato de uma história sagrada concluída em dimensão espiritual, com começo, meio e fim, criada singularmente por Deus para propósitos únicos no mundo dos homens, mas, paradoxalmente, *sempre-nunca* totalmente revelada por Ele e desvelada pelos homens. "Canção Nova", segundo dizia, era, antes de tudo, um "dom" (sinfonia), uma qualidade, uma essência, um adjetivo, uma não forma, invisível, oculta e a-histórica, que precedia, justificava e dirigia todas as formas históricas, materiais, objetivas, substantivas (orquestra e palco materiais) onde ela havia sido infundida por ação divina. Era "Canção Nova" – "imatéria" – quem comandava e prescrevia o que

Novas Leituras do Campo Religioso Brasileiro

"a Canção Nova" – matéria – seria neste mundo. Mas, o ponto crucial consistia que, paradoxalmente, em sua imaterialidade, "Canção Nova" continha latente a concretização de toda a materialidade que "a Canção Nova" manifestaria ao longo do tempo. Essa revelação da "cosmologia Canção Nova", apresentando novas semânticas para "Canção Nova", a meu ver, desafiava-me a rever as abordagens de "Canção Nova" anteriores. Em virtude da força objetiva, corporal, social e historicamente fenomênica que as configurações "da Canção Nova" nos comunicam, frequentemente as adotamos como palavras-chave de "Canção Nova" e pressupomo-nas como ponto de partida oportuno para imprimir análises para dentro e para fora das suas bordas. Entretanto, aquele discurso nativo, invertendo a lógica dominante a respeito da expressão "Canção Nova", sugeria-me a considerar sobre a "imatéria" "Canção Nova" para só depois entender a "matéria" que ela expressava. Quero dizer: sem ignorar as substantivizações "da Canção Nova", levava-me a percebê-las primeiramente como desdobramentos de um núcleo originário – "Canção Nova" – que as adjetivava; ou ainda, não me conduzia a pensar primeiro em "Canção Nova" como configurações materiais que possuem características, qualidades ou subjetividades, mas como características, qualidades ou subjetividades que possuem configurações materiais. Nesse caso, "Canção Nova" corresponderia a um atributo que oculta, em si mesmo, nomes, pessoas, faces, figuras, formas. Consistiria numa interioridade, num espírito (Duarte, 2004). Constituiria uma realidade ou universo incorpóreo, um mapa ou um projeto etéreo de engenharia divina, um "DNA espiritual", uma cosmologia, que, paradoxalmente, não sendo forma, estrutura, organização ou universo, contém, em si, a realização já completa das formas, estruturas e universos que conforma, condensa, materializa no decorrer da História. Nesse sentido, apoiar-me em classificações como estrutura subjetiva e estrutura objetiva não mais ajudavam na explicação de "Canção Nova". Pois "Canção Nova", por essa nova perspectiva, a princípio, não era uma estrutura – embora contivesse em si a consumação de estruturas; além do que o conteúdo subjetivo que havia em Canção Nova não era subjetivo porque se distinguia de instâncias objetivas, mas, justamente porque, atravessado por um enredo cosmológico, as abarcava.

E o que o *Nossos documentos*, fundamentalmente, me comunicava a propósito da imatéria "Canção Nova"? Comunicava-me segredos e duplo vínculos, atualizando, pela expressão literária, um panorama que antes havia experimentado etnograficamente. A começar pelo formato *sui generis* de sua redação. As informações e os elementos que explicavam "Canção Nova" – desde as suas origens até os princípios de vida comunitária e as estruturas físicas que ela nomeia – não haviam sido separados em capítulos específicos do livro. Eles irrompiam subitamente, numa ordem não linear, aparentemente aleatória e instável, desdobrando-se uns dentro de outros como milhos de pipoca que estouram, de repente, conforme vão sendo aquecidos. Era como se o escritor procurasse respeitar outra "lógica" narrativa ao imprimir sua cosmovisão religiosa, provavelmente – pelo que interpretei – a lógica do movimento imprevisível, imprevisto e cumulativo da revelação divina. A presença marcante de frases construídas com locuções verbais em gerúndio, do tipo "Deus ia nos dizendo pelos fatos" ou "nós íamos descobrindo", transmitiam-me uma ideia de devir, de ação em andamento, um processo ainda não finalizado de "Canção Nova", algo como um movimento ininterrupto de *ocultação-revelação-ocultação* de Deus, que se interrompia para continuar, incessantemente. Isso fazia do *Nossos documentos* um livro em aberto, sempre inacabado, aguardando novas revelações.

Acompanhando o caráter da escrita, seu conteúdo igualmente duplo vinculava mediante os pares de opostos revelação e ocultação. A sinfonia Canção Nova estava pronta e era prometida por Deus a sua orquestra Canção Nova que foi especialmente criada para executá-la, mas que, ao mesmo tempo, estava destinada a não alcançá-la, porque, para chegar até ela, era preciso descobrir, pela lembrança, o que ela sempre fora. A ideia é de um caminhar para frente e para trás, num balanço ambivalente contínuo e sistêmico. Como se, à moda de duplo vínculo, *movimentassem-não-movimentando* num *vai-não-vai* ou num *não-vai indo* ou um *vai-voltando*. Quem mantém essa *aproximação-não-aproximativa* é Deus, que, contraditoriamente, *revela-não-revelando* o que os Canção Nova precisam saber sobre si mesmos para existirem como "Canção Nova". Esse movimento circular fez-me lembrar dos mitos gregos em que o personagem, por um castigo dos deuses, é posto em uma situação em que está prestes a alcançar um objetivo, mas quando vai tocá-lo, ele escorrega de suas mãos. Estou pensando, por exemplo, no mito de Tântalo, sujeito que foi mergulhado até o pescoço num riacho e quando abaixava a cabeça para saciar sua sede, a água desaparecia (Bauman, 2001). Lembrei-me dos mitos gregos, mas, caberia antes o mito judaico-cristão da queda de Adão: Adão, depois que pecou, carregaria para sempre a marca do seu erro (pecado original) ao mesmo tempo em que carregava o desejo de retornar ao paraíso. A história de sinfonia Canção Nova não me remeteu logo ao mito da Queda de Adão, certamente, porque, diversamente dos mitos gregos, esse mito produzirá um desdobramento no contexto do cristianismo, em que "a Canção Nova" está inscrita, que quebrará a situação sem saída a que Deus condenara os homens: tempos depois da queda de Adão, o Criador, que é misericordioso, envia um "novo Adão" – Jesus Cristo, seu filho – para libertar os homens do pecado. A primeira vinda de Jesus Cristo não retira dos homens o seu pecado original nem lhes devolve ainda o paraíso terrestre, mas lhe dá a promessa, de que, um dia, ele voltará pela segunda vez para resgatar aqueles que, mesmo sendo pecadores, cumpriram seus mandamentos. Nesse dia, o paraíso perdido será resgatado. Quando li a sinfonia Canção Nova, vi nela uma característica circular como a dos mitos gregos ou como o mito da queda de Adão antes da encarnação de Jesus. Em seguida, atentando para o fato de que ela era um movimento católico, identifiquei que, junto da circularidade de sua história, havia a linearidade da história cristã e, em seu campo, o repertório religioso e doutrinário seguido pelo cristianismo católico. Era como se a sinfonia Canção Nova existisse simultânea e internamente ao mito judaico-cristão do Gênese (mito de origem) e ao cristão do Apocalipse (mito de futuro), e, ao mesmo tempo, fosse uma história independente. Era como se, cruzando a história sagrada cristã, houvesse uma história sagrada "da Canção Nova".

Penso que reorientar o olhar sobre "Canção Nova" a partir dessas semânticas nativas não muito cogitadas pelos analistas é uma aposta epistemológica. No meu caso, ela me levou a ressignificar as próprias análises que desenvolvi em pesquisas e estudos a respeito "da Canção Nova", de 1995 a 2008, e, antropologicamente falando, ensinou-me a duvidar dos caminhos teóricos e metodológicos mais seguros e consagrados como "bons para se pensar" "a Canção Nova" ou qualquer manifestação social e humana. O processo etnográfico em que me deixei "ser afetada" por "Canção Nova" e que me imergiu em experiências involuntárias, não intencionais, incompreensíveis, insuportáveis – para usar os termos de Favret-Saada (2005) –, tais como "sentir a presença de anjos" ou experimentar relações baseadas em duplos vínculos, resultou e causou, imprescindivelmente, esses entendimentos. Ao terminar o presente texto e após fazer uma revisão deste, fico tentada a dizer que ele, visto como um todo, segue a forma "Canção Nova" de se pensar. Pois, narrando a história de pesquisas que fiz a seu respeito ao longo do tempo, acabo com a impressão de que, progressivamente, *ir descobrindo* "Canção Nova" conforme ela *ia se descobrindo*, me fez *ir descobrindo* fazer antropologia.

Referências bibliográficas

ABIB, Jonas. *Canção Nova: Uma obra de Deus – Nossa história, identidade e missão.* São Paulo, SP: Loyola, 2000.

AMARAL, Leila. *Carnaval da alma: comunidade, essência e sincretismo na Nova Era.* Petrópolis-RJ: Vozes, 2000.

BATESON, Gregory; JACKSON, D.D.; HALEY, J. AND WEAKLAND, J.H.: Toward a Theory of Schizophrenia. Em: *Double Bind. The Foundation of the Communicational Approach to the Family.* New York: Grunne & Stratton, 1985.

BAUMAN, Zigmunt. *Comunidade: a busca por segurança no mundo.* Atual. Rio de Janeiro: Jorge Zahar Editor, 2003.

BENEDETTI, Luiz. *Templo, praça, coração: a articulação do campo religioso católico.* Tese de doutorado em Sociologia, USP, São Paulo,1988.

BRAGA, Antônio Mendes da Costa. TV Católica Canção Nova: Providência e Compromisso X Mercado e Consumismo. *Religião & Sociedade*, Rio de Janeiro - RJ, vol. 24, n. 1, pp. 113-123, 2004.

CAMURÇA, Marcelo. A Nova Era diante do cristianismo histórico: interlocutor ou objeto de estudo? *Atualidade em debate*, caderno 50. Rio de Janeiro: IBRADES, 1997.

CARRANZA, Brenda. *Renovação carismática: origens, mudanças e tendências.* Aparecida do Norte, SP: Editora Santuário, 2000.

CLIFFORD, James. *A experiência etnográfica*: antropologia e literatura no século XX, 2ª edição, Rio de Janeiro: Editora UFRJ, 2002.

COMUNIDADE CANÇÃO NOVA. *Nossos documentos*, São Paulo: Ed. Canção Nova, 2002.

DA MATTA. O ofício do etnógrafo ou como ter anthropological blues. *A aventura sociológica*. Rio de Janeiro: Jorge Zahar, 1978.

D'ANDREA, Anthony. *O Self Perfeito e a Nova Era: individualismo e reflexividade em religiosidades pós-tradicionais.* São Paulo: Loyola, 2000.

DUARTE, Luiz Fernando Dias. A pulsão romântica nas ciências humanas no ocidente. RBCS, São Paulo: Anpocs, vol. 19, n. 55, pp. 5-18, 2004.

FAVRET-SAADA, Jeanne. Ser afetado. Cadernos de Campo, São Paulo, ano 14, n. 13, pp. 155-161, 2005.

GEERTZ, Clifford. *Negara: o Estado teatral no século XIX.* Lisboa: Difel/Rio de Janeiro: Bertrand, 1991.

GOLDMAN, Márcio. Os tambores dos mortos e os tambores dos vivos. Etnografia, antropologia e política em Ilhéus, Bahia. Revista de Antropologia, vol. 46 n. 2, São Paulo, 2003.

_____. Jeanne Favret-Saada, os afetos, a etnografia. Em: *Cadernos de Campo 13*, Ano 14, USP, 2005.

GUBER, Rosana. *La etnografia. Método, campo y reflexividad.* Buenos Aires: Editorial Norma, 2001.

MACHADO & MARIZ, Cecília. Mudanças recentes no campo religioso brasileiro. Revista Antropolítica: UFF, 1998.

MAUSS, Marcel. A noção de Pessoa e a noção do Eu. Em: *Antropologia e sociologia*, 1974.

MIRANDA, Júlia. Carisma, Sociedade e Política: Novas linguagens do religioso e do político. Rio de Janeiro: Relume Dumará: Núcleo de Antropologia Política, 1999.

OLIVEIRA, Eliane Martins de. Sinfonia Inacabada: segredo, imaginação e a Comunidade de Vida Canção Nova. Tese de doutorado em Ciências Sociais, UFRRJ, Rio de Janeiro, 2008.

_____. *O mergulho no Espírito de Deus: diálogos (im)possíveis entre a Nova Era e a Renovação Carismática Católica na Comunidade de Vida no Espírito Canção Nova.* Dissertação de mestrado em Ciências Sociais, UERJ, Rio de Janeiro, 2003.

OLIVEIRA, Pedro R.; BOFF, Leonardo. *Renovação Carismática Católica: uma análise sociológica.* Rio de Janeiro: Editora Vozes, 1978.

PRANDI, Reginaldo. *Um sopro do espírito: a renovação conservadora do catolicismo.* São Paulo: EDUSP/ FAPESP, 1997.

SILVEIRA, Emerson Scna. *Tradição e modernidade na Renovação Carismática Católica: um estudo dos rituais, subjetividades e mito de origem.* Dissertação de mestrado em Ciência da Religião, UFJF, Juiz de Fora, 2000.

SIMMEL, Georg. O segredo. Tradução: Simone Carneiro Maldonado. Revista Política e Trabalho. PPGS: UFP: <www.geocities.com/ptreview/15-simmel.html>, 1999.

SOFIATI, Flávio. *Religião e Juventude: os novos carismáticos*. Ideias & Letras, São Paulo, 2011.

VELHO, Otávio. Epistrophê: Do Duplo Vínculo às Antinomias e de Volta, Rever, São Paulo, 2007.

VIVEIROS DE CASTRO, Eduardo. O nativo relativo, *Mana*, n. 8 (1), pp. 113-148, 2002.

WEBER, Max. *Ensaios de sociologia*. Rio de Janeiro: Livros Técnicos e Científicos Editora S.A., 1982.

ZENOBI, Diego. O antropólogo como 'espião': das acusações públicas à construção das perspectivas nativas. Em: Mana, n. 16 (2), pp. 471-499, 2010.

5 - Um balanço do catolicismo carismático

André Ricardo de Souza

Idealizado inicialmente para tratar do heterogêneo cristianismo brasileiro, este capítulo aborda apenas uma parcela desse panorama: a Renovação Carismática Católica. O texto apresenta aspectos da sua trajetória e também discute o sentido sociológico do seu crescimento. Aponta, portanto, as feições que o movimento adquiriu e as respectivas implicações eclesiais e políticas. Embora não tenha conseguido conter a acentuada diminuição do rebanho da Igreja, a RCC segue como o principal fenômeno católico neste início de século.

Eu deveria escrever para esta coletânea um capítulo sobre o heterogêneo panorama do cristianismo no Brasil, mas um grande revés[1] me impediu de cumprir esse propósito inicial, por isso trato aqui da Renovação Carismática Católica – (RCC). Ela é uma das facetas do cristianismo brasileiro, objeto que venho pesquisando desde 2011 com o apoio da Fundação de Amparo à Pesquisa do Estado de São Paulo. A RCC é a vertente católica mais visível, robusta e também contundente das duas últimas décadas.[2] Esse "pentecostalismo romano" foi apontado como alternativa da Igreja para fazer frente ao intenso crescimento evangélico que tem se dado no país. Conforme os censos demográficos, a cifra de católicos reduziu em 1980 a 89,9% e chegou a

---

1 Adoecimento e falecimento do meu pai, Aníbal Hilário de Souza, a quem dedico este trabalho.
2 O termo *Renovação Carismática* tem estado presente também no meio de igrejas protestantes de missão ou históricas, designando um processo de "pentecostalização" parcial delas.

64,6% em 2010. Já os evangélicos, que eram 6,6% na década de 1980, alcançaram o patamar de 22,2% no último recenseamento. Os números explicitam o fato de o suposto instrumento católico de recuperação do rebanho perdido ter sido de fato incapaz de cumprir seu papel. Por outro lado, talvez se possa dizer que sem ele a quantidade de católicos teria diminuído ainda mais, algo que não se pode aferir.

Neste texto, trato do desenvolvimento do catolicismo carismático em suas diversas frentes, com destaque para as dimensões: midiática e política. Retomo aqui aspectos de pesquisas por mim feitas e também apresento alguns dados do atual projeto investigativo que conduzo. Eis a minha parte no considerável painel de contribuições analíticas de diferentes cientistas sociais da religião que constitui este livro.

Origem e desenvolvimento da RCC

O catolicismo é permeado por movimentos internos que surgem em determinadas circunstâncias, por iniciativa de lideranças inspiradas e também como resposta à necessidade de mudanças na igreja diante de alterações na sociedade abrangente. "Nas décadas de 1940 e 1950, a Ação Católica impulsionou novas formas de 'apostolado' traduzidas em movimentos específicos, como a Juventude Universitária Católica (JUC), Juventude Operária Católica (JOC)". Após o Concílio Vaticano II (1962-1965), um chamamento ainda maior para as questões sociais levaria ao desenvolvimento na América Latina da Teologia da Libertação. Essa corrente, cujos pilares são as Comunidades Eclesiais de Base (CEBs) e as pastorais sociais, exerceria papel significativo na resistência às ditaduras militares, num contexto em que a igreja representava quase o único abrigo possível aos militantes esquerdistas. O catolicismo foi o celeiro de várias lideranças de sindicatos, movimentos sociais e partidos políticos.

Outros movimentos católicos se desenvolveram após o Concílio, mas um especificamente viria a ganhar importância: a Renovação Carismática Católica. Sua origem foi em 1967, em Pittsburgh, Estados Unidos, quando um grupo de leigos católicos do corpo docente da Universidade Dusquene reuniu-se em retiro espiritual para uma reflexão sobre sua vida religiosa. Alguns participantes tinham contato com grupos evangélicos nascidos no chamado avivamento protestante, que mobilizou a juventude norte-americana em busca de uma espiritualidade maior nas décadas de 1950 e 1960 (Mendonça, 1984). Conta-se que durante tal retiro o grupo experimentou a presença do Espírito Santo, com o falar em línguas estranhas e o recebimento do dom da profecia, tal como ocorrido no episódio bíblico de Pentecostes, narrado no livro *Atos dos Apóstolos*. Dali em diante aqueles católicos se juntariam com outros mais para viver aquela experiência de êxtase espiritual, vindo a compor o movimento internacional da Renovação Carismática Católica. Ela chegou ao Brasil entre 1969 e 1970, trazida pelos padres jesuítas estadunidenses, Haroldo Joseph Rahm e Edward John Dougherty à cidade paulista de Campinas. Num "sopro do Espírito", a RCC se espalhou, chegando em 1994 ao montante de 3,8 milhões de adeptos (Prandi, 1997).

A RCC é originalmente um movimento de leigos, iniciado e liderado por eles. Os leigos detêm cargos de coordenação em âmbitos paroquial, diocesano, regional e nacional. São eles que coordenam os grupos de oração, que são as células dessa vertente católica. Eles também organizam os encontros, seminários e congressos que reúnem membros de vários grupos de oração. Mas o clero sempre teve um papel importante na vida carismática católica. Bispos e padres são assessores, coordenadores adjuntos e responsáveis pelo movimento perante a Igreja. Ou seja, de algum modo, sempre houve tutela do clero. Os grupos de oração se reúnem semanalmente. Além dessas reuniões, ocorrem sistematicamente congressos e grandes celebrações anuais em ginásios poliesportivos e estádios de futebol. Nos encontros carismáticos, é comum ocorrer a glossolalia, oração em línguas desconhecidas. Essa é sua maior semelhança com o pentecostalismo evangélico. Uma diferença essencial entre a média dos pentecostais e a dos carismáticos católicos é o fato de estes serem essencialmente de classe média, com escolaridade mais elevada que aqueles.

O crescimento da RCC significou efetivamente um processo de reação católica para dentro, contrário à Teologia da Libertação, praticada pelas CEBs e as pastorais sociais, e para fora, em resposta ao avanço da concorrência religiosa, imposta sobremaneira pelo pentecostalismo (Prandi & Souza, 1996; Prandi, 1997). Na prática, o catolicismo reconheceu a disputa com outras vertentes religiosas e passou a impulsionar um instrumento próprio de reação, ou pelo menos de certa resistência. À medida que os pentecostais ganharam terreno, tornou-se legítima a atuação proselitista da RCC, a fim de reafirmar a identidade católica. Dessa postura surgiu o *slogan* "Sou feliz porque sou católico" e organizações promotoras de feiras e outras atividades de *marketing* católico.[3]

Nos anos de 1990, o neopentecostalismo liderado pela Igreja Universal do Reino de Deus provocou relevantes inovações no espectro religioso brasileiro, como a inserção na mídia televisiva, a ostensiva prática político--partidária e a organização racional com traços empresariais. Houve de fato uma considerável adaptação do pentecostalismo à vida cotidiana nas grandes cidades contemporâneas, sobretudo nas metrópoles (Campos, 1997; Fonseca, 2002; Oro, 2003). Para um potencial adepto, em busca de soluções rápidas (mágicas) para seus problemas – com destaque para o desemprego e a escassez de dinheiro – essa nova forma de ser igreja acabou desenvolvendo um serviço religioso apropriado. As denominações neopentecostais se empenham na oferta de seu serviço religioso nos templos e por meio de seus veículos de comunicação, por várias horas do dia e sempre com uma mensagem simples, direta e provocante.

A RCC é, sem dúvida, o instrumento eleito pela igreja como um "trunfo" para buscar o reavivamento do catolicismo. Esse movimento tem sido efetivamente abraçado como projeto principal em muitas dioceses do país. Antes, nas décadas de 1970 e 1980, ele enfrentava resistências do clero conservador, bem como da ala progressista, afinada com a Teologia da Libertação. Com as mudanças ocorridas no episcopado brasileiro – nomeação de bispos simpatizantes ou adeptos do catolicismo carismático e aposentadoria ou transferência para dioceses menos importantes do episcopado contrário – a RCC vem crescendo e fortalecendo sua estrutura no interior da Igreja Católica. O movimento hoje apresenta diversas facetas e tendências, ora enfatizando um aspecto, ora outro.

Diante da crescente evasão de católicos em face do crescimento pentecostal, sobretudo nos anos de 1980 e 1990, o fortalecimento da RCC representou a busca explícita de uma resposta. O movimento cresceu e ganhou reconhecimento da Igreja, pois supostamente traria de volta à "Santa Madre" os filhos que andavam indiferentes. A cúpula católica, entretanto, temia que a RCC provocasse um cisma, o surgimento de uma

---

3 Destacam-se: o Instituto Brasileiro de *Marketing* Católico (IBMC), realizador de congressos e *workshops* sobre *marketing* religioso e a empresa PROMOCAT, promotora da feira anual de produtos devocionais Expocatólica.

igreja independente. Estabeleceu, portanto, normas restritivas, inscritas no Documento n. 53 da CNBB, *Orientações Pastorais sobre a Renovação Carismática Católica*, de 1994. A publicação advertia sobre os supostos excessos cometidos pelo movimento, quais sejam: as curas milagrosas frequentes, o chamado repouso no Espírito (desmaio de êxtase), o exagero na oração em línguas estranhas, o exorcismo e as profecias. No fundo, a intenção era manter a identidade católica, posto que essas práticas mencionadas são próprias das denominações pentecostais. O movimento carismático teve de conviver com as diretrizes normativas, mas continuou avançando, tendo como trunfo um traço profundamente católico: a devoção a Maria, mãe de Jesus Cristo, manifestada na reza fervorosa do terço (Beinert, 1980). O culto ao Santíssimo Sacramento também tem presença marcante. Outra marca católica é a obediência ao papa e aos bispos.

Feições carismáticas

A Associação do Senhor Jesus (ASJ) tem o pioneiro padre Eduardo Dougherty como seu presidente. Suas atividades tiveram início em 1979 numa garagem de 50m^2 de uma paróquia de Campinas com a venda de livros da RCC. Em 1983, a ASJ partiu para uma empreitada maior: a produção do programa de televisão "Anunciamos Jesus". O programa começou a ser gravado na Pontifícia Universidade Católica de Campinas, contando com o apoio do Videocentro dos Salesianos de Belo Horizonte, da Junta de Rádio e TV dos batistas e da local TV Princesa, sendo depois transmitido pelas TVs Gazeta, Bandeirantes e Record para 60% do território nacional.[4] Em 1995, o programa passou a ser apresentado pela Rede Vida de Televisão, sendo por quatro anos a principal atração da emissora.

Além do clube de contribuintes, o videocentro do padre Dougherty contou com um forte apoio estrangeiro, oriundo de duas fontes. A primeira é o centro católico carismático norte-americano de Dallas, de onde vieram equipamentos sofisticados em 1985. A outra é a rica família holandesa Brenninkmeyer, proprietária da cadeia de lojas de confecções C&A,

---

4   No XI Encontro Carismático Católico Latino-americano, ocorrido em San José da Costa Rica em 1985, foi criada a *Lúmen-América* – entidade dedicada a publicações, rádio e, principalmente, televisão – que passou a funcionar junto ao Centro Carismático Latino-americano em Bogotá, Colômbia. Padre Dougherty foi designado assessor daquela empreitada. No mesmo encontro, decidiu-se que o principal programa televisivo carismático seria justamente "Anunciamos Jesus" (Assmann, 1986, pp. 87-88).

presente em vários países. Entusiastas da RCC, esses empresários deram considerável suporte financeiro para a ASJ (Assmann, 1986, pp. 89-93; Benedetti, 2000; Carranza, 2000, p. 253).

Com tal apoio, padre Dougherty montou o Centro de Produção Século 21 no município paulista de Valinhos, próximo de Campinas,[5] contando com quatro grandes estúdios de TV e uma cidade cenográfica numa área de 75 mil m^2 ao todo. Naquele centro, foram gravados diversos programas televisivos, com destaque para as telenovelas, levadas para outros países.[6] Daquele centro de produção audiovisual surgiu em 1999 a TV Século 21. Além da emissora, a ASJ conta com uma distribuidora de CDs e DVDs, uma loja virtual e uma publicação mensal, a revista *Brasil Cristão*, distribuída a seus sócios. A ASJ segue fazendo o trabalho de captação de recursos, diversificando sua produção.

Outro líder da RCC no Brasil, e também empreendedor, é o padre Jonas Abib, coordenador da Canção Nova, iniciada em 1978. Trata-se de uma das "Comunidades de Aliança e Vida no Espírito Santo", que constituem na prática grupos de oração carismáticos bastante ampliados, compostos por pessoas que se reúnem para louvor e dedicação a obras sociais. Entre seus membros, alguns procuram uma espécie de consagração religiosa, passando a compartilhar finanças, bem como a residir juntas, formando então uma "comunidade de vida". Esses leigos consagrados e os demais, que permanecem morando com seus familiares e mantendo autonomia econômica, compõem a "comunidade de aliança".[7] Surgida no município paulista de Queluz, a Canção Nova do padre Abib se fixou em Cachoeira Paulista, no Vale do Paraíba, região que tornou-se um foco de peregrinação católica graças a essa comunidade, bem como ao Santuário Nacional de Aparecida e à Igreja de Frei Galvão em Guaratinguetá.

A Canção Nova está presente em várias cidades brasileiras e em países como Portugal, Itália, França, Estados Unidos e Israel (Oliveira, 2004;

---

5   Também no "polo carismático campineiro", viria a ser criada em 1994, pelo padre Roberto José Lettieri, a Fraternidade Toca de Assis, uma confraria carismática que vem crescendo e se espalhando mediante a aglutinação de jovens para fazer trabalho pastoral diretamente com moradores de rua, como faziam os pioneiros franciscanos.

6   A mais conhecida foi "Irmã Catarina", que lançou nesse universo de mídia católica a ex-atriz da TV Globo e carismática fervorosa, Myriam Rios. Por intermédio do apoio da Lumem 2000, a ASJ conseguiu levar suas produções até a Índia, Rússia e outros países do Leste Europeu (Carranza, 2000, 258).

7   O Vaticano reconhece essas confrarias religiosas como "comunidades novas". Outra comunidade desse tipo, que se destaca no Brasil e também tem identidade carismática, é a Shalom, iniciada em Fortaleza em 1985 (Mariz, 2005, Carranza *et al.*, 2009).

Braga, 2004). Em 1989, foi constituída a TVCN (TV Canção Nova). O renomado publicitário Nizan Guanaes prestou seus serviços para a Canção Nova em 2003, contribuindo com o processo de expansão da malha de retransmissoras. Atualmente, essa rede atinge mais de quinhentos municípios em todas as unidades federativas do país. Pelo sistema DTH de TV a cabo, a TVCN consegue chegar também a alguns países da América Latina, Europa e África.

Diferente da TV Século 21, na TVCN não ocorrem inserções publicitárias outras que não da própria organização de mídia e *marketing* Canção Nova, como vídeos, CDs, livros e outros produtos. Ou seja, sua sustentação financeira se deve exclusivamente à venda desses artigos e à contribuição permanente de seus sócios-telespectadores. Outra fonte de receita são os eventos, tais como *shows*, festivais musicais e o já tradicional "Acampamento de Jesus". Tais atividades são destacadamente voltadas para o público jovem (Sofiati, 2011).

Outro importante meio de propagação do catolicismo carismático é a Rede Vida, principal empreendimento televisivo da igreja no Brasil, dado o aval de várias dioceses. Ela decorre do empenho do jornalista e empresário João Monteiro de Barros Filho e de sua família, após 20 anos de experiência à frente de jornais, estações de rádio e uma emissora de televisão (TV Independente), na região de São José do Rio Preto. A emissora foi instalada na cidade de Rio Preto em um prédio com 3 mil m², entrando no ar em 1995 (Faccio, 1998, p. 80; Mariz, 1998; Souza, 2005, pp. 112-113).

A visita do papa João Paulo II ao Brasil em 1997 foi fundamental para a emissora, pois lhe possibilitou obter significativos patrocinadores e, consequentemente, completar seu projeto de instalação. A "bênção do pontífice" fez que muitas dioceses iniciassem o processo de instalação de retransmissoras, de modo que elas se espalharam por todas as unidades federativas. No mesmo ano, a televisão de Monteiro de Barros ganhou outros dois impulsos: a aquisição de um potente retransmissor – capaz de levar sua imagem com melhor qualidade para a região metropolitana de São Paulo – e a projeção nacional de uma de suas atrações: padre Marcelo Rossi.

Esse sacerdote cantor se tornou conhecido por meio de suas missas dançantes no Santuário do Terço Bizantino – Diocese de Santo Amaro, zona sul paulistana – e também apresentando programas em rádio e na Rede Vida. A gravação de CDs, filmes e também a participação em programas de emissoras comerciais aumentaram sua popularidade. O bispo daquela diocese, que é outro líder nacional da RCC, dom Fernando Antônio Figueiredo, passou a integrar o conselho superior da rede televisiva da família Monteiro de Barros, acompanhando também ali o trabalho de seu famoso auxiliar.

Padre Marcelo Rossi advém de um grupo de oração carismático e graças, entre outras coisas, à sua mensagem moralizante, a mídia em geral costuma vinculá-lo a esse movimento católico, ainda que ele não se defina como integrante. Reiteradamente, Rossi nega sua ligação com a RCC e, de fato, não tem presença garantida em eventos do movimento, tais como congressos e feiras, pois adquiriu certa "luz própria". Com todo o aparato constituído para si e o espaço obtido na mídia profana, Marcelo Rossi vem conduzindo um submovimento ao redor de si próprio. Ele é o protagonista de uma *renovação popularizadora católica*.[8] Depois de aparecer muitas vezes em programas televisivos de elevada audiência, protagonizar filmes, vender milhões de CDs e livros, Marcelo Rossi conduz uma campanha que propiciou a construção de um grande templo no bairro paulistano de Interlagos. Construído num terreno de 30 mil m², o Santuário Theothókos (Mãe de Deus) pode receber cem mil pessoas, pouco mais que o dobro da capacidade do Santuário Nacional de Aparecida, tornando-se, portanto, o maior templo católico do país.

Vida político-partidária

Originalmente, o movimento carismático católico foi muito identificado com o Partido da Social Democracia Brasileira (PSDB), tendo seus adeptos votado maciçamente em Fernando Henrique Cardoso nas eleições presidenciais de 1994 (Pieruci & Prandi, 1995). O primeiro parlamentar tucano a se projetar com essa identidade religiosa foi Salvador Zimbaldi Filho, eleito vereador por Campinas em 1992, com o apoio da ASJ do padre Eduardo Dougherty. Dois anos depois, tornar-se-ia deputado federal. Com respaldo também da Canção Nova do padre Jonas Abib, ele se reelegeria duas vezes, tornando-se o principal representante em Brasília dessas duas organizações.

---

8   A *popularização* aqui tem sentido oposto ao da "pedagogia popular" defendida pelos adeptos da Teologia da Libertação, pois em vez de politização de esquerda, a mensagem de Rossi volta-se para a vivência individual e emotiva da chamada espiritualidade, buscando atingir um público mais amplo que aquele dos grupos de oração carismáticos (Souza, 2005).

Novas Leituras do Campo Religioso Brasileiro

Em 2006, já no Partido Socialista Brasileiro (PSB), Zimbaldi foi apontado como um dos parlamentares envolvidos no "escândalo das sangues-sugas". Uma emenda parlamentar sua foi apresentada para obtenção de uma ambulância para a Canção Nova, que por sua vez, ao vê-lo denunciado, não mais lhe deu sustentação. Em razão do escândalo e do fim do apoio desta e também de outras entidades carismáticas, Salvador Zimbaldi não conseguiu se reeleger. Voltaria ao congresso em 2011, desta vez filiado ao PDT.[9]

Mas o principal político carismático católico é Gabriel Chalita. Nascido e criado em Cachoeira Paulista, Chalita é amigo pessoal de Jonas Abib, tendo sido apresentador de programas de rádio e TV na Canção Nova. Ele afirma que sua vocação política foi despertada enquanto era seminarista salesiano no município vizinho de Lorena. Em 1988, aos 19 anos, disputou com sucesso a eleição para vereador e tornou-se presidente da Câmara Municipal do seu município natal. Ao término de seu mandato, seguiu participando de algumas ONGs (entidades sem fins lucrativos) e dedicando-se à sua formação acadêmica.[10]

Depois de dirigir colégios tradicionais de São Paulo e lecionar em algumas faculdades privadas pequenas, Chalita tornou-se professor da Universidade Mackenzie e da PUC-SP. Considerado um "rapaz prodígio", publicou mais de quarenta livros sobre temas bastante diversificados, incluindo autoajuda. É também autor de CDs. A editora e a gravadora da Canção Nova são os principais meios de difusão do trabalho de Chalita.

Em 2001, ele foi nomeado titular da Secretaria de Estado da Juventude pelo governador Geraldo Alckmin. No ano seguinte, assumiu a pasta da Educação e deu especial atenção às demandas da Canção Nova. Deixou a Secretaria de Educação em março de 2006, quando Alckmin se desligou do cargo para concorrer à Presidência da República, passando então a apoiá-lo na campanha eleitoral e também a proferir palestras remuneradas. Derrotado por Lula, Alckmin se lançou candidato a prefeito de São Paulo em 2008 e convidou seu afilhado político para ser o candidato "puxador de votos" à câmara paulistana.[11] Em setembro do mesmo ano, Chalita foi

---

9 Outra legenda que tem atraído carismáticos católicos é o Partido Humanista da Solidariedade (PHS), sendo um deles Miguel Martini, que disputou, sem sucesso, o senado em Minas Gerais, após ter sido deputado estadual e federal pelo PSDB.

10 É formado em Filosofia pela Faculdade Salesiana de Lorena, mestre em Direito e em Ciências Sociais pela PUC-SP, além de doutor em Direito e Comunicação e semiótica pela mesma instituição.

11 Foi indicado, a despeito das críticas que recebera, por sua atuação na Secretaria da Educação – inclusive de sua antecessora e suas sucessoras, também do PSDB – em função do baixo desempenho

alvo de algumas denúncias,[12] mas acabou sendo o vereador mais votado do país com 102 mil votos.

Mesmo com uma atuação discreta na câmara paulistana, o então tucano alimentou sua candidatura ao Senado. Por não ter vaga no PSDB para tal investida eleitoral, além da forte aversão ao colega partidário, governador paulista e pré-candidato à Presidência da República, José Serra, Gabriel Chalita trocou aquele partido pelo PSB. Em 2010, ele deu um importante apoio à candidatura presidencial de Dilma Roussef, inclusive a acompanhando em missa no Santuário de Aparecida, em resposta às acusações tucanas de que ela seria defensora do aborto, portanto, "contrária à vida". Prosseguindo sua escalada política, Chalita migrou para o Partido da Mobilização Democrática Brasileira (PMDB), tornando-se o terceiro candidato mais votado à Prefeitura de São Paulo em 2012 e dando importante apoio para a vitória do petista Fernando Haddad. Por esse apoio dado, chegou a ser cotado para assumir o Ministério de Ciência e Tecnologia no governo de Dilma Rousseff, mas acusações de variação ilegal de seu patrimônio impediram tal conquista.

Considerações finais

Como se vê, o movimento carismático católico é dinâmico e multi-facetado, com significativa inserção midiática e política. Trata-se da face católica brasileira mais visível atualmente. Com significativas semelhanças ao pentecostalismo evangélico, a RCC surgiu e cresceu efetivamente como uma resposta católica à concorrência religiosa. Com essa peculiaridade, ela ganhou apoio de grande parte do episcopado brasileiro, fazendo frente também ao catolicismo politizado de esquerda da Teologia da Libertação.

Embora sem apoio claro de Bento XVI e também de seu sucessor, o papa Francisco, esse movimento católico não enfrenta resistências do Vaticano que repercutam nos países como o Brasil. Indivíduos com desenvoltura comunicativa, como Marcelo Rossi e Gabriel Chalita, tiveram sua formação e projeção graças ao catolicismo carismático. Outras vedetes e lideranças, mais estritamente religiosas ou então políticas, poderão surgir nesse meio específico do cristianismo brasileiro.

---

escolar dos alunos paulistas.

12 Foram acusações referentes à compra indevida de antenas parabólicas pela Secretaria da Educação chefiada por ele e à não declaração, junto à Receita Federal, de uma editora registrada no nome dele (*Folha de São Paulo*, 6/9/2008 e 10/9/2008; *O Estado de São Paulo*, 12/9/2008).

Referências bibliográficas

ASSMANN, Hugo. *A igreja eletrônica e seu impacto na América Latina.* Petrópolis: Vozes, 1986.

BEINERT, Wolf. (Org.). *O culto a Maria hoje.* São Paulo: Paulinas, 1980.

BENEDETTI, Luiz. Roberto. *Templo, praça, coração: a articulação do campo religioso católico.* São Paulo: Humanitas e FAPESP, 2000.

BRAGA, Antônio Mendes da Costa. TV Católica Canção Nova: "providência e compromisso" X "mercado e consumismo". *Religião & Sociedade,* Rio de Janeiro, Iser, v. 24, n. 1, out. pp. 113-123, 2004.

CAMPOS, Leonildo Silveira. *Teatro, templo e mercado: organização e marketing de um empreendimento neopentecostal.* Petrópolis: Vozes; São Paulo: Simpósio Editora e UMESP, 1997.

CARRANZA, Brenda. *Renovação carismática: origens, mudanças e tendências.* 2ª ed. Aparecida: Santuário, 2000.

CARRANZA, Brenda; MARIZ, Cecília; CAMURÇA, Marcelo. 2009. *Novas comunidades católicas: em busca do espaço pós-moderno.* Aparecida: Ideias & Letras, 2009.

_____. CNBB. *Renovação Carismática Católica: dados históricos.* Documento 19 da 32ª Assembleia Geral. Itaici, 13 a 22 de abril, 1994a.

_____. *Orientações pastorais sobre a Renovação Carismática Católica.* Documento 53 da 34ª Reunião Ordinária do Conselho Permanente. Brasília, 22 a 25 de novembro, 1994b.

FACCIO, Maria da Penha Rocha. *Religião na TV: estudo de casos de redes brasileiras.* Dissertação de mestrado em comunicação e semiótica. São Paulo: PUC-SP, 1998.

FONSECA, Alexandre Brasil C. *Secularização, pluralismo religioso e democracia no Brasil: um estudo sobre a participação dos principais atores evangélicos na política (1998-2001).* Tese de doutorado em sociologia, São Paulo: USP, 2002.

MARIZ, Cecília Loreto. A Rede Vida: o catolicismo na TV. *Cadernos de Antropologia e Imagem.* Rio de Janeiro, v. 7, n. 20, pp. 41-51, 1998.

_____. Comunidades de vida no Espírito Santo: um novo modelo de família? *Em:* DUARTE, Luis Fernando; HEILBORN, Maria Luiza; BARROS, Myriam Lins de. (Org.). *Família e religião*. Rio de Janeiro Contra Capa, 2005.

MENDONÇA, Antônio Gouvêa. *O celeste porvir: a inserção do protestantismo no Brasil*. São Paulo, Paulinas, 1984.

OLIVEIRA, Eliane Martins. O mergulho no Espírito Santo: interfaces entre o catolicismo carismático e a Nova Era (o caso da comunidade de vida no Espírito Santo Canção Nova). *Religião & Sociedade*. Rio de Janeiro: Iser, n. 24 (1), pp. 85-112, 2004.

ORO, Ari Pedro. A política da Igreja Universal e seus reflexos nos campos religioso e político brasileiros. *Revista Brasileira de Ciências Sociais*. v. 18, n. 53, pp. 53-69, 2003.

PIERUCCI, Antônio Flávio & PRANDI, Reginaldo. Religiões e voto no Brasil: A eleição presidencial de 1994. *Opinião Pública*, v. 3, n. 1, pp. 20-44, 1995.

PRANDI, Reginaldo & SOUZA, André Ricardo de. 1996. A carismática despolitização da Igreja Católica. Em: PIERUCCI, Antônio Flávio, & PRANDI, Reginaldo. *A realidade social das religiões no Brasil*. São Paulo: Hucitec.

PRANDI, Reginaldo. *Um sopro do espírito: a renovação conversadora do catolicismo carismático*. São Paulo: EDUSP e FAPESP, 1997.

REIS, Marcos Vinícius de Freitas. *Política e religião: o envolvimento dos católicos carismáticos na política brasileira*. Dissertação de mestrado em ciência política. São Carlos: UFSCar, 2001.

SILVEIRA, Emerson José Sena da. Terços, "santinhos" e versículos: a relação entre católicos carismáticos e a política. *REVER – Revista de Estudos da Religião*. São Paulo: PUC, v. 8, n. 3, pp. 54-74, 2008.

SOFIATI, Flávio Munhoz. *Religião e juventude: os novos carismáticos*. Aparecida-SP: Ideias & Letras, 2011.

SOUZA, André Ricardo de. *Igreja in concert: padres cantores, mídia e marketing*. São Paulo: Annablume e FAPESP, 2005.

Parte II

*Campo religioso,
minorias e evangelicismos*

6 – O campo religioso brasileiro em suas configurações

Emerson Giumbelli

O texto pretende sintetizar traços e percursos de pesquisas dedicadas a diferentes aspectos do campo religioso no Brasil. De início, a própria noção de "campo" será objeto de reflexão, a fim de que se precise os marcos teóricos que orientam certas análises históricas e empíricas. A seguir, o foco será dirigido à noção de configuração do campo religioso – sobretudo, a divisão entre segmentos católicos, evangélicos e mediúnicos – com ênfase sobre a dimensão institucional. Alguns tópicos procurarão aprofundar e precisar uma abordagem preocupada, para refletir sobre as configurações de um campo, com as relações entre religião, sociedade e Estado.

A presento minhas reflexões acerca do uso da noção de campo religioso brasileiro em duas partes. Na primeira, procuro fazer um relato de meu trajeto enquanto pesquisador, considerando a sucessão de engajamentos e de temas pelos quais passa meu envolvimento com aquela noção. Na segunda, busco discutir e sistematizar algumas das questões que formam o espectro que orienta minha abordagem do campo religioso brasileiro. Nelas se destacam a tentativa de compreender as configurações de diversidade que constituem esse campo, assim como as relações que se definem e redefinem entre Estado, sociedade e religião.

Trajeto

O relato de alguns trechos de meu percurso como pesquisador pretende ser uma contribuição para a objetivação de aspectos que cercam a formação e os circuitos de estudiosos da religião no período de duas décadas, entre o começo dos anos de 1990 e o começo dos anos de 2010. Tal finalidade demandaria – e sou o primeiro a reconhecê-lo – um tratamento mais circunstanciado e mais contextualizado das informações aqui expostas. Talvez outros tenham, inclusive, melhores condições de trabalhar nessa direção. Sei ainda que um relato preso a dimensões acadêmicas depende de um recorte artificial que suspende suas relações com outros aspectos da vida. Mesmo com essas limitações, acredito que o esforço apresente alguma utilidade para os que se dedicam a refletir acerca dos possíveis trajetos para um estudioso da religião no Brasil da passagem entre os séculos XX e XXI.

Meu interesse pelo tema da religião enquanto objeto de pesquisa data do período de minha graduação universitária. Ela ocorreu entre 1988 e 1992, em Florianópolis, no curso de Bacharelado em Ciências Sociais da Universidade Federal de Santa Catarina. Até onde consigo me lembrar, e disso me lembro bem, foi a leitura de um famoso texto de Max Weber (1993) que despertou em mim o que se tornaria depois uma marca de meu trabalho: a reflexão sobre a noção de modernidade. Foi fascinante para mim a possibilidade que essa noção concedia de perceber uma série de características civilizacionais, elas mesmas marcos de transformações históricas, cuja extensão não tinha limites definidos. Incluía-se aí a ideia weberiana do desencantamento e de suas conotações e implicações no terreno da religião.

Na época em que li esse texto de Weber, em uma disciplina dedicada aos clássicos da Sociologia no terceiro período, não tinha como articulá--lo a um empreendimento de pesquisa. Durante a graduação, atuei como bolsista em um projeto cujo tema era o empresariado financeiro e minhas primeiras ideias de pesquisa estavam relacionadas mais aos campos da Ciência Política e da Sociologia. Creio que essas atividades e pendores deixaram marcas em meus interesses, mesmo quando eles se voltaram para a Antropologia, o que só aconteceu depois da metade do curso de Ciências Sociais.

Novas Leituras do Campo Religioso Brasileiro

Quando precisei definir um tema para o trabalho de conclusão de curso a ser apresentado ao término de minha graduação, decidi que queria explorar o "esoterismo". O período era o início dos anos de 1990 e uma das notícias mais divulgadas era o êxito editorial de Paulo Coelho. Caiu em minhas mãos alguma literatura acadêmica sobre terapias corporais associadas com referências religiosas, sobretudo orientais. Afinal, fiquei com um grupo cujas atividades não eram difíceis de acessar – ofereciam palestras e cursos em instituições públicas. Além disso, um de seus membros era um de meus melhores amigos. Tratava-se do Movimento Cristão Gnóstico Universal, grupo com sede na Colômbia, cujo núcleo local conheci em Florianópolis.

Acompanhei por alguns meses as atividades públicas do grupo, entrevistei alguns membros, analisei os livros atribuídos a seus dois "mestres". Disso resultou uma monografia, orientada por Maria Regina Lisboa, com temas teóricos que giravam em torno do individualismo. Baseei-me sobretudo nas obras de Louis Dumont (1985) e Michel Foucault (1991), mais especificamente nas discussões que o primeiro propunha acerca do individualismo como ideologia e que o segundo desenvolvia com a noção de tecnologias do *self*. Mais amplamente, o tema do "esoterismo" e das "novas religiosidades com antigas referências" me interessava pela conjunção que se podia nele enxergar entre o individualismo e a sua relativização, entre modernidade e tradição.

Ao ingressar no curso de mestrado em Antropologia Social da Universidade Federal do Rio de Janeiro, em 1992, levei a intenção de insistir no tema do esoterismo e na sua relação com a modernidade. Comecei a acumular referências sobre a segunda metade do século XIX europeu, especialmente sobre "ocultismo", uma das fontes em que bebia o "esoterismo" do final do século XX. Tive o privilégio de ser aluno de Luiz Fernando Dias Duarte em duas disciplinas do primeiro semestre. Em uma delas, lemos exclusivamente textos de três autores, dois dos quais me eram conhecidos: Dumont e Foucault. Foi uma excelente oportunidade para aprofundar minhas leituras e ter a certeza de que Luiz Fernando poderia ser meu orientador. Sua companhia permitiu manter e cultivar o interesse na problematização da modernidade, considerada sobretudo em sua formação, o que impunha a história como terreno de pesquisa e discussão. Um exemplo disso é o texto que junto elaboramos, o qual tem o

171

cristianismo como fio condutor para pensar transformações em diferentes momentos da história ocidental (Duarte e Giumbelli, 1995).

Tive ainda outros professores durante o mestrado cujas disciplinas imprimiram em mim marcas fortíssimas. Com Otávio Velho, então já convertido à reflexão acerca da religião (Velho, 1987), lemos a verdadeira odisseia intelectual que é o livro de John Milbank (1996), teólogo anglicano que revisa criticamente referências centrais da filosofia e da teoria social ocidentais. Sua narrativa nos impele a repensar as relações entre religião e modernidade, subvertidas pelo seu esforço de crítica. Com Marcio Goldman, que acabara de defender sua tese sobre Levy-Bruhl (Goldman, 1994), aprendi, entre outras coisas, como o tema da religião pode ser bom para pensar a antropologia como empreendimento de compreensão da alteridade. Foi em seu curso de teoria antropológica que conheci o trabalho de Talal Asad (2010), que se tornaria um autor fundamental para minhas reflexões. Destacaria também o curso oferecido por Rubem César Fernandes – o último antes de sua aposentadoria na UFRJ –, dedicado igualmente ao tema das relações entre religião e modernização, mas com a preocupação de acompanhar suas variantes. Para isso, discutir as distinções entre catolicismo e protestantismo ocupava lugar de primeiro plano, no estilo que podemos perceber em um de seus textos (Fernandes, 1994).

Rubem César pude reencontrar no Instituto de Estudos da Religião (Iser), onde vim a atuar na mesma época em que cursava o mestrado em Antropologia Social no Rio de Janeiro. No início dos anos de 1990, o Iser era uma "ONG" de grandes proporções, que reunia projetos de ativismo social e de geração de dados. Rubem César dedicava-se então ao Censo Institucional Evangélico, pesquisa que representou um marco na produção de informações sobre um segmento em ascensão (Fernandes, 1992). Ele era também o coordenador do Núcleo de Pesquisas do Iser, que por um tempo concentrou na instituição as atividades de pesquisa em moldes acadêmicos. Foi nesse núcleo que fui atuar como assistente de pesquisa em um projeto dirigido por Leilah Landim acerca da ação da cidadania contra a miséria e pela vida. Com o encerramento do projeto, fui chamado para concluir uma pesquisa sobre atividades assistenciais em instituições espíritas, que gerou um desdobramento do qual também me incumbi, ainda sob a coordenação de Leilah (Landim, 1998).

Novas Leituras do Campo Religioso Brasileiro

Entre as muitas pessoas que conheci no Iser, destaco Regina Novaes. Além de sua generosidade, Regina me cativou pela desenvoltura com que se dedicava à conjunção entre agendas acadêmicas e sociais, algo que definia as pretensões do próprio Iser. Fomos colegas no projeto coordenado por Leilah, que tinha como tema as relações entre religião e assistência social. Regina dedicava-se ao catolicismo, sendo a remanescente de um grupo de estudos abrigado no Iser que havia legado grandes contribuições na pesquisa e debate desse tema no Brasil (Sanchis, 1992). Já a discussão sobre assistência social estava vinculada à perspectiva interessada em ampliar o campo de visão. Apostava-se que o tema permitiria compreender não apenas concepções mais politizadas e modernas, mas também práticas com feições e motivações mais tradicionais. Se a cidadania era o emblema no primeiro caso, a caridade o era no segundo.

O vínculo com pesquisas e discussões no Iser foi muito importante para minha dissertação de mestrado. No segundo ano do curso, em 1993, abandonei o tema do "esoterismo" e optei por algo que me parecia mais "próximo", ao menos no que diz respeito ao acesso a fontes de dados. A escolha recaiu sobre o espiritismo. Acerca disso, acumulava leituras desde a época da graduação, na tentativa de entender as "religiosidades alternativas"; como surgira na Europa da segunda metade do século XIX, estava incluído em meus levantamentos exploratórios; e sobre o trajeto inicial do espiritismo no Brasil, havia elaborado um trabalho de disciplina para o professor Gilberto Velho. Decidira então trabalhar com a história do espiritismo no Brasil, partindo do final do século XIX, considerando a literatura existente e fontes disponíveis na Biblioteca Nacional e no Arquivo Nacional. A questão que me interessava discutir: que motivos e que conjunção de forças levaram à consideração do espiritismo como algo socialmente negativo e de que modo e passando por quais transformações esse espiritismo conquista uma maior legitimidade? A assistência social é um aspecto fundamental dessa legitimação: por essa razão foi interessantíssimo o encontro entre as pesquisas para a dissertação (1993-1995) e para o Iser (1994-1996).

Apesar de o Iser estar se voltando, nos anos de 1990, para a compreensão do mundo evangélico, naquilo que ele tinha de mais dinâmico e efervescente (leia-se: o pentecostalismo), suas interlocuções mais consolidadas se davam em direção ao universo católico e protestante histórico.

O Iser sempre esteve conectado a certo circuito religioso intelectual, que por sua vez também cultivava aproximações com instâncias acadêmicas. No período em que cursava o mestrado, tomei conhecimento desse circuito e participei de algumas de suas atividades. Destaco os eventos do Instituto Brasileiro de Desenvolvimento (Ibrades), vinculado aos jesuítas, que então tinha sua sede no Rio de Janeiro. Tais eventos reuniam, por exemplo, antropólogos do Museu Nacional, pesquisadores do Iser e teólogos cristãos. Dentro do próprio Iser, havia um grupo de pessoas dedicadas a projetos de assessorias a instâncias católicas, novamente articulando pesquisa acadêmica e agendas sociais. Carlos Alberto Steil fazia parte desse grupo e era doutorando no Museu Nacional; nessa época iniciou-se uma amizade e uma parceria destinadas a serem longas. O mesmo posso afirmar sobre Marcelo Camurça, a quem encontrava no Iser e no Museu Nacional.

Menciono o tal circuito religioso intelectual também porque tem ele a ver com a elaboração do projeto com o qual ingressei no curso de doutorado na mesma UFRJ, iniciado em 1996. Versava sobre o tema do "ecumenismo". A história do Iser estava diretamente vinculada a esse tema, que mobilizara basicamente iniciativas e preocupações católicas e protestantes históricas. Em meados dos anos de 1990, a expressão "diálogo inter-religioso" procurava traduzir um esforço de ampliação para abranger parcerias não restritas ao universo cristão. Por outro lado, o ideal ecumênico deparava-se com a firme resistência de uma parcela significativa do próprio universo cristão. Lideranças e igrejas pentecostais não apenas se recusavam a integrar o ecumenismo, como vinham associadas a uma postura agressiva e beligerante no campo religioso. Meu projeto de doutorado tentava entender esses dilemas e desafios lançados ao "ecumenismo".

Otávio Velho havia se tornado meu orientador. Luiz Fernando se voltara para temas da antropologia da saúde e da doença e já durante o mestrado eu aprendera a admirar o trabalho de Otávio. No primeiro ano do doutorado, acompanhei um curso oferecido por meu orientador no qual lemos vários trabalhos sobre pentecostalismo, em geral pesquisas originais feitas no Brasil. Ampliei a lista de leituras e percebi em muitos desses trabalhos, antropológicos e sociológicos, o mesmo traço levantado por Cecília Mariz (1995) e que eu já encontrara nas referências ecumênicas: certo mal-estar, um desconcerto diante do pentecostalismo, sobretudo aquele praticado pelas igrejas mais recentes, de que a Igreja Universal do

Reino de Deus (IURD) servia como emblema e representação. É preciso lembrar que o ano de 1995 havia sido o ápice da controvérsia acerca dessa Igreja, denunciada de muitas formas nas telas da maior rede de televisão e nas páginas das principais revistas e jornais brasileiros. Levantei a hipótese de que haveria uma relação entre o mal-estar acadêmico e a controvérsia mais ampla acerca da IURD. Reformulei então meu problema de pesquisa: o que essa controvérsia sobre os evangélicos, no modo como a IURD conduzia a considerá-los, revelava acerca das definições e delimitações sobre religião no Brasil?

Entre março de 1998 e fevereiro de 1999, morei em Paris, contemplado por uma bolsa sanduíche do CNPq. Graças à mediação de Regina Novaes, vinculei-me ao Centro de Estudos Interdisciplinares dos Fatos Religiosos, sob a orientação da socióloga Danièle Hervieu-Léger, professora da Ecole des Hautes Études en Sciences Sociales. Frequentei alguns cursos, mas confesso que me decepcionei com o modelo acadêmico que encontrei lá, que delega ao docente a função de conduzir uma aula magistral. Beneficiei-me imensamente das bibliotecas acadêmicas, que me deram acesso a livros e periódicos com uma facilidade inimaginável em um Brasil que não dispunha ainda do Portal de Periódicos da Capes. Um dos motivos de ter escolhido a França como destino da bolsa-sanduíche era saber que naquele país se desenrolava também uma importante controvérsia social envolvendo grupos religiosos. Tratava-se da controvérsia acerca das "seitas", termo que lá adquire um peso e uma negatividade que não têm correspondência com o vocábulo no Brasil. Causou-me surpresa a pouca quantidade e profundidade da literatura acadêmica sobre o tema na França e decidi que deveria desenvolver uma pesquisa direta sobre ele. Voltei ao Brasil convencido de que poderia propor uma comparação, pois o correspondente local das "seitas" que preocupavam o Estado e muitos cidadãos franceses era a "IURD"...

Conutudo, a coisa não era tão simples. Compreender adequadamente as implicações do uso da categoria "seita" pelo Estado francês demandou uma interpretação histórica sobre o modo como se processou a separação entre Estado e religiões. Para manter a proposta comparativa, tive de fazer algo semelhante do lado brasileiro, com a desvantagem de que nesse caso não podia depender apenas da literatura existente. Em 1999, mergulhei em uma série de fontes para tentar compreender o estatuto que se reservou às associações religiosas no começo do período republicano. Em meados de 2000, concluí a tese de doutorado, que se apresenta como uma comparação do modo como em dois países se define e se delimita o que seja o "religioso", recorrendo a uma análise das controvérsias acerca das "seitas" na França e acerca da IURD no Brasil, consideradas essas controvérsias como desdobramentos históricos dos modos como em cada país se relacionam Estado, sociedade e religião. A insistência na comparação, envolvendo pesquisa direta em países estrangeiros, também nota-se nos trabalhos de colegas, orientados por Otávio Velho (2003).

Tive a felicidade de conseguir publicar tanto minha dissertação quanto minha tese em formato de livro. No primeiro caso, graças ao concurso de monografias do Arquivo Nacional (Giumbelli, 1997); no segundo, por conta de minha integração ao Programa de Núcleos de Excelência (Pronex) e "Movimentos Religiosos no Mundo Contemporâneo". O projeto reunia pesquisadores que trabalhavam em centros universitários do Rio de Janeiro, de Brasília e de Porto Alegre. Um de seus resultados foi exatamente a coleção de livros homônima, inaugurada com a publicação de minha tese (Giumbelli, 2002). Foi também beneficiada com recursos do mesmo projeto a revista *Religião e Sociedade*, publicada pelo Iser desde 1977, o que possibilitou a melhoria de uma série de aspectos. Em 1999, eu me tornara assistente editorial na revista, trabalhando ao lado de Regina Novaes. Em 2003, passei a participar da comissão editorial; com a saída de Regina, em 2005, juntamente com Patrícia Birman e Clara Mafra, ambas professoras da UERJ, assumimos a editoria da revista. Patrícia e Clara integram com outras colegas do Programa de Pós-Graduação em Ciências Sociais da UERJ uma linha de pesquisa chamada "Religião e Movimentos Sociais", com as quais teci relações que resultaram em muitas colaborações. No Iser, ajudar a conduzir a principal revista brasileira no campo de estudos da religião é, para mim, uma maneira de contribuir para o desempenho de um papel constitutivo e ao mesmo tempo crítico para aquele campo.[1]

Após meu retorno da França, a participação em projetos de pesquisa no âmbito do Iser tem sido episódica, o que não impediu de manter laços firmes com colegas que estiveram na condução da instituição e de seus

---

1 A fim de não multiplicar as referências aos meus próprios trabalhos, remeto o leitor para uma consulta ao sistema Lattes/CNPq de currículos.

Novas Leituras do Campo Religioso Brasileiro

investimentos na área de religião. Em dois momentos, coordenei, em parceria com Sandra Carneiro (professora da UERJ), pesquisas relativas ao ensino religioso em escolas públicas. Uma primeira foi exclusivamente dedicada à situação do Estado do Rio de Janeiro (2004); a segunda consistiu em um mapeamento que cobriu 12 unidades da federação (2007-2008). Posteriormente (2010), participei da pesquisa sobre assistência religiosa no sistema socioeducativo, coordenando a parte correspondente ao Rio Grande do Sul. Em 2008, tornei-me editor de um informativo eletrônico, que retomava uma publicação anterior do Iser, com o nome de *Plural*. O informativo circulou com alguma regularidade até 2011 e tem o objetivo de ser uma espécie de articulador entre interesses da comunidade acadêmica e de outros setores da sociedade.

Acerca do ensino religioso em escolas públicas, trata-se de tema a que também me dediquei no âmbito de um projeto de pesquisa contemplado por uma Bolsa de Produtividade do CNPq (2007-2010). Busquei atingir diversas dimensões da questão. Uma delas foi a sala de aula, coordenando o trabalho de bolsistas e orientandos que se dedicaram a etnografar as atividades da disciplina de ensino religioso em escolas públicas na região metropolitana do Rio de Janeiro. Outra foi o material didático dirigido aos professores e alunos dessa disciplina. Por fim, procurei contribuir para o mapeamento da situação do ensino religioso nos Estados brasileiros, na mesma linha em que já trabalhava o projeto do Iser, com especial atenção para três dimensões: modelos e definições legais para a disciplina; formação e capacitação de docentes; existência e atuação de conselhos com representantes de diferentes religiões. A perspectiva mais geral com que abordei o tema derivava do problema que orientara minha tese. Ou seja, sob que entendimento e com que limites se estipulava o "religioso" a ser ensinado em sala de aula?

Paralelamente à pesquisa sobre ensino religioso, interessei-me pela história do monumento ao Cristo Redentor, situado no Rio de Janeiro. Na verdade, pensei que me ocuparia dele em apenas um texto. Ao preparar-me para elaborá-lo, descobri tanto que existem poucos trabalhos acadêmicos sobre o monumento, quanto que as fontes para dele tratar se estendem dos séculos XIX ao XXI. Então, a partir dos primeiros levantamentos, obtive apoio da Faperj (2009-2010) para reunir mais material, inclusive visual, parte do qual já pude aproveitar para escrever outros textos sobre o tema. Nesse caso, as questões que me motivaram integram preocupações anteriores com novas. Por exemplo, como se integravam dimensões religiosas, tecnológicas e estéticas nos projetos e na concretização do monumento inaugurado em 1931? Ou ainda, como se deu a passagem, para usar os termos de Sansi (2003), de "imagem religiosa" a "ícone cultural", considerando que o monumento foi erigido como emblema da neocristandade e tornou-se um símbolo da cidade e mesmo do país? Tratando do presente, quais são os investimentos que disputam a propriedade e os significados do monumento?

As pesquisas sobre ensino religioso e sobre o Cristo Redentor se desenvolveram no período em que me tornei professor do Departamento de Antropologia Cultural do Instituto de Filosofia e Ciências Sociais da UFRJ, onde ingressei em 2002 e permaneci até 2010. No Programa de Pós-Graduação em Sociologia e Antropologia encontrei um ambiente de excelência acadêmica, que propiciou ótimas condições para o ensino e a pesquisa. Por conta das disciplinas que ofereci na graduação e na pós-graduação e dos trabalhos que pude acompanhar como orientador, creio que ampliei minhas referências e desenvolvi novas preocupações, procurando conectá-las com as questões que trazia desde minhas pesquisas anteriores. É possível sintetizar essa agregação com a menção a trabalhos de Bruno Latour (1994, 2008). Já os conhecia desde a época de meu doutorado, mas só depois é que pude aprofundar e estender as leituras. As ideias de Latour acrescentaram recursos para dar continuidade à minha exploração do tema da modernidade. Suas formulações articulando os domínios da religião, da arte e da ciência propiciaram uma perspectiva alargada sobre os dispositivos de definição do religioso. Suas elaborações, que fazem o eco às de outros antropólogos, acerca da agência dos objetos e dos não humanos, apontaram a necessidade de dar conta da materialidade da religião.

Em 2010, ingressei no Departamento de Antropologia da Universidade Federal do Rio Grande do Sul. Uma das motivações para a mudança para Porto Alegre foi a oportunidade de integrar o Núcleo de Estudos da Religião (NER), vinculado ao Programa de Pós-Graduação em Antropologia Social da UFRGS. Já conhecia os professores do NER, entre os quais estava Carlos Alberto Steil. Ari Pedro Oro e Bernardo Lewgoy estiveram, com Carlos, presentes no Pronex – "Movimentos Religiosos no Mundo

Novas Leituras do Campo Religioso Brasileiro

Contemporâneo". Pude também conviver com os três nos eventos da Associação de Cientistas Sociais da Religião do Mercosul (ACSRM), da qual me tornei membro desde 1996. Com a integração ao NER, intensifiquei minha participação na ACSRM, compondo sua diretoria (segundo secretário em 2009-2011 e vice-presidente em 2011-2013) e contribuindo na editoria da revista *Ciências Sociais e Religião* (a partir de 2010). A UFRGS e a ACSRM vieram, assim, a constituir os novos âmbitos dentro dos quais me sinto contemplado para estabelecer projetos coletivos e interlocuções variadas, sendo esses as bases para eu dar continuidade aos meus empreendimentos e indagações no campo de estudos da religião.

O ano de minha transferência para Porto Alegre coincidiu com o período de início do projeto de pesquisa vinculado a uma nova Bolsa de Produtividade do CNPq (2010-2014). No âmbito desse projeto, venho trabalhando com três temas: as polêmicas recentes sobre a presença de crucifixos em recintos estatais; as configurações de espaços religiosos em instituições como hospitais públicos, aeroportos, universidades, shoppings; e a incidência e o impacto de políticas de valorização cultural sobre templos e eventos religiosos. Tais investimentos de pesquisa reforçam a perspectiva que elege as relações entre religião e espaço público como foco central de reflexão. Isso se conecta com interesses e preocupações que se apresentam nas atividades do NER e nos eventos da ACSRM, mas também com o trabalho de colegas de outros circuitos (Almeida, 2010) e com uma agenda que se firma internacionalmente (Cannel, 2010). Torna-se então preciso detalhar em que sentido problematizo os vários termos dessa expressão "religião e espaço público". É o que procurarei fazer a seguir.

Espectro

As reflexões que venho desenvolvendo sobre religião estão fortemente atreladas com a tentativa de compreender a pluralidade de suas manifestações. Como procurarei mostrar mais adiante, é também a própria categoria de religião que precisa estar em discussão. Contudo, como formulação inicial, podemos nos satisfazer com a declaração de que meu objetivo é dar conta da lógica e das linhas de força que desenham determinadas configurações de pluralidade, tendo em conta as relações históricas entre Estado, sociedade e religião. O tema da pluralização do campo religioso tornou-se lugar – comum nos debates recentes entre estudiosos da religião, a ponto de surgir como uma constatação. O Brasil aparece exatamente nessa condição e é a esse terreno que se restringem as elaborações que detalham minha perspectiva, embora eu me esforce por contemplar preocupações comparativas.

Uma das conclusões mais aceitas acerca da situação da religião no Brasil assenta-se sobre a noção de trânsito. Fala-se assim em trânsito religioso em mais de um sentido. O mais óbvio é aquele que constata-se quando se acompanha trajetos individuais para notar que eles ocorrem entre múltiplas possibilidades institucionais e confessionais. Pesquisas mostram que nesse domínio há uma diversificação, seja ao se comparar gerações, seja ao se mensurar o volume de alternativas disponíveis ou o ritmo das alternâncias (Prandi, 1996). Almeida (2009) acrescenta outro sentido ao se referir ao trânsito de ideias e de práticas religiosas. Nesse caso, a noção de trânsito serve para reiterar e ressignificar realidades muitas vezes designadas pelo termo sincretismo. A mudança tem a vantagem, talvez, de evitar a suposição de que se tenta livrar o conceito de sincretismo: um desvio em relação à norma, uma mistura que preserva a pureza de seus componentes. Independente da designação, o que se trata de captar é a circulação de referências, cuja intensidade e multidirecionalidade superam toda tentativa de controle estrito.

Outra maneira de apreender a pluralização que se instala no campo religioso vem com a consideração do individualismo. O termo serve para apontar o vetor a partir do qual explicam-se as escolhas e as sistematizações religiosas. Sua consequência é a fragilização das instituições e de seus mecanismos de transmissão da tradição. Seu resultado é a possibilidade, no limite, de cada indivíduo se sentir capacitado para montar "sua religião". Podem ainda surgir novas elaborações religiosas nas quais o indivíduo passa por uma espécie de sacralização, mesmo de divinização. Nesse caso, surge como terrenos privilegiados de observação o universo feito de constelações e nebulosas, a cidade constituída de manchas e circuitos que se tenta apreender com a expressão Nova Era (Carozzi, 1999). A existência mesmo da Nova Era parece se contrapor à ideia de um campo repartido entre segmentos claramente estabelecidos e excludentes. Mas também pode ser entendida como o resíduo que revela a presença do campo sobre o qual atua e pelo qual percorre.

O trânsito e o individualismo, sobretudo em suas formas intensificadas, estão associados ao panorama recente, ao último capítulo da História. Contudo, autores como Sanchis (1995) nos lembram que a pluralidade religiosa pode ser constatada em muitas formas e em vários tempos. Para entender a formação da sociedade brasileira, tendo como foco o catolicismo, ele nos propõe que distingamos dois modos de sincretismo: um, que encontramos alhures, designa a constituição de uma identidade que (pro)vém, "ao termo do qual a Igreja é vivida como *autóctone*" (p. 101); outro, que (ad)vém, a que associa o Brasil, "tornando porosas, através de todas as opressões e além de todas as resistências, as identidades" (p. 104). A relativização do próprio princípio de identidade propiciaria que, nessa modalidade, pré-modernidade, modernidade e pós-modernidade pudessem se encontrar. Na sugestão de Sanchis, portanto, trata-se de entender as transformações do campo religioso, inclusive aquelas que possam ter referência nas noções de trânsito e de individualismo, na permanente remissão a certa configuração que elevou a pluralidade a traço estruturante da realidade.

Se assinalo, com base no trabalho de colegas, esse tratamento do tema da pluralidade, é, primeiro, para sugerir a complexidade da questão; em seguida, para deixar mais clara minha contribuição, o plano no qual ela pretende se colocar. Em contraste com a noção de trânsito, enfatizo a ideia de configuração, levando em consideração os elementos e as forças que atribuem realidade a um campo. Em contraste com o destaque conferido à individualização, dou preferência a processos que operam no plano dos coletivos, por exemplo, na constituição e na transformação dos componentes (ou seja, as "religiões") que integram um campo dito religioso. Em contraste com a formulação de uma pluralidade estruturante, capaz de abarcar a formação nacional, busco tratar das mutações que ocorrem no interior dessa formação – em rigor, para mostrar que ela própria é o resultado daquelas mutações. De todo modo, compartilho com todas as formulações anteriores a insistência na historicidade como propriedade constitutiva do real.

Coerentemente com essa valorização do histórico, procederei com a evocação de alguns cenários datados. O que proponho é que nos demos conta de transformações que se operaram no modo como se designam o que costumamos pensar como componentes óbvios do campo religioso.

Transportemo-nos ao período do Império, em que se situa o primeiro cenário. Como se sabe, a presença de imigrantes, cuja religião diferia da católica, bem como a ação de grupos missionários e o surgimento de referências alternativas ao catolicismo se levantam para questionar o regime estabelecido. Nos anos finais do Império, mesmo o governo acenava com a atenuação dos privilégios conferidos à religião oficial, entre os quais estava o de elegibilidade para certos cargos públicos. O texto de um projeto de lei encaminhado à Câmara em 1880 afirmava em um de seus artigos que seria eleitor e também elegível "todo cidadão brasileiro, nato ou naturalizado, católico ou acatólico, ingênuo ou liberto". Nessa formulação, o termo "acatólico" salta aos olhos, atiçados pela estranheza que provoca ao leitor de hoje. No século XIX, contudo, tratava-se de palavra comum em debates parlamentares e na imprensa, e mesmo em textos jurídicos. A lógica da sua formulação traduz a centralidade do catolicismo e a indistinção a que se relega o restante das alternativas religiosas e ideológicas.

No século XX, passamos a outra lógica, ao menos quando consideramos as ocorrências da variável religião nos censos populacionais promovidos pelo IBGE, a agência estatal de produção de estatísticas. No censo de 1890, duas novas categorias já haviam sido incluídas: ortodoxos e protestantes, além do registro sobre os "sem religião" ou sem declaração. Os censos de 1900 e 1920 não trouxeram o quesito "religião" entre suas variáveis. Em 1940, outras novidades: "espíritas" e "israelitas". Até 1970, não ocorreram modificações significativas. Em 1980, as categorias passam a ser nove; em 1991, tornam-se 43; em 2000, saltam para 143.[2] É importante notar que, com exceção de 1970, quando se utiliza uma lista delimitada previamente, nos demais censos os formulários registram as respostas dos entrevistados, havendo posteriormente a sua classificação dentro de um conjunto de categorias. É sobre esse número de categorias que se constata um aumento a partir de 1980. Isso permite afirmar que a tabulação dos dados do censo – e a sua divulgação – sinaliza uma sensibilidade maior para a pluralidade.

É importante precisar uma distinção entre a observação que acabo de fazer e o debate necessário acerca da qualidade dos instrumentos utilizados pelo IBGE para "retratar a realidade". Em 1984, Cândido Procópio

---

2 Não foi possível incorporar ao texto os dados acerca de 2010, pois sua divulgação ocorreu após meu trabalho de redação.

Ferreira de Camargo redigiu algumas observações sobre o tratamento reservado à variável religião no censo de 1980. Reconhecendo os avanços que ocorreram no modo como os dados foram coletados – por exemplo, os recenseadores eram orientados a não registrar "expressões genéricas como: católica, protestante, espírita etc." –, o sociólogo critica o modo como algumas agregações e classificações foram realizadas (Camargo 1984). Esse é um debate que tem continuidade (Camurça 2006, Mafra 2004). Uma das afirmações do texto de Camargo, no entanto, pode ser lida em outro registro: "Os resultados de vários censos, na realidade, menos representam a composição religiosa da população, como evidenciam a hegemonia do catolicismo" (1984, 215). Isso, contudo, não impede que se constate *ao mesmo tempo*, como deixam mais evidentes os resultados de 1991 e de 2000, um incremento na capacidade desse sistema de captar em categorias, de alguma maneira, a diversidade religiosa.

Camargo, para fundamentar suas conclusões acerca das implicações do modo como são levantados os dados do censo do IBGE sobre religião, esclarece: "Torna-se praticamente impossível distinguir, utilizando metodologia censitária, os católicos que internalizam de alguma forma sua fé, dos puramente nominais" (*ibid.*, 220). Como diria Brandão (1988), tais dados entram em sintonia com uma modalidade, própria do catolicismo no Brasil, na qual se pode "ser sem pertencer" (ou praticar). O interessante, então, é perceber quando esses números são considerados para deles tirar consequências em outros domínios. Um exemplo é o ensino religioso no Estado do Rio de Janeiro, que adotou um modelo confessional, ou seja, fazendo corresponder à religião declarada dos estudantes (ou de seus responsáveis) o perfil religioso de docentes e do conteúdo curricular. Coerente com essa lógica, um concurso público para docentes da disciplina, ocorrido em 2004, dividia 500 vagas em três categorias: 342 para "católicos", 132 para "evangélicos" e 26 para "outras religiões" (Giumbelli e Carneiro 2004).

Nesse caso, as porcentagens aferidas pela metodologia do censo funcionam para configurar um quadro distribuído entre maioria e minorias. Outro uso da noção de maioria, que no entanto igualmente recorre aos dados oficiais acerca de afiliação religiosa, pode ser percebido em debates acerca da presença de crucifixos em recintos estatais, como plenários e corredores de parlamentos e tribunais. É comum vermos a presença desses objetos, presença que evita a companhia de outros, justificada pelo argumento de que vivemos em um país cuja "maioria católica" deve ser respeitada. A lógica muda mais uma vez – e com ela configurações materiais em termos de personagens e objetos – quando se trata de "ecumenismo" ou de "espaços inter-religiosos". Nesse âmbito, a representação e expressão da pluralidade passam a ser um objetivo, tendendo a haver a expectativa por um conjunto aberto de componentes. Se cito essas várias possibilidades, é para apontar meu interesse sobre os modos pelos quais se equaciona a pluralidade religiosa dentro de configurações historicamente determinadas e dentro de quadros institucionalmente específicos.

Podemos prosseguir novamente com a ajuda de Camargo. O censo de 1980 utilizou, na classificação das respostas do quesito "religião", a categoria "espírita afro-brasileira". O sociólogo protesta: "Candomblé nada tem de Espírita" (p. 219). Nos censos seguintes, isso muda, na medida em que candomblé e umbanda não são mais designados pela categoria espírita, o que revela uma autonomização do "afro-brasileiro". Mas no censo de 1970 e nos anteriores, não havia nem mesmo a possibilidade de estabelecer a distinção entre espiritismo, candomblé e umbanda. Tal construção remete às vicissitudes históricas da categoria espiritismo. Procurei mostrar em alguns de meus trabalhos, ao menos no Rio de Janeiro e em São Paulo da primeira metade do século XX, tendo como referência o espiritismo que foi considerado outra prática que envolvia a relação com entidades, mesmo que essas fossem orixás. Essa posição do espiritismo, cuja legitimação se reflete na inclusão de categoria já no censo de 1940, projeta-se por muito tempo ainda nas classificações do IBGE.

A perspectiva que defendo permite ainda um comentário sobre o termo "evangélico". É significativo o resultado do cotejo entre as categorias de 1980 e as de 1991. Em 1980, utilizou-se "protestante"; em 1991, "evangélico". Se naquilo que compreendem da realidade pode-se dizer que elas se relacionem como sinônimas, por que a mudança? O termo "protestante" evoca a hegemonia dos ramos históricos – ou "tradicionais", para usar a nomenclatura dos censos mencionados. Já "evangélico", que se manteve em 2000, capta uma transformação histórica, correspondente à hegemonia dos ramos pentecostais. Não se trata tanto de uma questão de números, pois há mais tempo as adesões pentecostais superaram as históricas. Trata-se sobretudo de uma hegemonia de representação. Assim se pode traduzir

Novas Leituras do Campo Religioso Brasileiro

a posição de protagonismo que certas lideranças e instituições pentecostais adquiriram. Suas peculiaridades não foram um empecilho para que suas iniciativas e movimentos reivindicassem referência em um universo mais amplo. A palavra para designar esse universo foi exatamente "evangélico". Sua pluralização interna não impediu que se mantivesse uma categoria geral para invocá-lo.

Até aqui, espero estar demonstrando como se pode refletir acerca dos componentes do que chamamos de campo religioso no Brasil. Ao mesmo tempo, vou já introduzindo outra questão que faz parte de minhas preocupações: a necessidade de problematizar o "religioso". Não foi sem motivos que abordei as categorias "espiritismo" e "evangélicos". É que as considero referências cruciais para se entender como se delimitou e como se concebeu historicamente o "religioso" no Brasil. Isso não entra em colisão com a sugestão de Montero (2006) de que em nosso país o catolicismo forneceu o modelo para o "religioso". Nessa direção, procurei mostrar como o modo pelo qual se encaminhou a separação entre Estado e religião no início da era republicana esteve vinculado a debates acerca do estatuto a ser conferido aos coletivos católicos. Para percebê-lo, é necessário dar a devida atenção ao tema da "liberdade religiosa", que foi se definindo a propósito dos encaminhamentos que ganhava o princípio da separação. Acompanhar os destinos conferidos ao "espiritismo" e aos "evangélicos" permite, a meu ver, dar continuidade à investigação sobre o lugar e o estatuto do "religioso" no Brasil (Giumbelli, 2008a).

Com relação ao espiritismo, é muito significativo que ele apareça, também na aurora republicana, entre "os crimes contra a saúde pública" no Código Penal de 1890. Baseadas nesse dispositivo legal e em outras normas sanitárias, instituições e pessoas foram alvejadas por ações repressivas e penais. Ao longo da primeira metade do século XX, uma espécie de acomodação vai se realizando: o espiritismo consolida o reconhecimento como "religião" na medida em que seus praticantes, e sobretudo seus porta-vozes, consigam solapar a hipótese de considerá-lo uma "medicina". No caso dos "evangélicos", o momento e os problemas são outros. Sobre eles, a controvérsia se instaura mais fortemente no final do século XX, tendo por referência a Igreja Universal do Reino de Deus, fundada em 1977. A motivação principal tem a ver com dimensões econômicas: o dinheiro que, investido de uma função teológica, circula dos fiéis para as

185

igrejas; a lógica que leva as igrejas a operarem como empresas, investindo não apenas no campo religioso, como fora dele. Talvez seja cedo para fazer um balanço resultante dessa controvérsia acerca dos evangélicos. Minha sugestão, que se beneficiou da comparação entre a situação brasileira e a francesa, enfatiza um duplo movimento: a produção de mais dispositivos para delimitar o "religioso" vem conjugada à impressão de que ele está, muitas vezes, "fora de lugar". Daí as incertezas do presente, à luz das quais se pode também entender a pergunta do texto de Sanchis (1995): "o campo religioso será ainda o campo das religiões?"

A problematização do "religioso" tem para mim uma relevância geral, ou seja, não circunscrita à análise da realidade brasileira. Inspiro-me, entre outras referências, nas provocações de Talal Asad (2001, 2010). Para esse autor, o que cabe à antropologia elaborar não é uma definição de religião; mais interessante é entender como, dentro de contextos históricos específicos, constroem-se e se utilizam definições do que seja a religião e o religioso, e quais as consequências sociais e culturais disso. Tal formulação está vinculada a uma antropologia da modernidade, pois é exatamente por meio de processos históricos que ocorrem após o século XV na Europa (considerada no seu empreendimento de expansão e no seu projeto civilizatório) que se confere um novo sentido à "religião" como categoria. Com esse novo sentido será possível conceber a sociedade como um conjunto de esferas (o que se chama de diferenciação), supondo-se que uma delas corresponda ao "religioso". Essa configuração raramente é pacífica e estável, já que o "religioso" ora vê-se ameaçado por projetos de aniquilação, ora é alçado a um lugar mais alto quando se quer confundi-lo com o "nacional". Seja como for, e evoquei apenas duas possibilidades entre muitas, a aposta é que o "religioso" apareça como uma espécie de sintoma da modernidade, oferecendo-se como interessante caminho para entendermos suas múltiplas versões.

Volto ao Brasil para resumir a análise que propus em outro trabalho acerca do monumento ao Cristo Redentor (Giumbelli, 2008b). Sugiro que em três momentos esse monumento expressa uma relação entre catolicismo e modernidade – mais propriamente uma versão católica de modernidade: O primeiro momento corresponde à sua idealização: erigir uma imagem colossal do Cristo apresentava-se como o exercício do moderno princípio da "liberdade religiosa", articulada à visão do Brasil como "nação católica";

Novas Leituras do Campo Religioso Brasileiro

o segundo momento corresponde à sua concretização, que assimila tecnologias e ideais estéticos em sintonia com sua época, modernos portanto; o terceiro momento, mais recente, corresponde às iniciativas católicas de "recuperar o sentido religioso" do monumento. Deve-se levar em conta que essa recuperação se efetiva tendo como situação estabelecida a conversão da imagem do Cristo Redentor em símbolo da cidade, o que lhe confere conotações e usos muito diversos, inclusive na sua articulação com a dimensão religiosa. Nesse contexto, reclamar, como autoridades católicas fazem, um "sentido religioso" significa concordar com a concepção moderna que possibilita tal delimitação.

A evocação do caso do monumento ao Cristo Redentor me parece oportuna porque permite imaginar quadros complexos acerca da presença do religioso na sociedade. Percebe-se que a vinculação de processos que cercam o monumento com a noção de modernidade produz resultados que não correspondem ao que se espera da relação entre aquela noção e o religioso. Pois é o conceito de secularização que designa a expectativa dominante. Mas não é isso que acontece no caso do Cristo Redentor. O que o torna interessante é a demonstração de que pode ocorrer modernização sem secularização. A Igreja Católica – seus agentes autorizados ou quaisquer vozes que pretendam defendê-la – procura proteger a imagem do Cristo restringindo seu sentido ou controlando o seu uso. Simultaneamente, usa a mesma imagem para reiterar a essencialidade católica, ou agora cristã, do povo ou da nação. Portanto, o "religioso" pode funcionar em duplo registro, sem que uma senda anule a outra. De um lado, produz-se a autonomia do religioso; de outro, propicia-se a sua difusão por outros domínios sociais.

Com essa formulação, parece-me que passamos a outro plano, que vai envolver a relação entre religião e espaço público. Permitam-me fazê-lo citando mais um trecho do texto "O campo religioso será ainda o campo das religiões?", aquele que fala exatamente de uma "religiosidade difusa": "por sua difusão capilar, sua impregnação socialmente abrangente, [...] permite que uma série de manifestações, dentro do mundo da arte, da comunicação (novelas de TV), da educação (Paulo Coelho nas aulas de literatura e no vestibular) e da reflexão científica (psicologia transpessoal), possam doravante emergir ao espaço público – elas que, nas expectativas da 'modernidade', teriam feito referência exclusiva ao espaço privado e particular – com naturalidade, plausibilidade, legitimidade, aceitação e credibilidade generalizada" (Sanchis, 1995, p. 118). Nessa formulação, poderíamos até imaginar outro título para o mesmo texto, que trataria não mais do que há além das religiões no religioso, mas do que de religioso há além da religião, ou seja, no além do espaço público. Sirvo-me então da trilha apontada por Sanchis para arrematar algumas de minhas proposições acerca da relação entre campo religioso e espaço público.

Convém logo esclarecer em que sentido entendo e passei a utilizar a expressão "espaço público" – algo que, confesso, está em estágio de elaboração. Embora reconheça no "público" um valor, procuro me desprender de concepções normativas, tanto aquelas que exigem determinadas "regras" para declarar a legítima existência desse espaço; quanto aquelas que essencializam sua oposição ao "privado", geralmente para a este vincular o "religioso". Penso que o mais importante é entender as formas de presença religiosa no espaço público. Ou, mais propriamente: espaços públicos. Sem negar a relevância que em debates e embates pode ter o uso do singular, sugiro que o plural é heuristicamente produtivo e empiricamente necessário. Isso coloca a exigência de que, em função de situações específicas e localizadas, haja um esforço de caracterização dos motivos ou fatores que permitem designá-las como "espaços públicos". Ilustrarei meu argumento fazendo referência a duas pesquisas com que me ocupo atualmente.

A primeira delas tem a ver com instituições hospitalares. O que torna público um hospital? Há instituições que são estatais (como as militares) e outras que são vinculadas administrativamente a órgãos estatais (como o Ministério da Saúde): são igualmente "públicas", mas com características distintas em seu funcionamento. Outro ponto: essas instituições empregam e atendem indivíduos, cuja "privacidade" será interpelada ou mesmo reconstituída pelo caráter público do espaço onde transitam. Inversamente, podemos perguntar: e as demais instituições hospitalares, são totalmente "privadas"? Nelas circulam recursos públicos, direta ou indiretamente? A heterogeneidade de seus empregados ou seus pacientes assemelha-se à da população que caracteriza a sociedade ao redor, aquilo que constitui seu "público"? Em todo caso, as pessoas atendidas ou empregadas estão instituídas por direitos estipulados por leis públicas, como o é o direito à "assistência religiosa" em acordo com as preferências confessionais ou ideológicas dos indivíduos. Tais questões servem para complexificar as demandas que ocorrem em torno da reformulação de "espaços ecumênicos" em hospitais públicos e da assistência religiosa em hospitais privados.

Outro caso é o de recintos estatais, expressão que utilizo para designar genericamente áreas situadas em tribunais e parlamentos. No Brasil, é muito comum a existência de crucifixos nas paredes dessas instituições, numa composição que articula discrição e reverência. A qualidade pública desses espaços está bem assentada por seu pertencimento ao aparato de Estado, desempenhando enquanto tais papéis institucionais basilares (elaboração e aplicação das leis). Em outro sentido, no entanto, esses espaços são menos públicos do que uma praça (que pode abrigar um monumento) com grande circulação de pessoas – mesmo do que um shopping center, embora esse seja uma "propriedade privada". Em tribunais e parlamentos, estabelece--se uma distância considerável entre os que lá trabalham e os que por lá eventualmente circulam; ou seja, entre os juízes, parlamentares e funcionários que os auxiliam a cumprir suas funções, de um lado, e o "público", de outro. Parece-me que é necessário levar em consideração essas variantes do "público" para se acompanhar as formas e as transformações da presença das religiões nesses espaços.

O público pode se atrelar a dimensões de outra natureza, que conferem à noção de espaço um sentido metafórico. Refiro-me à "cultura", na acepção que lhe propicia ingresso no *espaço* das políticas estatais. No início de 2012, foi sancionada como lei federal um projeto proposto em 2009 na Câmara dos Deputados. Ela altera a chamada Lei Rouanet, que destina recursos públicos (direta ou indiretamente) a projetos e atividades "culturais": "Para os efeitos desta Lei (12.590/12), ficam reconhecidos como manifestação cultural a música gospel e os eventos a ela relacionados [...]". "Gospel" tem sido um termo utilizado no Brasil para se referir a produções vinculadas aos evangélicos – ou menos estritamente, a temáticas cristãs. É interessante juntar a essa transformação legal outro movimento que incide também na vinculação entre "religião" e "cultura". Trata-se da inclusão de templos de religiões afrobrasileiras em políticas que envolvem a formulação e a aplicação da noção de "patrimônio cultural". Isso ocorre no caso de processos de tombamento de *sites* religiosos, que a partir da década de 1980 passam a contemplar terreiros de candomblé. Ocorre também a propósito de outros tipos de projeto cultural que geram benefícios para "comunidades religiosas tradicionais".

É importante mencionar que nos dois casos a articulação entre religião e cultura leva em conta a noção de laicidade – ou, ao menos, a expectativa de que se mantenha alguma separação entre Estado e religiões. O mesmo pode ser afirmado acerca das polêmicas sobre símbolos religiosos em espaços ecumênicos e em recintos estatais. Isso fica bem claro na lei sobre a música gospel, que expressamente exclui de sua abrangência os eventos "promovidos por igrejas". No caso do candomblé, sua caracterização recorrente como religiosidade vinculada à negritude possibilita simultaneamente sua consideração como cultura. Os mecanismos, como se vê, são distintos, mas o resultado é semelhante quanto ao fato de se vislumbrarem caminhos para o financiamento público de religiões no Brasil. Religiões evangélicas e afro-brasileiras adquirem assim um reconhecimento público que, contemporaneamente, foi reiterado ao catolicismo por meio da assinatura de um acordo entre o Estado brasileiro e a Santa Sé, ratificado em 2011.

Embora seja inadequado supor que essas diferentes situações estejam em posições socialmente equivalentes, sua justaposição tem a vantagem de repor no quadro componentes necessários do campo religioso brasileiro. Agora eles aparecem juntamente com a noção de laicidade. De fato, tem estado entre minhas preocupações refletir sobre essa noção. Pretendo exatamente entender como a laicidade – no sentido antes aludido – é parte desse quadro no qual ocorrem formas de presença e de reconhecimento do religioso nos espaços públicos. Como uma lei – pensemos naquela sobre a música gospel – ao mesmo tempo considera a laicidade e propicia canais para o financiamento estatal de eventos religiosos? Não considero que essa pergunta possa ser feita apenas para a realidade brasileira. É verdade que vamos encontrar noções, construções e mecanismos específicos, que correspondem a formações nacionais. Mas se queremos entender como funcionam os regimes inspirados na laicidade, penso que devemos investir na compreensão das múltiplas formas pelas quais se estabelecem, no sentido lógico, relações entre Estado, sociedade e religião. É nesse sentido que proponho o conceito de regulação: considerando as ocorrências da categoria religião, o que elas revelam sobre o lugar do religioso em uma sociedade e que tipos de dispositivo (inclusive estatais) são acionados para construir suas fronteiras?

O número de referências em torno de temas como laicidade e secularismo, em campos como sociologia, antropologia, filosofia política, teologia

Novas Leituras do Campo Religioso Brasileiro

política, relações internacionais, cresceu exponencialmente na primeira década do século XXI. Pode-se tomá-las como mais outro capítulo da discussão sobre modernidade, percebida necessariamente em sua multiplicidade. Creio que o Brasil oferece um terreno riquíssimo para participar desse debate, considerando sua realidade empírica e a qualidade das análises sobre ela. As contribuições que pretendo oferecer, em diálogo com os trabalhos de muitos colegas, insistem sobre dois pontos: a necessidade de entender as configurações da pluralidade religiosa no Brasil, acompanhando os modos pelos quais se definem e se articulam seus componentes e a necessidade de conceber as definições que incidem sobre o campo religioso levando em conta as relações entre Estado, religião e sociedade, para o que a noção de espaço público parece fundamental. Espero que as distintas situações evocadas nas páginas anteriores deste texto tenham servido para fundamentar algumas proposições teóricas e metodológicas, assim como sinalizem para as tarefas que nos esperam, aqueles e aquelas motivados(as) pela compreensão do campo religioso brasileiro.

Referências bibliográficas

ALMEIDA, Ronaldo. Pluralismo religioso e espaço metropolitano. Em: Almeida e Mafra (orgs.). *Religiões e Cidades: Rio de Janeiro e São Paulo*. São Paulo: Terceiro Nome, pp. 29-50, 2009.

ALMEIDA, Ronaldo. Religião em transição. Em: L. F. Duarte (org.). *Horizontes das Ciências Sociais no Brasil – Antropologia*. São Paulo: ANPOCS, 2010.

ASAD, Talal. A construção da religião como uma categoria antropológica. *Cadernos de Campo*, São Paulo, n. 19, pp. 263-284, 2010.

ASAD, Talal. Reading a Modern Classic: W. C. Smith's The Meaning and End of Religion. *History of Religions* 40 (3), pp. 205-222, 2001.

BRANDÃO, Carlos Rodrigues. Ser católico: dimensões brasileiras – um estudo sobre a atribuição de identidade através da religião. SACHS, Viola (org.). *Brasil & EUA: Religião e identidade nacional*. Rio de Janeiro: Graal, pp. 27-58, 1988.

CAMARGO, Cândido Procópio Ferreira de. A categoria "religião" em censos brasileiros. Em: Vários autores. *Censos, consensos, contrassensos*. São Paulo: ABEP, 1984.

CAMURÇA, Marcelo. A realidade das religiões no Brasil no Censo IBGE-2000. Em: TEIXEIRA, Faustino e MENEZES, Renata (org.). *As religiões no Brasil*. Petrópolis: Vozes, 2006.

CANNEL, Fenella. The anthropology of secularism. *Annual Review of Anthropology*, 39, pp. 85-100, 2010.

CAROZZI, María Julia (Org.). *A Nova Era no Mercosul*. Petrópolis: Vozes, 1999.

DUARTE, Luiz F. D.; GIUMBELLI, E. *As concepções cristã e moderna da Pessoa: paradoxos de uma continuidade*. Anuário Antropológico 93, 1995.

DUMONT, Louis. *O Individualismo: Uma perspectiva antropológica da ideologia moderna*. Rio de Janeiro: Ed. Rocco, 1985.

FERNANDES, Rubem César. Religiões e modernizações. Em: *Romarias da Paixão*. Rio de Janeiro: Rocco, 1994.

FERNANDES, Rubem César. *Censo Institucional Evangélico – CIN 1992. Primeiros comentários*. Rio de Janeiro: ISER, 1992.

FOUCAULT, Michel. *Tecnologías del Yo y Otros Textos Afines*. Barcelona: Paidós Ibérica, 1991.

GIUMBELLI, Emerson. A Presença do Religioso no Espaço Público: Modalidades no Brasil. *Religião & Sociedade*, v. 28(2), pp. 80-101, 2008a.

GIUMBELLI, Emerson. A Modernidade do Cristo Redentor. *Dados – Revista de Ciências Sociais*, 51, pp. 75-105, 2008b.

GIUMBELLI, Emerson. *O cuidado dos mortos: uma história da condenação e legitimação do espiritismo*. Rio de Janeiro: Arquivo Nacional, 1997.

GIUMBELLI, Emerson. *O fim da religião: dilemas da liberdade religiosa no Brasil e na França*. São Paulo: Attar/PRONEX, 2002.

GIUMBELLI, Emerson e CARNEIRO, Sandra. *Ensino Religioso no Estado do Rio de Janeiro – registros e controvérsias. Comunicações do ISER*, 60, 2004.

GOLDMAN, Marcio. Razão e Diferença. Rio de Janeiro: Griphos-UFRJ, 1994.

LANDIM, Leilah (org.). *Ações em sociedade: militância, caridade, assistência etc*. Rio de Janeiro: NAU, 1998.

LATOUR, Bruno. *Jamais Fomos Modernos*. Rio de Janeiro: Editora 34, 1994.

LATOUR, Bruno. O que é iconoclash? Ou, há um mundo além das guerras de imagem? *Horizontes antropológicos*, 29, pp. 111-150, 2008.

MAFRA, Clara. Censo da Religião: um instrumento dispensável ou reciclável? *Religião & Sociedade*, 24, pp. 152-159, 2004.

MARIZ, Cecília. Perspectivas sociológicas sobre o pentecostalismo e neopentecostalismo. *Revista de Cultura Teológica* - Faculdade de Teologia Nossa Senhora da Assunção, 13, 1995.

MILBANK, John. *Teologia e teoria social*. São Paulo: Loyola, 1996.

MONTERO, Paula. Religião, pluralismo e esfera pública no Brasil. *Novos estudos CEBRAP*, n. 74, pp. 47-65, 2006.

PRANDI, Reginaldo. Religião paga, conversão e serviço. *Novos estudos Cebrap*, n. 45, pp. 65-78, 1996.

SANCHIS, Pierre. O campo religioso será ainda o campo das religiões? Em: Hoornaet, Eduardo (org.). *História da Igreja na América Latina e no Caribe – 1945-1995*. O debate metodológico. Petrópolis: Vozes, 1995.

SANCHIS, Pierre (org.), *Catolicismo: modernidade e tradição*. São Paulo: Loyola, 1992.

SANSI, Roger. De Imagens Religiosas a Ícones Culturais: Reflexões sobre as Transformações Históricas de Algumas Festas Públicas na Bahia. Em: P. Birman (org.), *Religião e espaço público*. São Paulo: Attar, 2003, pp. 149-168.

VELHO, Otávio (org.). *Circuitos Infinitos:* comparações e religiões no Brasil, Argentina, Portugal, França e Grã-Bretanha. São Paulo: Attar, 2003.

VELHO, Otávio. O Cativeiro da Besta-Fera. *Religião & Sociedade*, Rio de Janeiro, v. 14, n. 1, pp. 4-27, 1987.

WEBER, Max. Ciência como vocação. Em: *Metodologia das ciências sociais*. Parte II. São Paulo / Campinas: Cortez / Ed. UNICAMP, 1993.

7 - Os artistas da fé: novos agentes no campo católico[1]

Péricles Andrade

Esta pesquisa tem como objetivo identificar e compreender a emergência de um novo estilo sacerdotal no campo religioso brasileiro contemporâneo: os artistas da fé. Busca-se relacionar seu "estilo", bens simbólicos e estratégias com os sentidos instituídos nesse campo social, particularmente quanto à tendência cada vez mais evidente de diálogos e tensões entre as religiões e os princípios norteadores da modernidade. Parte-se da premissa de que a ascensão de um novo tipo de sacerdote católico é legitimada pela dinâmica contemporânea do citado campo religioso. Do mesmo modo, a investigação busca demonstrar que os artistas da fé constituem uma resposta da Igreja Católica na competição com as outras empresas de salvação e um expediente de atualização, de busca de plausibilidade, uma espécie de modernidade religiosa. A investigação sobre o advento dos artistas da fé possibilita novos desafios à compreensão do campo religioso contemporâneo, sobretudo quanto à ascensão de um novo tipo sacerdotal e à adoção de conceitos de autores consagrados e, ao mesmo tempo, criticados da Sociologia da Religião.

---

1 Parte integrante da tese de doutorado em Sociologia intitulada "Um artista da fé: padre Marcelo Rossi e o catolicismo brasileiro contemporâneo", defendida em março de 2006 junto ao Programa de Pós-Graduação em Sociologia da UFPE, sob a orientação dos professores Roberto Motta e Lília Junqueira.

Religião e modernidade no Brasil

N o mundo moderno, é perceptível a crise de plausibilidade em que vive a religião. Isso levou alguns pensadores a anunciarem a "morte do sobrenatural". A própria Sociologia preocupou-se essencialmente em desenvolver a ideia segundo a qual o recalque social e cultural da religião seguiria, naquela sociedade, um curso histórico paralelo à própria afirmação pelo ser humano de sua autonomia criadora e de seu poder sobre a natureza. Havia um consenso entre os pesquisadores da religião quanto ao afastamento do sobrenatural no mundo moderno. De acordo com Peter Berger, esse processo pode vir expresso nas formulações dramáticas como "Deus está morto" ou a "era pós-cristã". Ou ainda pode ser visto com menos dramaticidade como uma tendência global e provavelmente irreversível (Berger, 1996).[2]

Essa crença na morte do sobrenatural está vinculada à visão clássica sobre a secularização.[3] Essa se constitui numa teoria que dá conta da

---

2 Ainda segundo Berger, todos reconhecem que estamos situados numa era em que o divino, pelo menos em suas formas clássicas, retraiu-se para o fundo das preocupações e consciências humanas. Ele é visto particularmente no seu uso cotidiano, denotando uma categoria fundamental da religião, sobretudo a afirmação ou a crença de que há outra realidade, de significação última para o ser humano, que transcende a realidade dentro da qual se desenrola nossa experiência diária (BERGER, 1996).

3 Além de Berger, diversos autores se debruçaram sobre o tema da secularização: Bryan Wilson, Thomas Luckmann, David Martins, Talcott Parsons, Robert Bellah e Richard Fenn. Segundo Olivier Tschannen, há grandes divergências entre tais autores, o que dificulta considerar secularização como uma teoria. Ela poder ser tomada como um paradigma, um conjunto de elementos, ideias e conceitos que permitem pensar o problema da religião no mundo moderno. Apesar das dificuldades conceituais, podem ser apontadas seis características: racionalidade, com a modernidade há uma crença na instituição do pensamento racional finalista; mundanização, ou seja, concentração das preocupações materiais em detrimento das espirituais; diferenciação, especialização das diferentes esferas da vida social; pluralização religiosa, as religiões entram em concorrência numa situação regida por uma situação análoga ao mercado; privatização da religião; generalização da extensão da religião à margem da sua esfera e declínio da religião (TSCHANNEN, 2001, p. 309).

As teses do paradigma da secularização podem ser sintetizadas em quatro. Primeiramente, estabelece cisão histórica que distingue entre pré-modernidade e modernidade. A gênese da secularização estaria relacionada a processos que comporiam a modernidade no que ela tem de inédito e original em comparação ao passado histórico e inerentemente antitético quanto à religião: urbanização, industrialização, burocratização, cientificização, individualismo etc. Depois de Max Weber e Peter Berger tornou-se recorrente o argumento das raízes religiosas da secularização. Segundo esse esquema, a modernidade teria surgido a partir de uma espécie de inversão hierárquica, ao final da qual o mundano escaparia ao domínio do sobrenatural e seria ele mesmo repartido entre distintas esferas funcionais. Em segundo lugar, propõe a visão evolucionista do processo que considera que esta é uma forma de diferenciação à medida que a sociedade se desenvolve e se torna mais complexa. Quando a sociedade se moderniza, a organização religiosa fica menos hierárquica, o simbolismo fica mais variado, o individualismo mais significativo e a religião institucional acaba se atrofiando. As comunidades social e religiosa, outrora idênticas, tornaram-se diferenciadas, de modo que os aspectos seculares da vida apresentam-se com uma nova ordem de situação da religião na modernidade e descreve os processos pelos quais o pensamento, a prática e as instituições religiosas perdem seu significado social. As leituras baseadas nessa corrente supõem a existência de um ponto na História em que tais aspectos desempenharam um papel significativo na vida social.

A secularização foi marcada por duas interpretações dominantes. Em primeiro lugar a condição (ou corolário) para o desenvolvimento da sociedade moderna, tendo de se constituir como um passo necessário de qualquer processo de modernização. A religião deve ser concebida como um estorvo. No auge desse paradigma os sociólogos, com raríssimas exceções, mostraram pouquíssimo interesse no fenômeno religioso, provavelmente porque juraram fidelidade a um "progressismo" científico que considera a religião como um resto desvanescente das eras obscuras da superstição e não se preocupam em investir suas energias no estudo de um fenômeno agonizante. De certo modo, a religiosidade da Igreja (isto é, a crença e a prática religiosa dentro das tradições das principais Igrejas cristãs) tem estado em declínio na sociedade moderna. Em segundo lugar, por meio do discurso da modernidade foi erigido e aberto um espaço diante da visão de mundo cristã hegemônica e das instituições animadas/subordinadas por ela. Evidencia-se a reocupação ou deslocamento de conceitos e motivos cristãos (Berger, 1996).

De fato, com o advento da modernidade há um aumento da tensão entre religião e mundo. Quanto mais as religiões tiverem sido verdadeiras religiões de salvação, maior terá sido a sua tensão com o mundo. Isso se segue do significado da salvação e da substância dos ensinamentos proféticos, tão logo eles evoluem para uma ética. A tensão também será

---

legitimação religiosa. Terceiro, na modernidade a religião deixaria de ser a instância integradora da sociedade, perdendo funções e poder. Desprovida de suas antigas atribuições e capacidades, a religião sofreria um processo incessante de divisão institucional – daí o pluralismo confessional – e passaria a ter sua plausibilidade sustentada sobre as consciências individuais – daí a liberdade religiosa. A sociedade é vista como deixando de ser basicamente sagrada em seu caráter, com elementos associados ao ritualismo, tradição, participação em interesses comuns e harmonia, para ser primordialmente secular ou profana, passando a reinar a individualidade, a racionalidade e a especificidade. Por fim, as teses da secularização parecem ter se acompanhado da ideia ou da impressão de que religião e modernidade são essencialmente opostas. A modernidade tende a ser vista como um período ou como um imperativo de limitação da religião, cujo auge encontramos outrora ou alhures. Conforme esta ideia, a modernidade constitui-se de esferas delimitadas uma em relação às demais, que assumem assim conformações homólogas. Cada uma dessas esferas é mais importante do que as outras – configurando a subordinação da religião que deriva de uma hegemonia topográfica. Entretanto, seu reconhecimento enquanto esfera específica está associado a uma recusa de sua homologia e autonomia.

maior quanto mais racional for, em princípio, a ética e quanto mais ela tenha se orientado para valores sagrados interiores como meio de salvação (Weber, 1982).

Mas isso não significa necessariamente o "fim da religião".[4] O grande desafio para a religião é que na modernidade institui-se o pluralismo cognitivo. Na medida em que esse se configura se institui o "imperativo herético" (Berger, 1985-1996). A adesão religiosa aos poucos perde a antiga segurança das estruturas religiosas que garantiam submissão às suas populações. As adesões agora são voluntárias. O mundo religioso tradicional perde sua evidência "natural". Aqui a escolha (heresia) torna-se um imperativo. Em relação ao Brasil, por exemplo, já pelos idos da década de 1990, Reginaldo Prandi constatava que cada vez mais a religião se ajustava à ideia da escolha, da livre escolha que se faz frente à variadas necessidades e diversas possibilidades de tê-las atendidas.[5]

---

4 As pesquisas recentes sobre o fenômeno religioso apontam questionamentos significativos aos postulados da secularização. Primeiramente, ao contrário do que enuncia a tese da secularização, a religião não identifica na sociedade moderna uma esfera como outra qualquer. Do mesmo modo, a suposta independência da esfera religiosa em relação às demais esferas que formam uma sociedade moderna também não se sustenta. A religião é definida pela e para a sociedade moderna e seu reconhecimento está necessariamente vinculado à sua neutralização. A modernidade permite à religião gozar de uma isenção quanto aos seus próprios fundamentos, sem jamais dela depender, colocando-se este modo na posição de privilegiada. Em segundo lugar, existe um tom evolucionista na secularização que, uma vez posto em questão, interdita tanto a utilidade como a referencialidade do conceito. O problema é sua pretensão teleológica, o naturalismo evolucionista deste discurso e sua insensibilidade ou menosprezo às contrarrespostas dadas às forças secularizantes por forças religiosas nos contextos em que as primeiras se instalaram. Terceiro, a utilização desse conceito é difícil uma vez que ele está necessária e intimamente relacionado com as definições de religião e de mudança religiosa, em torno das quais há muita divergência. A secularização passou a ser vista como um conceito multidimensional que engloba a grande variedade de formas do envolvimento religioso na sociedade em uma estrutura classificatória unificada. Quarto, o conceito de secularização só pode fazer algum sentido se estiver baseado na ideia de que a religiosidade com que o clima secular rompe ou transgride é inteiramente autor-referenciada e incapaz de mudanças. A religião obviamente é capaz de e até mesmo transgredir as fronteiras postas pela secularização. Quinto, não é possível confundir secularização com modernidade. A relação entre ambas não é causal e com uma única direcionalidade. A modernidade, ao se expandir historicamente pelo mundo, hibridizou-se ou alterou-se em vista de sua repetição, no confronto entre forças sociais modernizadoras e as antimodernas, dando origem a diversos modos de existência. Por outro lado, a hegemonia de uma ordem moderna via de regra produziu efeitos na estrutura social e na cultura que tiveram consequências diretas e indiretas para as formas tradicionais de religião. Sexto, no caso brasileiro praticamente não há nenhuma tradição religiosa que rejeite peremptoriamente a modernidade, tanto quanto nenhuma que a aceite completamente. Sétimo, a teoria da secularização se aplica em parte a certas realidades sócias e históricas. Há países na Europa ocidental que se aproximam do modelo, como há desenvolvimentos ali mesmo que põem sob suspeita a hegemonia do paradigma. Por fim, diversos posicionamentos acadêmicos relativos ao processo estão longe de se constituírem "acadêmicos" (BEDOUELLE, 2004; BERGER, 1996; BURITY, 2007; GIUMBELLI, 2002; GLASNER, 1996; HERVIEU-LÉGER, 2005).

5 Destaca Prandi que na sociedade brasileira contemporânea é vastíssimo o espectro das escolhas religiosas; há de tudo e para tudo. No final do século XX, qualquer branco de classe média podia "fazer-o-santo" em qualquer praça do país num candomblé "autêntico", em que ia ser irmão-de-santo do negro subproletário. Ou iniciar-se num dos ramos do amazônico Santo Daime, em que o alucinógeno legítimo

Novas Leituras do Campo Religioso Brasileiro

Nessa tendência a escolha da fé religiosa se dá em função da afinidade sentida pessoalmente com a tradição, assim como dos benefícios pessoais que dela se pode esperar. Essa busca de uma "religião à escolha", que avança à experiência pessoal e à autenticidade de um percurso de procura, mais do que a preocupação com a conformidade às verdades religiosas garantidas por uma instituição, é coerente com o advento de uma modernidade religiosa que implica certa maneira do ser humano de se pensar como individualidade e de trabalhar para conquistar a sua identidade pessoal, para além de toda a identidade herdada ou prescrita. Desse modo, as identidades religiosas já não podem ser consideradas como herdadas, mesmo se admitirmos que a herança seja sempre manuseada. Os indivíduos constroem a sua própria identidade sociorreligiosa a partir dos diversos recursos simbólicos postos à sua disposição e/ou aos quais podem ter acesso em função das diferentes experiências em que estão implicados (Hervieu-Léger, 2005).

Por outro lado, as escolhas religiosas estão relacionadas à capacidade das instituições oferecerem algo plausível, capaz de dar sustentação ao mundo para os seus adeptos. Para fazer face a essa concorrência e esconjurar o afastamento das jovens gerações, as instituições religiosas esforçam-se por afinar métodos mais eficazes de comunicação da sua mensagem (Hervieu-Léger, 2005). É a partir da incapacidade das religiões tradicionais, que não dialogam ou traduzem os princípios da modernidade, que o debate em torno da morte do sagrado se institui. No caso da religião católica é perceptível uma profunda crise na sua estrutura hierárquica. De acordo com Daniele Herviu-Léger, esse processo pode ser compreendido a partir de dois fenômenos correlatos: a proliferação dos fenômenos neocomunitários em seu próprio seio e o processo da individualização da fé que solapa os dispositivos institucionais da normatização do acreditável. Diante dessa situação, a instituição católica foi levada a reagir em massa contra essa ameaça pela reafirmação do magistério romano e engajou-se em operações de normatização das referências oferecidas, não apenas aos fiéis, mas também a toda a humanidade (Hervieu-Léger, 2005).

é meio e fim. As igrejas pentecostais e neopentecostais oferecem-se numa multiplicidade de denominações que parece sem-fim, e não apenas prosperam, mas diversificam-se doutrinária e ritualmente até verem borradas de vez as especificidades éticas e teológicas que marcaram sua origem (PRANDI, 1996).

Sendo assim, constata-se que ser religioso na modernidade não é tanto ser engendrado, mas também estar engendrado. Torna-se imprescindível que as religiões sejam instituídas e mantidas por uma comunidade que lhe dê apoio, providencie práticas e rituais de legitimação específicos. Isso inclui um conjunto de ações e de conhecimentos, além de um grupo de eruditos treinados. Por outro lado, a situação plural tem acirrado as disputas entre as *empresas de salvação*[6] pela hegemonia do campo religioso. Cada vez mais é preciso criar outras estratégias e *bens simbólicos de salvação* plausíveis, que garantam às instituições religiosas forças na luta pelo monopólio da gestão desses bens, pela manutenção ou ampliação do seu capital social.

Nessas disputas verifica-se que a mídia tem desempenhado um papel fundamental, sobretudo a partir da constituição do mercado de bens culturais na década de 1960. Na América Latina, por exemplo, o desenvolvimento dos meios de comunicação de massa e sua consolidação como indústria cultural transformaram a natureza da produção e do intercâmbio simbólicos. As novas redes de comunicação transmitem informação e conteúdos simbólicos a indivíduos cujas relações com os outros permanecem fundamentalmente inalteradas. O uso desses meios implica a criação de outras formas de ação e de interação no mundo social, novos tipos de relação social e maneiras de relacionamento do indivíduo com os outros e consigo mesmo. O uso dos meios de comunicação transforma a organização espaço-temporal e da vida social, criando outras maneiras de exercer o poder, que não estão mais ligadas ao compartilhamento local comum (Thompson, 2002).

Com a miaditização da modernidade foram plasmadas as maneiras como as formas simbólicas são produzidas, transmitidas e recebidas na sociedade latino-americana, bem como as maneiras como as pessoas experimentaram as ações e acontecimentos que se dão em contextos dos quais estão distanciados, tanto no espaço como no tempo (Thompson, 1995). Em um mundo marcado pelos meios de comunicação, as tradições se tornaram mais e mais dependentes de formas simbólicas mediadas. Elas foram desalojadas de lugares particulares e reimplantadas na vida social de novas

---

6   Adota-se aqui o conceito elaborado por Pierre Bourdieu que analisa as igrejas como empresas que lutam simbolicamente para impor a definição do mundo social conforme seus interesses e o campo das tomadas de posições ideológicas (BOURDIEU, 1998).

Novas Leituras do Campo Religioso Brasileiro

maneiras, processo perceptível nas visitas constantes de fiéis a *sites* religiosos na rede mundial de computadores para acender uma vela virtual. Com o avanço dos meios de comunicação, o papel das tradições orais, por exemplo, não foi eliminado, mas foi suplementado e reconstituído pela difusão dos produtos da mídia (Thompson, 2002).

Essa afirmativa pode ser confirmada pela tendência latino-americana em curso: dentre as igrejas pentecostais mais dinâmicas destacam-se aquelas que utilizam estratégias comerciais de saturação de mercado e imitação de práticas católicas. Os principais dirigentes pentecostais oferecem serviços contínuos nos seus templos, organizando procissões, tomando lugares públicos para celebração de cultos à nação. Diversas performances são verificadas com orquestras, cantores e grupos coristas. Implementam-se formas culturais dinâmicas, principalmente com os meios de comunicação popular. Os cultos adotam uma forma semelhante aos conceitos de *rock* para jovens, com discursos teológicos reduzidos, predominância de uma religiosidade de espetáculo, de emoção e de experiência (Bastian, 2001, pp. 188-189). A importância dessa lógica do mercado de bens culturais em relação às instituições religiosas latino-americanas pode ser exemplificada com o sucesso da Igreja Universal do Reino de Deus (IURD). Na expansão da *Igreja Universal* a mídia tem um papel fundamental, articulada às comunidades urbanas e ao transnacional. Nisto a IURD inovou, pois ela dispôs de seus próprios programas em todo lugar em se implantou, com suas emissoras de televisão e de rádio, televisão a cabo e seu jornal (Fonseca *in*: Oro *et al.*, 2003). A expansão da Universal neste mercado está relacionada ao estilo da demanda, de sua propaganda e de sua linguagem (Prandi, 1996). Tratando-se de uma instituição religiosa relativamente nova, ela tem flexibilidade para mudar seus "produtos" e adequá-los, da melhor maneira possível, à demanda de "consumo" por esse ou aquele "produto religioso". Dito de outro modo, a IURD privilegia as necessidades concretas das pessoas, organiza a "oferta" de acordo com a "demanda".

Pelo que se vê, as *empresas de salvação* não negligenciam o poder dos meios de comunicação de massa na América Latina. Num primeiro momento, utilizou-se a imprensa escrita e, em seguida, o rádio e a televisão. Periódicos religiosos circulam na sociedade desde o século XIX (católicos, protestantes históricos e espíritas) e durante todo o século XX (além dos já citados, os pentecostais). Os primeiros artistas do rádio (década de 1920) e da TV (década de 1940), por exemplo, foram bispos, padres e pastores, que revitalizaram a presença da mensagem religiosa na sociedade ocidental, que se modernizava a passos largos. Em vez do sermão falado ou do texto impresso, as ondas sonoras, deslocadas a milhares de quilômetros de distância de seu local de emissão, passaram a substantivar a "palavra de Cristo" (Carvalho, 1998).[7]

Considerando o papel dos meios eletrônicos na sociedade brasileira, esta pesquisa tem como objetivo analisar os padres que adotaram o estilo midiático como um fenômeno da dinâmica do campo religioso brasileiro contemporâneo, denominados de artistas da fé. Busca-se relacionar sua emergência, seu *estilo*, bens simbólicos e estratégias com os sentidos instituídos nesse campo social, particularmente quanto à tendência cada vez mais evidente de diálogos e tensões entre as religiões e os princípios norteadores da modernidade. Parte-se da premissa de que a ascensão de um novo tipo de sacerdote é legitimada pela dinâmica contemporânea do campo religioso brasileiro. Do mesmo modo, a pesquisa busca demonstrar que os artistas da fé constituem uma resposta da Igreja Católica na competição com as outras *empresas de salvação* e um expediente de atualização, de busca de *plausibilidade*, uma espécie de *modernidade religiosa* (Hervieu-Léger, 2005). Isso implica na constituição de padres "famosos", cuja fama está associada à *televisibilidade*. O estilo sacerdotal atende a estética dos programas televisivos, diferentemente de outros padres cantores, como o padre Zezinho. Seus discursos e suas ações são caracterizados por forte apelo à emotividade, às práticas de cura, ao uso de expressões corporais e de técnicas de *marketing*.

Para a elaboração desta pesquisa, são utilizados três conceitos da sociologia de Pierre Bourdieu: Primeiramente, o conceito de *campo*, utilizado para leitura do espaço religioso brasileiro, compreendido como um local de disputa entre religiões concorrentes; o segundo conceito adotado é o de *habitus*, referência teórica usada para compreensão do estilo dos artistas da fé. Os gestos,

---

7 A grande maioria das emissoras de rádio católicas, por exemplo, foi criada ao longo dos dez anos que vão de 1954-1964, período de consolidação do mercado brasileiro de bens culturais – conforme apontado por Renato Ortiz (2001) –, e de expansão do campo radiofônico como um todo no conjunto da sociedade brasileira. Em relação à televisão, durante os primeiros anos da sua chegada e expansão no Brasil, a Igreja Católica pouco explorou este meio de comunicação. Vale ressaltar que ainda durante a década de 1980, num país em que ela acabou se tornando o meio de comunicação mais poderoso, a presença católica no campo televisivo continuava tímida e controvertida, comparada à presença dos evangélicos.

Novas Leituras do Campo Religioso Brasileiro

as músicas, a linguagem, as danças adotadas pelos padres foram analisados como pertencentes a um *capital simbólico*; o último conceito tomado de Bourdieu é o de *empresa de salvação*. As igrejas foram vistas como empresas que lutam simbolicamente para impor a definição do mundo social conforme seus interesses e o campo das tomadas de posições ideológicas. A adoção destes conceitos é fundamental para demonstração da dinâmica do campo religioso contemporâneo, assim como quanto à exigência para que o agente religioso seja socializado por novos traços distintivos, constituídos por práticas ajustadas e incorporadas ao sentido do jogo atual. As práticas dos artistas da fé são percebidas a partir da sua grande capacidade de antecipar e ver de antemão, sentido adquirido na e pela prática com o campo religioso contemporâneo, numa relação de solicitação mútua (Bourdieu, 2001). Os artistas da fé adquiriram a capacidade de antecipar o futuro do jogo, uma temporalidade adquirida que lhes é possível à medida que seu *habitus* é dotado de móveis de ajustamento ao campo. Suas estratégias e bens de salvação foram constituídos de tal modo que estão dispostos a apreender na estrutura presente com potencialidades objetivas que se lhes impõem como coisas a fazer. Desse modo, as práticas dos sacerdotes católicos são compreendidas a partir da conversão do seu *habitus* sacerdotal para que fosse capaz de usar o microfone, olhar para a câmera, tornar-se um grande comunicador, um "ser humano de TV", talvez um "artista" capaz de levar as pessoas ao êxtase, a "erguer as mãos para o Senhor".

O segundo autor utilizado é Peter Berger. Dele, são adotados dois conceitos da sua Sociologia da Religião: *plausibilidade* e *capitulação cognitiva*. O conceito de *plausibilidade* é utilizado para compreensão das mudanças propostas pelos novos agentes católicos, especificamente os artistas da fé. Suas inovações e bens simbólicos ofertados são lidos a partir da necessidade de diálogo entre a religião e a modernidade. O estilo dos artistas da fé é compreendido como uma forma de organizar e conquistar uma população em competição com outras *empresas de salvação* que têm o mesmo propósito, no caso os *neopentecostais*. O conceito de *capitulação cognitiva* é fundamental para a análise do esforço dos padres em fazer da sua religião algo de "relevante", implicando uma série de escolhas em relação à modernidade e à tradição católica. O conceito de *capitulação cognitiva* permite a percepção de como o estilo dos artistas da fé está marcado por uma abertura relativa às estratégias de evangelização, quando seu discurso apresenta um sentido pragmático. Entretanto, o diálogo é tenso, pois se evidencia o reforço da tradição católica. Por um lado, os discursos dos agentes religiosos aqui investigados são contrários a um catolicismo de sofrimento, apresentando uma religião alegre, prazerosa, que valoriza a experiência subjetiva e pessoal, enfatiza a experiência, a eficácia e a adaptação aos fiéis (consumidores) e se insere relativamente na cultura e na sociedade atual. Por outro lado, está presente um reforço da tradição quando o enfoque recai sobre temas como disciplina e sexualidade, com acentuado clericalismo, monolitismo, autoridade, dogmatismo e magistério da Igreja Católica.

Por fim, utiliza-se nesta pesquisa o conceito de *televisibilidade* de John B. Thompson. Ele combina presença audiovisual com distância espaço-temporal. As pessoas que os receptores vêm a conhecer por meio da televisão são "personalidades", cujos traços são definidos dentro da região frontal da esfera da produção. Tais personalidades são construídas a distância, adquirem uma "aura" que se sustenta em parte pela distância que os separa dos receptores. Em circunstâncias excepcionais, esta distância pode ser vencida (Thompson, 2002, pp. 91-92). O conceito de televisibilidade é fundamental para a compreensão das interações e imagens construídas em torno dos artistas da fé, observados agora não como padres que se limitam a suas paróquias. Ao contrário, a fama é instituída a partir duma relação mantida a distância com os seus fiéis.

Os artistas da fé

A presença de sacerdotes na mídia vem de longa data. Os primeiros artistas do rádio e da TV foram religiosos. A presença católica na mídia, apesar da escassez de recursos humanos, técnicos e financeiros, acompanha a evolução dos meios de comunicação. As celebrações religiosas no rádio e na televisão já fazem parte da programação há décadas (Assman, 1985). Além das celebrações litúrgicas, os primeiros *artistas do altar* no catolicismo brasileiro destacaram-se pela música. Essa religião está repleta de padres cantores. Inúmeros sacerdotes há décadas utilizam a música como instrumento de evangelização. Entre os mais conhecidos, existe um grupo composto de padres com longa experiência sacerdotal e um segundo composto por recém-ordenados. É possível citar alguns agentes como exemplo.

Novas Leituras do Campo Religioso Brasileiro

No primeiro destacam-se Jonas Abib, Zezinho (José Fernandes de Oliveira) e Antônio Maria. As canções do padre Jonas Abib são interpretadas nas celebrações carismáticas, sendo *Juras de amor* a mais conhecida. Ordenado em 1964, fundador da Comunidade Canção Nova, até 2001 havia gravado treze discos por meio de uma gravadora independente (Souza, 2001, pp. 71-72). Padre Zezinho ordenou-se em 1966. No ano seguinte já pregava em ritmo de música. Tem mais de 280 obras lançadas, entre discos, vídeos e livros religiosos e já vendeu mais de oito milhões de discos. Desde 1969 ele está no rádio. Inicialmente com os programas *Um olhar sobre a cidade*, *A hora e a vez da família* e *Tempo e contratempo*, os três na *Rádio 9 de Julho* até seu fechamento pela ditadura militar em 1974. Zezinho continuou na *Rádio América* até 1978, saindo para a *Rádio Aparecida*, onde permanece. Seu programa de rádio é transmitido em mais de cinquenta emissoras. O maior sucesso do padre Zezinho é *Oração pela família*. Somente depois de muitos anos permitiu a Roberto Carlos fazer uma releitura da sua canção. Sacerdote desde 1976, Antônio Maria tornou-se conhecido dos católicos ao fazer *shows* em cidades e paróquias, cantando em diversos locais, como postos de combustível e trios elétricos. Nos últimos anos, vem se tornando bastante conhecido por meio da televisão, apresentando-se em *shows* de evangelização e programas de rádio e TV, recebendo, inclusive, o título de "Padre do Ratinho". Costuma participar de programas em diversas emissoras, sempre levando uma imagem da Virgem Maria, a "Mãe Peregrina". Além das suas canções, também interpreta músicas de artistas famosos, como da dupla Chitãozinho & Xororó e de Roberto Carlos. Sua aproximação com esse último foi um dos pontos decisivos da sua projeção midiática, dando-lhe outro título: "Padre do Roberto Carlos" ("O reino dos padres pop". *Veja*, 10/11/1999).

No segundo grupo se destacam os padres Marcelo Rossi, Joãozinho (João Carlos Almeida), Zeca (José Luís Jasen de Melo Neto), Jorjão (Jorge Luís Neves Pereira), Paulo Bosco, Wallace e Wellington. Ordenado em 1993, o padre Joãozinho é bastante conhecido pelos carismáticos. Inspirado em padre Zezinho, privilegia a música como forma de propagação da mensagem da fé. É crítico do que considera "musicalidade comercial". Apesar de atuar em rádio e TV, não tem espaço na *grande mídia*, limita-se ao âmbito carismático. Possivelmente, a influência do padre Zezinho é notória, que diz evitar os meios de comunicação de massa (Souza, 2001, pp. 75-76).

O padre *Zeca* foi ordenado em 1995 e dirige a paróquia da *Ressurreição*, em *Copacabana*, Rio de Janeiro. Em 1997, motivado pela visita do papa ao Brasil, organizou com jovens de sua paróquia um evento festivo diferente: um *showmissa* na praia. Em 28 de setembro de 1997, aconteceu o 1º Encontro Jovem Católico Gospel Deus é Dez, no Posto 10 da praia de Ipanema (Souza, 2001, pp. 77-78). Dentre seus discos destaca-se *Deus é dez*, gravado ao vivo na mesma praia e lançado no início de 1999. Em 14 de novembro do mesmo ano, lançou o álbum *Digo sim a Deus* ("O reino dos padres pop". *Veja*, 10/11/1999). Padre Jorjão, companheiro do padre Zeca na Arquidiocese do Rio de Janeiro, foi ordenado em 1992. Costuma cantar e dançar, rodeado de jovens, inclusive nas praias. Até 2001 não tinha gravado nenhum CD. Juntamente com o padre Zeca, apresenta o programa de rádio *Deus é dez*, transmitido para dezenas de cidades brasileiras. O padre brasiliense Paulo Bosco ordenou-se em 1995 e conquistou a simpatia dos fiéis com seus cultos musicais. "Ele foi uma bênção de Deus na nossa igreja", diz a dona de casa Arlete Redondo (49 anos), uma das quinhentas pessoas que frequentam o culto dominical da Igreja Nossa Senhora do Rosário, no Lago Sul, em Brasília. O padre Paulo evangeliza os fiéis de Brasília criando letras religiosas para clássicos do *rock*. Criou uma versão religiosa para o clássico *The wall*, da banda Pink Floyd. Criou o bordão "Sou um DDD: Doidão de Deus".

O cardeal-arcebispo de Brasília, dom José Freire Falcão, atesta a seriedade do sacerdote, designando-o como responsável pela juventude da cidade (Pereira, *Época*, 25 de dezembro de 2000). Na cidade de Niterói, no Estado do Rio de Janeiro, atua a dupla de padres carismáticos Wallace e Wellington. Os irmãos rezam em conjunto para um rebanho que chega a 2.500 pessoas em missas ao ar livre. Nascidos numa família católica, frequentaram na adolescência um grupo de oração da Renovação Carismática. Juntos, e ao mesmo tempo, resolveram abraçar o sacerdócio. Os irmãos deixaram o seminário em 1998 e tomaram rumos diferentes. Wellington trabalhava em paróquias, e Wallace continuava no Seminário São José, em Niterói, do qual é diretor espiritual. Ao serem convidados para rezar uma missa juntos, resolveram partir para celebrações em dupla pelo Brasil, gravando um CD intitulado *Espelho de Deus*, com músicas em ritmo de *reggae*, *rock* e *country*. Toda primeira segunda-feira do mês, a dupla reza missa ao ar livre no pátio da Igreja de São Lourenço, em Niterói (Pereira. *Época*, 25 de dezembro de 2000).

Novas Leituras do Campo Religioso Brasileiro

Além da distância cronológica entre os nomes elencados, há traços distintivos entre esses agentes religiosos. É possível distingui-los em dois estilos. O primeiro seria composto por padres que adotam uma postura mais fechada ao mundo, principalmente a inovações, aos valores da modernidade. Nesse caso, o padre Zezinho é exemplar. Em 1966 quando se ordenou, iniciou suas atividades pastorais na Paróquia de São Judas Tadeu, no bairro paulistano do Jabaquara. Ficaram aos seus cuidados cerca de catorze mil jovens, com os quais ele passou a trabalhar com teatro, música, grupo de reflexão e jornadas. Já nos primeiros anos, a música foi usada pelo padre Zezinho nas missas e nos encontros, levando-o em pouco tempo a gravar seu primeiro disco, *Shalom*, em 1970. No início da década de 1980, ampliou seu público, começou a dar *show* pelo Brasil – juntamente com a banda Cantores de Deus – com muita música e dança. Suas músicas possuem cunho social, místico e pastoral. Padre Zezinho buscou aproximar a juventude da Igreja por meio de uma linguagem acessível, atual, direta e alegre, causando, inclusive, espanto e indignação de alguns setores conservadores da Igreja Católica. Organizou grupos de reflexão, deu início a movimentos de ampla repercussão e dedicou-se a adaptar o Cursilho para os jovens por meio de minijornadas e encontros (Pe. Zezinho, 1999, pp. 23-50).

Aparentemente não há nenhuma diferença das ações de padre Zezinho dos demais padres citados, como Marcelo Rossi e Zeca. Todos possuem na sua trajetória o uso dos meios de comunicação, principalmente a música, o rádio e a televisão. Entretanto, padres como Zezinho e Joãozinho, apesar da adaptação em relação à linguagem, à incorporação dos meios de comunicação como instrumentos de evangelização, seguem um direcionamento tradicional, não se abrem para muitas adaptações "mundanas", como a adoção de ritmos como *rock*, *rap*, *axé-music*, entre outros. Ambos frequentam primordialmente a mídia católica, não aceitam o assédio e a pressão da *grande mídia*. Seus estilos incorporam um tom mais tradicional em relação à liturgia. Eles não possuem o "padrão global" exigido pelas grandes emissoras, pois sua linguagem está mais próxima do altar do que dos programas de auditório, como destacou o próprio Zezinho numa fala em que insinua o controle da mídia sobre o padre Marcelo Rossi, seu concorrente no campo católico:

Não sou contra os grandes aviões. Só acho que avião pequeno também chega. As grandes companhias de música e os grandes canais de televisão são para mim como enormes e poderosas aeronaves que poderiam me levar até Hong Kong ou à Lua. Mas prefiro comprar um bilhete e dizer até onde quero ir (Pe. ZEZINHO, 1999, p. 61).

O segundo grupo é composto por padres que emergiram na década de 1990, com exceção do padre Antônio Maria. Eles demonstram maior diálogo com o mundo, propondo uma espécie de modernidade religiosa (Hervieu-Léger, 2005). Há nesta tipologia uma grande preocupação com os "gostos" e "vontades" dos fiéis, com a eficácia das suas estratégias e a recepção dos *bens simbólicos* ofertados. A importância da eficácia leva-os a adotar estratégias de *marketing* e produção com mais ênfase que os demais. Por exemplo, o empresário Manoel Poladian aparece nos créditos de *Acenda uma vela*, primeiro CD do padre José Eduardo Balikian. Ao fazer um *show* no Amapá em 2000, ele foi visto por meio da TV pelo empresário Poladian, que em seguida ligou e acertou um contrato de gravação com o sacerdote. O nome do álbum, o mesmo da canção que abre o trabalho, é *Acenda uma vela*. Muitos arranjos levam a assinatura de Cristóvão Bastos, que tem canções com Chico Buarque e muitas horas de *shows* e gravações ao lado de Nana Caymmi. Jurim Moreira, baterista, esteve nas bandas de Roberto Carlos, Gal Costa e Hermeto Pascoal. A produção e gravação são de responsabilidade da empresa de Poladian e a distribuição é feita pela Abril Music, acostumada a vender muito e a distribuir álbuns que garantam bons retornos nas lojas (MARIA. *Jornal da Tarde*, 13/12/2002).[8]

Esse novo agente religioso não frequenta apenas as emissoras confessadamente católicas. Busca, sobretudo, programas das emissoras laicas, como "Domingão do Faustão" e "Planeta Xuxa", da Globo; e "Domingo

---

8 O exemplo do padre Marcelo Rossi não inspira apenas os jovens sacerdotes. Ordenado em 1955, o padre Abelardo Bezerra de Moura, pároco da Igreja Nossa Senhora das Graças, no Recife, estreou no sacerdócio rezando em latim e de costas para os paroquianos. Com mais de 70 anos de idade, é o discípulo mais idoso de Rossi. Espalhou fotos do religioso paulista na casa paroquial. Aprendeu suas músicas e coreografias. Todas as segundas-feiras, o padre Abelardo comanda a celebração mais concorrida da cidade, de cura e libertação. Teve até de mandar construir um galpão com telhado de zinco, ao lado da igreja, para receber as três mil pessoas que disputam um lugar no evento. "A Igreja perdeu muito tempo com estruturas antiquadas, distantes do povo", lamenta-se ("Apelo dos Holofotes", *Época*, 25 de dez. de 2000).

Novas Leituras do Campo Religioso Brasileiro

legal" do SBT. Além da explícita estratégia de divulgação, a opção por tais programas de auditório está relacionada aos interesses, estilo e estética entre ambos, como afirmou padre Antônio Maria em entrevista:

> ... *eu preciso não só ficar cantando na sala da minha casa [...], eu preciso cantar no terreno do vizinho também, se eu quero evangelizar... os que já estão evangelizados não precisam, e eu faço isso conscientemente, embora às vezes receba até crítica [...], porque há milhões e milhões de pessoas que não assistem a Rede Vida, que não assistem à Canção Nova [...] assistem o Ratinho e no momento em que eu vou ao Ratinho são milhões*
> (MARIA, Pe. Antônio. Entrevista concedida a Péricles Andrade. Estância-SE, 29 de maio de 2004.)

A frequência aos programas televisivos de amplitude nacional transformou tais padres em "personalidades" construídas a distância, extrapolando os âmbitos paroquiais e diocesanos. Tais sacerdotes possuem uma "aura" sustentada pela distância com os fiéis. Em algumas circunstâncias excepcionais, a distância pode ser vencida mediante incômodos pedidos de "autógrafos". Por exemplo, numa apresentação no município de Estância, Sergipe, em abril de 2004, o padre Antônio Maria foi constantemente assediado pelos fiéis. Sua entrada no ginásio foi marcada pelo tumulto de pessoas que buscavam tocá-lo. Durante sua estada na festa, dezenas de "fiéis-fãs" tiraram fotografias junto ao "padre famoso". Aqui a barreira televisiva estava temporariamente suspensa.[9] Essa televisibilidade alcançada está diretamente relacionada com a configuração de um novo estilo sacerdotal no catolicismo brasileiro. O comunicador distante passou a ser substituído por uma figura similar ao "animador de auditório". O clérigo passou a adotar a simpatia do *showman* dos programas de televisão. Para estar presente na programação, ele deve estar seguro do "padrão global", dominar seu auditório e ser encarado pelo público como o guardião de forças que regulam e dão sentido à vida. O agente religioso ideal nessa

---

9   Como afirmou o citado sacerdote: *"... uma pessoa que aparece uma vez na televisão já fica celebridade, né, seja por que for, e, de certo modo, aquela fantasia que o povo tem da celebridade mesmo, eu estive com Fulano, eu tirei uma foto com Fulano, isso eu sei porque eu também era assim, não é [...] claro que olham para o padre Antônio Maria em primeiro lugar como aquele que canta, aquele que aparece na televisão, aquele que é amigo do Roberto Carlos [...] ou é o padre do Ratinho..."* (MARIA, Pe. Antônio. *Entrevista concedida a Péricles Andrade.* Estância-SE, 29 de maio de 2004).

209

perspectiva é aquele que se integra com os consumidores, numa espécie de "aeróbica do Senhor".

O padre Marcelo Rossi ilustra esse tipo de agente. Há poucos anos era impensável que um padre se tornasse um artista disputado pela mídia e alcançasse tamanha popularidade. Suas músicas, vendidas em larga escala em CDs, e sua "aeróbica" combinam com o ritmo desses *shows*. Seus títulos e refrãos são conhecidos. Sua coreografia é fácil porque já foi muito vista por meio da televisão. À alegria das músicas e à animação dos gestos soma-se a novidade de ter um sacerdote católico na programação (Novaes, 2001, pp. 62-63). Mas não um mero sacerdote e alguém que consegue falar numa linguagem "acessível", "próxima" dos fiéis.

O novo especialista religioso costuma trajar *clergyman*, menciona frequentemente fidelidade à hierarquia da igreja, bem como à sua doutrina. Especificamente em relação ao padre Marcelo Rossi, por exemplo, alguns membros do clero afirmam que não se trata de um "bom pregador" e sim de um "bom comunicador". Ele possui habilidades que o qualificam como um forte "empresário" no concorrido mercado brasileiro de bens de salvação: comunica-se bem, mediante gestos, frases curtas e de efeito; em sua mensagem, costuma tratar das emoções íntimas da relação do fiel com Deus; dirige-se com frequência à família, falando como um "bom moço e bom filho", promove eventos de massa e alternativos, comumente noticiados (Souza, 2001).

Pelo que se vê, esses padres se inserem numa lógica do campo religioso atual, que estimula a experimentação, levando-os a um diálogo com a modernidade. O sentido do campo leva os agentes a um modo de pensamento específico, a práticas compatíveis, próximas, maleáveis e suscetíveis de serem convertidas em práticas ajustadas, reestruturadas. Cada vez mais, diante da concorrência acirrada nesse campo, a realidade do mundo cristão depende da presença de estruturas sociais nas quais essa realidade apareça como óbvia e em que sucessivas gerações de indivíduos sejam socializados de tal modo que esse mundo será real para eles. Nesse aspecto, há uma adequação entre as práticas adotadas por alguns agentes religiosos e a modernidade. De certo modo, esses padres estão fortemente vinculados ao processo de abertura ao mundo reforçado pelo Concílio Vaticano II, à propagação e acirramento do pluralismo religioso e ao intensivo uso dos meios de comunicação por parte das instituições religiosas.

Novas Leituras do Campo Religioso Brasileiro

Três exemplos ilustram tal afirmativa. Em entrevista, padre Antônio Maria destacou que no seu programa na rádio católica *9 de julho* (São Paulo) há um bloco chamado "tocando a vida melhor". Nessa seção são tocadas "músicas do mundo" – "que eu também sou do mundo", como destacou. Ainda de acordo com o entrevistado, são músicas que falam de "amor", "paixão, como a de Roberto Carlos por exemplo" (Maria, Pe. Antônio. *Entrevista concedida a Péricles Andrade.* Estância-SE, 29 de maio de 2004). Em 2001, a banda *Ministério chama viva*, liderada pela madre Maria José, já havia tocado no programa da Hebe Camargo e iria aos de Jô Soares e Faustão. O grupo estudava proposta de três gravadoras para lançar o CD de estreia. De hábitos, crucifixos e tocando *rock*, o grupo afirmava que a música de Deus contra-ataca os "hits demoníacos". As 17 freiras da banda *Ministério chama viva*, jovens com idade entre 18 e 30 anos, começaram a soltar suas vozes nas dependências do Convento Espírito Santo, um antigo hospital reformado no bairro do Brooklin, São Paulo, onde vivem irmãs carmelitas. As freiras diziam que o sucesso iniciado na mídia foi bem-vindo por um único motivo: elas podiam falar de Deus para mais e mais pessoas. No repertório estão composições conhecidas dos adeptos da Renovação Carismática. Enquanto umas tocam, e outras cantam, há ainda as que dançam vestidas com túnicas transparentes sobre seus hábitos. Madre Maria destacava que foi a maneira que encontraram para transmitir alegria. O assédio de repórteres era tão grande que a religiosa tinha começado a adiar a participação do grupo em alguns programas de tevê. "Preciso preservar as meninas. Muita exposição na mídia satura e, por isso, pedi um tempo para alguns programas" (Maria. *Jornal da Tarde*, 6/5/2001). Em 2 de abril de 2002, o padre Zeca lançou o seu quarto disco, intitulado *Quero paz*, do qual consta uma versão *pop* da "Oração de São Francisco". Esse CD foi lançado num local que, anos atrás, seria considerado "inusitado": uma boate do Rio de Janeiro. Segundo a Associação Deus é dez, criada pelo padre, para o evento eram esperadas cerca de 1,5 mil pessoas no *Studio 54*, casa noturna da Barra da Tijuca. Alguns chamaram tal prática como a "Boate de Jesus" ("Padre Zeca Lança disco em boate". *Jornal da Tarde*, 3/4/2002).

A partir desses três exemplos, percebe-se que esses novos agentes possuem o sentido do campo religioso contemporâneo, que exige mais ação, experimentação e adaptação aos meios de comunicação, numa tentativa da construção de uma modernidade religiosa. Padres como Marcelo Rossi e Zeca, por exemplo, sabem dialogar "eficazmente" com os comunicadores, investigar os "sinais dos tempos", apresentar uma linguagem "compreensível", "aberta", de fácil assimilação e preocupada com os receptores. De certo modo, suas estratégias são eficazes, pois na disputa com as demais *empresas de salvação*, o catolicismo torna-se midiaticamente mais visível. Como sugerem alguns documentos eclesiásticos, eles se tornaram comunicadores "profissionais", "eficazes", "homens de TV".

O trabalho religioso realizado por esses agentes é capaz de responder a uma categoria particular de necessidades próprias de certos grupos sociais. Nesse sentido, tais padres conseguiram uma façanha bastante comemorada pela hierarquia católica: atrair o segmento jovem, que há décadas estava afastado. Isso pode ser constatado, por exemplo, no grande apoio concedido aos padres artistas pelo antigo cardeal do Rio de Janeiro, Dom Eugênio Sales, um dos líderes católicos mais próximos do Vaticano. Na celebração intitulada *Em nome do Pai*, realizada em 12 de outubro de 1998 no Maracanã, foram reunidos os padres-cantores Marcelo Rossi, Zeca, Jorjão, Zezinho e Antônio Maria. No final da programação, uma missa campal foi celebrada pelo cardeal-arcebispo dom Eugênio Sales.[10]

Há grande ênfase quanto à singularidade da pregação midiática dos artistas da fé. Esses seriam agentes heterodoxos ao campo católico? Estariam cometendo alguma heresia com suas práticas midiáticas? Estariam subvertendo as práticas sacerdotais e enfatizando a carreira artística? Pode-se afirmar que eles possuem um senso prático do campo religioso brasileiro contemporâneo. Gradativamente no século XX a Igreja tomou uma posição favorável aos meios de comunicação, ressaltando a necessidade da sua utilização e de formas mais racionalizadas de uso. Essa mudança da posição se deu, sobretudo, com a publicação em 1963 do documento *Inter Mirifica: Decreto sobre os meios de comunicação social*, assinado pelo papa Paulo VI durante o Concílio Vaticano II (1962-1965). É a primeira vez

---

10   Como afirmou o padre Antônio Maria: "... então, hoje, se a gente não correr no mesmo ritmo, com novas expressões, com novo ardor também claro, com nossos métodos claros, se a gente não evangelizar pela internet a gente está perdido, não é, mas ainda tem padre, tem bispo que acha que... entendeu... é no domingo aquele sermão já salvou todo mundo, e não é, então a gente tem de fazer das tripas coração [...] não, e outra coisa temos de tornar a religião atraente, sabe, esse negócio de que tudo é pecado, de que Deus castiga... antigamente era assim [...] então meu filho, criar a religião atraente, coisa nossa, coisa do nosso mundo, que o jovem possa louvar a Deus, levantando seus braços, dançando, por que não dançar, não é? Ser alegre, ser feliz por ser de Deus, atrair, senão a gente perde o barco" (MARIA, Pe. Antônio. *Entrevista concedida a Péricles Andrade*. Estância-SE, 29 de maio de 2004.)

que um concílio ecumênico discute sobre os meios de comunicação num documento oficial. Se nas encíclicas anteriores o tom era de condenação, nesse decreto há uma preocupação mais voltada para a prática, apesar de ainda estar presente a preocupação com o uso "adequado" desses meios. Dentre as medidas propostas, destacam-se a criação do "Dia Mundial da Comunicação" e os secretariados mundial e nacionais especializados nos *mass media*.

Apesar desses avanços, é com a edição, em 1971, do documento *Communio et Progressio: instrução pastoral sobre os meios de comunicação social* que, de fato, a Igreja se rende à evidência da importância dos meios de comunicação na organização da vida moderna e no progresso da humanidade. São perceptíveis três grandes enfoques:

Há uma preocupação com a formação dos comunicadores católicos. Inicialmente destaca-se a necessidade de colaboração e diálogo com os que se dedicam à comunicação. Na perspectiva proposta, o clero e os leigos católicos devem, com "informação e preparo", escrever na imprensa e participar de programas radiofônicos e televisivos. Para que isso seja possível, é necessário que a problemática comunicacional esteja presente nas diversas disciplinas teológicas, na moral pastoral e catequética; que educadores, sacerdotes e associações católicas incentivem os jovens com inclinação à comunicação; que as universidades e institutos católicos criem e desenvolvam cursos de comunicação social; que durante sua formação sacerdotes e religiosos conheçam a incidência dos meios de comunicação na sociedade, as técnicas e o uso, para que não cheguem "desprevenidos" do ministério apostólico que lhes será entregue.

O segundo enfoque se dá sobre o diálogo da Igreja com o mundo. Seguindo a tendência de abertura à modernidade do Concílio Vaticano II, *Communio et progressio* propõe a adaptação da Igreja às circunstâncias particulares de tempo e lugar, possibilitando aos católicos uma "investigação livre". Nessa perspectiva, a Igreja deve saber "ler os sinais dos tempos", como reagem os contemporâneos aos acontecimentos e correntes do pensamento atual. Nesse sentido, consideram-se os meios de comunicação fundamentais aos responsáveis pela Igreja. Por meio deles é possível o anúncio de uma "imagem autêntica na vida da Igreja". Aqui, os meios de comunicação prestam um tríplice serviço: possibilitam a sua manifestação ao mundo, promovem, no seio da Igreja, o diálogo e põem-se na corrente da mentalidade dos homens de hoje, aos quais o evangelho deve ser anunciado numa "linguagem compreensível" ao mundo. É necessário, de acordo com a instrução, usar, quando possível, os meios de comunicação para apresentar a mensagem cristã de modo mais "interessante e eficaz", encarnando-a no estilo de cada um desses meios.

No último enfoque, é elaborada uma espécie de "cruzada" em relação ao uso dos meios de comunicação por parte da Igreja. Reforça-se a necessidade de homens especializados, técnica e administrativamente, em planejamento dos conselhos pastorais de comunicação. Conclamam-se os católicos a que colaborem para que a Igreja adquira recursos técnicos, que as autoridades eclesiásticas fomentem os apostolados encarregados dos *mass media*, zelem e apoiem o *Dia Mundial da Comunicação Social*. Destaca a instrução que, na medida do possível, funde-se num centro diocesano ou interdiocesano de comunicação, assim como secretariados nacionais, que devem promover, estimular e coordenar todas as atividades dos católicos no campo das comunicações. Enfim, que cada bispo, individualmente, além de conferências episcopais e do próprio Vaticano, tenha porta-vozes permanentes e oficiais (*Communio et Progressio*, 1971 in: Dariva, 2003, pp. 118-135).

Especificamente em relação à formação dos sacerdotes nos meios de comunicação social, a Congregação para a Educação Católica publicou diversas orientações destinadas às Conferências Episcopais, aos bispos diocesanos, superiores e professores dos seminários. A Igreja considera ainda hoje que um dos grandes empecilhos ao seu avanço nos *mass media* se constitui na falta de pessoas preparadas para implantá-los e desenvolvê-los, além das dificuldades técnicas e econômicas. Ciente disso, a dita congregação propôs uma série de medidas que visam formar um clero que saiba usar adequadamente os meios de comunicação. Juntamente com a formação teológica, os clérigos devem saber usar termos corretos, considerar a evolução tecnológica, não se fechar à comunicação, ser instruídos em teoria e prática no uso dos instrumentos comunicacionais, não ser superficiais e improvisados. O treinamento deve incluir a arte de falar, modalidades de expressão e comunicação próprias de cada meio de comunicação e receptores, dicção e postura diante das câmeras e microfones, expressões teatrais. Em 1992 é editada uma nova instrução pastoral que buscava aplicar os documentos conciliares e pós-conciliares às "novas realidades emergentes". Trata-se da *Aetatis Novae: Instrução pastoral sobre as comunicações sociais no XX aniversário da Communio et progressio*. Buscava-se a elaboração de projetos concretos e realizáveis, em que a Igreja desenvolvesse, sustentasse e favorecesse seus próprios instrumentos e programas de comunicação. Esse deveria se constituir um esforço prioritário, levando em consideração as situações específicas de cada nação, região e diocese. Por outro lado, a instrução reconhecia também que, apesar dos esforços, os *mass media* continuavam sendo negligenciados pela Igreja (*Aetatis Novae*, 1992 in: Dariva, 2003, pp. 184-201).

Pelo que se observa, ainda no início da década de 1990, após vinte anos da elaboração e publicação de *Communio et progressio*, algumas propostas são retomadas e dificuldades apontadas. Dentre essas destacam-se: plano pastoral de comunicação específico para cada região; métodos pensados em conjunto; avaliação nos ambientes dos *mass media* existentes; melhor estruturação dos meios eclesiásticos de comunicação; busca de recursos e financiamentos; colaboração entre as dioceses e conferências episcopais; produção de publicações e programas radiofônicos, televisivos e de vídeo de "qualidade excelente" e pesquisa e análise sobre o papel dos meios de comunicação na Igreja e na sociedade (*Aetatis Novae*, 1992 in: Dariva, 2003, pp. 184-201).

A partir desses documentos, cada vez mais se evidencia uma postura compreensiva da Igreja em relação aos meios de comunicação social. Nas diretrizes gerais da ação pastoral da Igreja no Brasil entre 1975 e 2006, os meios de comunicação constituem-se numa das preocupações mais presentes. No quatriênio 1975-1978, poucos anos após a publicação da instrução *Communio et Progressio*, os bispos brasileiros entendiam que os meios de comunicação exerciam influência na população e podiam ter grande utilidade evangelizadora. Eles estavam cientes da grande difusão e penetração em vários ambientes dos diversos meios de comunicação. Seguindo as diretrizes apontadas pelos documentos do Vaticano, a Igreja Católica no Brasil ressalta a necessidade de os evangelizadores aprenderem a expressão e a linguagem desses meios. Para que isso seja possível, a *Linha 6* da CNBB propõe as seguintes atividades: assumir os MCS como instrumento a serviço de toda a pastoral da Igreja; promover estudos e cursos, encontros, seminários sobre importância e uso adequados dos meios de comunicação; estimular a organização e aperfeiçoamento dos Setores Regionais e Diocesanos desses meios; estudar, com as escolas católicas de comunicação, a formação cristã dos comunicadores; estabelecer pastoral permanente com os profissionais de comunicação; estimular a colaboração dos profissionais católicos de rádio e televisão; estabelecer ação pastoral junto aos profissionais de cinema e teatro (CNBB. Diretrizes Gerais da Ação Pastoral da Igreja no Brasil – 1975-1978 in: Dariva, 2003, p. 518).

Desse modo, aos poucos se configurou a formação desse novo *estilo sacerdotal*. Estabeleceu-se uma gramática gerativa que instituiu a necessidade de abertura à modernidade como traço decisivo. Tornou-se cada vez mais necessária a constituição de um corpo de sacerdotes homogêneo, capaz de assegurar o domínio da gestão dos bens simbólicos de salvação à Igreja Católica. Para a definição desse novo estilo, foi importante a constituição de um corpo de profissionais burocraticamente organizado em relação aos meios de comunicação social.

Diante disso, as autoridades eclesiásticas instituíram práticas sacerdotais marcadas pelo domínio das técnicas, expressões, linguagem e conhecimento dos meios de comunicação. Além do domínio da Teologia, cabe ao futuro sacerdote dominar o microfone, a escrita e a câmera. Aos poucos, as disciplinas de comunicação foram inseridas nos seminários, assim como organizados eventos, diálogos com os profissionais de comunicação, entre outras medidas. Desde o final da década de 1960 até os primeiros anos do século XXI, os documentos indicam tal preocupação. Até esse último período, essa formação estava deficiente, pois persistia nos documentos a preocupação dos bispos com os comunicadores católicos, que continuam usando *inadequadamente* os meios de comunicação.

A instituição das habilidades comunicacionais do clero católico brasileiro pode ser observada a partir de três fatos. Primeiramente os três encontros de 70 horas/aula, realizados pelo Setor de Comunicação da CNBB e organizados pelos Seminários e Institutos do Brasil (OSIB), em 1985, 1986 e 1992, para formar professores de comunicação nos seminários. Dois outros encontros aconteceram em 1992 (Brasília) e em 1994 (São Paulo). Nesse último, discutiu-se a adaptação do currículo de comunicação às exigências do documento da Congregação para a Educação Católica (Orientações para a formação dos futuros sacerdotes acerca dos meios de comunicação). Além desses citados, é importante mencionar também o que foi destinado aos bispos brasileiros em 1970, no Rio de Janeiro, com a participação de expressivos nomes de produtores de novela e publicidade na época (CNBB, 1994b, pp. 23-25).

Novas Leituras do Campo Religioso Brasileiro

O segundo fato é a elaboração e aprovação pela CNBB e pela Organização dos Seminários e Institutos do Brasil, em 1994, de um currículo disciplinar que seria ministrado no semestre com quatro horas/aula semanais ou dois semestres de duas horas/aula semanais, aos alunos de Teologia. Esse documento deixa explícito que seu objetivo geral é "adaptar" as respostas pastorais da comunicação, levando a hierarquia e os agentes de pastoral a "conhecer, compreender e experimentar" a realidade da Comunicação Social. Além desse objetivo geral, são apresentados onze específicos. Entre eles, há uma ênfase na necessidade de que o aluno domine a história, a linguagem, a técnica, a ideologia, o conhecimento, a função, a relação entre os meios de comunicação com a opinião pública e a Igreja (*Currículo*. In: CNBB, 1994, pp. 184-185).

Por fim, há os esforços do Instituto Brasileiro de *Marketing* Católico (IBMC) na formação de padres que saibam se comunicar, segmentar os discursos para os diferentes públicos que frequentam a Igreja. De acordo com Antônio Miguel Kater Filho, os seminaristas também precisam receber uma formação menos racional e mais emocional (Kater Filho, *Veja*, 9 de junho de 1999).

Considerações finais

A pesquisa sobre o advento dos artistas da fé possibilita novos desafios à compreensão do campo religioso contemporâneo. Primeiramente, quanto à ascensão de um novo tipo sacerdotal. Pode-se afirmar que essa constitui resposta da Igreja Católica na competição com as outras *empresas de salvação*, assim como um expediente de atualização. De fato, constata-se que no campo religioso brasileiro é cada vez mais evidente o pluralismo, acirrando as disputas entre tais *empresas* pelo monopólio da gestão legítima dos *bens* e da *dominação simbólica*. Ao contrário do *catolicismo tradicional*, cada vez mais as denominações *neopentecostais* ganham visibilidade nas pesquisas quantitativas, na atuação na mídia, na ocupação espacial e na realização de eventos massivos em estádios de futebol. Suas estratégias adotadas e *bens simbólicos* ofertados acentuam constante diálogo com o mundo, não negligenciando mais as demandas dos fiéis. Agora a tradição religiosa, antes imposta pela autoridade, tem de ser "vendida" a uma clientela que não está mais obrigada a "comprar" (Berger, 1985).

Essa tendência do campo religioso contemporâneo orienta que seu agente seja socializado por novos traços distintivos, constituídos por práticas ajustadas e incorporadas no sentido do jogo atual. Nessa ótica, é imprescindível que o sacerdote seja convertido, que tenha um *senso prático* para dialogar com a *modernidade*. Os artistas da fé possuem tal *senso*. Primeiramente, há uma constante preocupação em adaptar-se à *modernidade*. Diferentemente de alguns de seus pares, os artistas da fé não optam por manter uma posição *sobrenaturalista* diante de um mundo cognitivamente antagônico. Eles buscam uma *capitulação cognitiva* com o mundo contemporâneo, tentando apresentar um catolicismo ainda ou de algum modo "relevante" aos fiéis. Essa capitulação é marcada por uma abertura e ao mesmo tempo tensão com o mundo contemporâneo. Esses padres denotam um forte sentido pragmático quando justificam o sentido "moderno" das suas estratégias, sobretudo em relação às mudanças litúrgicas e à presença constante na mídia profana. Entretanto, têm uma acomodação limitada e controlada quando se posicionam diante de temas como moral, sexualidade e política. Aqui há um reforço da *tradição* e uma rejeição do mundo.

Vale ressaltar que embora alguns membros do clero católico tenham sérias restrições às práticas dos artistas da fé, principalmente os religiosos ligados à *Teologia da Libertação*, esses padres não cometem uma heresia quando incorporam a linguagem dos meios de comunicação social. Os documentos do Vaticano e da CNBB enfatizam há quatro décadas a necessidade de o padre ser um grande comunicador, sobretudo que saiba usar o microfone "eficientemente", olhar para a câmera, tornar-se um comunicador, um "ser humano de TV". Talvez um agente capaz de levar as pessoas ao êxtase, a "erguer as mãos para o Senhor".

Isso não significa que os artistas da fé tenham ampla liberdade. Como todo campo social, existe possibilidade da produção de um número infinito de práticas que são relativamente imprevisíveis, mas também limitadas em sua diversidade. Essa liberdade limitada pôde ser observada na discussão sobre uma possível tentativa de enquadramento, sobretudo em relação à descaracterização do papel do sacerdote católico. O debate foi travado no tocante à ênfase dada por esses agentes religiosos à carreira artística em detrimento da assistência espiritual do seu rebanho. As críticas de amplos setores da hierarquia também levaram a critérios mais seletivos de visita aos programas televisivos. Ao mesmo tempo, sem violência, arte ou argumento, o campo católico tende a excluir todas as extravagâncias que se constituem nos comportamentos, sendo sancionados pela sua incompatibilidade com as condições objetivas (Bourdieu, 1994b).

Embora ressaltem que não disputem fiéis com os "irmãos evangélicos", os artistas da fé entram na concorrência do *mercado de bens de salvação* fazendo "barganhas cognitivas" com a modernidade. Nessa disputa pelo monopólio da *dominação simbólica* esses agentes religiosos adotam estratégias e *bens simbólicos* similares aos pastores neopentecostais.

O fenômeno aqui analisado é relativamente novo. Está associado às inúmeras transformações pelas quais vêm passando as religiões nas últimas décadas, tais como os inúmeros esforços de diálogo entre as instituições religiosas e a modernidade, abrindo novos problemas a serem investigados pelos estudiosos da Sociologia da religião. Nessa ótica, os artistas da fé podem ser enquadrados num desses novos fenômenos que instigam os pesquisadores nessa área sociológica. A análise aqui proposta pode possibilitar, considerando a vivacidade de um fenômeno religioso como esse, a revisão das teses secularizantes tradicionais, que consideravam o fim das religiões como algo inevitável na contemporaneidade.

Por outro lado, ao utilizar autores consagrados e, ao mesmo tempo, criticados, tais como Peter Berger e Pierre Bourdieu, a pesquisa também ambiciona verificar as possibilidades e os limites destes autores em relação a fenômenos recentes e ainda sem estudos consagrados, como os artistas da fé. Por exemplo, até que ponto a noção de *habitus* pode ser utilizada para sua compreensão. Em que sentido a *Sociologia praxiológica*, pensada por Bourdieu, pode ser usada na análise das práticas desses agentes?

Esta pesquisa não pretende esgotar as possibilidades heurísticas e compreensivas sobre os artistas da fé, ambição pouco provável em relação a qualquer objeto de investigação científica. Tem como ambição apresentar um esboço preliminar de compreensão sociológica que possa contribuir com futuros pesquisadores da dinâmica religiosa contemporânea, assim como para a aplicabilidade do referencial teórico adotado.

Referências bibliográficas

ANDRADE JUNIOR, Péricles Morais de. 2006. *Um artista da fé: padre Marcelo Rossi e o contemporâneo.* Recife. Tese (Doutorado em Sociologia), PPGS-UFPE.

ASSMAN, Hugo. *A Igreja eletrônica e seu impacto na América Latina: convite a um estudo.* Petrópolis: Vozes, 1986.

BEDOUELLE, Thierry. Secularização. LACOSTE, Jean-Yves. *Dicionário crítico de teologia.* São Paulo: Paulinas; Loyola, pp. 1629-1632, 2004.

BERGER, Peter L. *O dossel sagrado: elementos para uma teoria sociológica da religião.* 3ª ed. São Paulo: Paulus, 1985.

_____. *Rumor de anjos: a sociedade moderna e a redescoberta do sobrenatural.* Petrópolis: Vozes, 1996.

_____. LUCKMANN, Thomas. *Modernidade, pluralismo e crise de sentido: a orientação do ser humano moderno.* Petrópolis: Vozes, 2004.

BOLAN, Valmor. *Sociologia da Secularização.* Petrópolis: Vozes, 1972.

BOURDIEU, Pierre. *Coisas Ditas.* São Paulo: Brasiliense, 1990.

_____. Esboço de uma teoria da prática. Em: ORTIZ, Renato (org.). *Pierre Bourdieu.* São Paulo: Ática, pp. 46-81, 1994b.

_____. *Razões práticas: sobre a teoria da ação.* Campinas: Papirus, 1996.

_____. *A Economia das Trocas Simbólicas.* 5ª ed., São Paulo: Perspectiva, 1998a.

_____. *O Poder Simbólico.* 2. ed., Rio de Janeiro: Bertrand Brasil, 1998b.

_____. *A Economia das Trocas Linguísticas.* 2 ed. São Paulo: Edusp, 1998c.

_____. *Questões de Sociologia.* Rio de Janeiro: Marco Zero, 1983.

_____. *Meditações Pascalianas.* Rio de Janeiro: Bertrand Brasil, 2001.

BURITY, Joanildo. Trajetórias da religião e da Modernidade: a narrativa história de uma objeção. *Estudos de sociologia*: Revista do Programa de Pós-Graduação em Sociologia da UFPE. Recife, vol. 13, n. 1, jan./jun, pp. 19-48 (Dossiê Religião e Modernidade. Org. Péricles Andrade), 2007.

CAMPOS, Leonildo Silveira. 1999. *Teatro, templo e mercado: organização e marketing de um empreendimento neopentecostal.* Petrópolis: Vozes; São Paulo: Simpósio Editora/ UMESP.

CAMPOS, Hélide Maria dos Santos. *Catedral Eletrônica: o uso da televisão nos rituais litúrgicos da Igreja Universal do Reino de Deus (IURD) da Renovação Carismática Católica (RCC).* Itu-SP: Editora Ottoni, 2002.

CARVALHO, José Jorge de. Religião, mídia e os predicamentos da convivência pluralista: uma análise do evangelismo transnacional norte-americano. Em: MOREIRA, Alberto da Silva. *Sociedade global: cultura e religião.* Petrópolis: Vozes; São Paulo: Universidade São Francisco, 1998.

_____. Uma querela de espíritos: para uma crítica brasileira do suposto desencantamento do mundo moderno. *Revista Sociedade e Estado,* vol. 14, n. 1, jan./ jun. pp. 63-87, 1999.

CERIS. 2002. *Desafios do catolicismo na cidade: pesquisa em regiões metropolitanas* brasileiras. São Paulo: Paulus, (organizadores: SOUZA, Luiz Alberto Gómez de e FERNANDES, Sílvia Regina Alves).

CLARKE, Peter B. "Pop-Star". Priest and the Catholic Responses to the Explosion of Evangelical Protestantism in Brasil? *Jornal of Contemporany Religion.* Vol. 14, n. 2, maio. pp. 203-216, 1999.

CNBB 1997 *Igreja e comunicação rumo ao novo milênio.* Conclusões e Compromissos. <www.cnbb.com.br> acesso em: 20 de novembro de 2004.

_____. *Diretrizes básicas da formação dos presbíteros da Igreja no Brasil,* 1994. <www. cnbb.com.br> acesso em: 20 de novembro de 2004.

_____. *Diretrizes gerais da Ação Evangelizadora da Igreja no Brasil* (1995-1998),3 1995. <www.cnbb.com.br> acesso em: 20 de novembro de 2004._____. *Orientações pastorais sobre a Renovação Carismática Católica.* 6ª ed. São Paulo, Paulinas (Coleção documentos da CNBB; v. 53), 2004.

_____. *A igreja católica diante do pluralismo religioso no Brasil, I.* São Paulo: Paulinas. (Coleção Estudos da CNBB; v. 62), 1991.

A Igreja Católica diante do pluralismo religioso no Brasil, II. São Paulo, Paulus. (Coleção estudos da CNBB, v. 69), 1993.

_____. *A Igreja Católica diante do pluralismo religioso no Brasil, III.* São Paulo, Paulus. (Coleção estudos da CNBB, v. 71), 1994.

_____. *Liturgia de rádio e de televisão.* 2ª ed. São Paulo, Paulus. (Coleção estudos da CNBB, vol. 33), 1994.

_____. *Comunicação e igreja no Brasil.* São Paulo, Paulus. (Coleção estudos da CNBB, v. 72), 1997.

_____. *A Igreja e a comunicação: rumo ao novo milênio.* 2ª ed. São Paulo, Paulus. (Coleção estudos da CNBB, v. 75), 1997.

_____. *Social na Igreja: documentos fundamentais.* São Paulo, Paulinas, pp. 33-65.

COSTA, Evandro Luiz Alves. Dinâmica populacional e Igreja Católica no Brasil. *Caderno CERIS*, ano II, n. 3, outubro, 2002.

DARIVA, Noemi (org.). *Comunicação social na igreja: documentos fundamentais.* São Paulo: Paulinas, 2003.

DELLA CAVA, Ralph; MONTERO, Paula. *E o verbo se faz imagem: Igreja Católica e os meios de comunicação no Brasil* (1962-1989). Petrópolis-RJ: Vozes, 1991.

HARTMANN, Jorge e MUELLER, Nélson (orgs.). *A comunicação pelo microfone.* Petrópolis: Vozes, 1998.

GLASNER, Peter E. Secularização. Em: OUTHWAITE, William; BOTTOMORE, Tom. *Dicionário do pensamento social do século XX.* Rio de Janeiro: Jorge Zahar, pp. 679-681, 1996.

GIUMBELLI, Emerson. *O fim da religião*: dilemas da liberdade religiosa no Brasil e na França. São Paulo: Attar Editorial, 2002.

JACOB, Cesar Romero; HEES, Dora Rodrigues; WANIEZ, Philippe; BRUSTLEIN. *Atlas da filiação religiosa e indicadores sociais no Brasil.* Rio de Janeiro: Editora da PUC; Rio de Janeiro: Loyola, 2003.

KATER FILHO, Antonio Miguel. *O marketing aplicado à Igreja Católica.* São Paulo: Edições Loyola, 1999.

LEPARGNEUR, Hubert. *A secularização.* São Paulo: Duas Cidades, 1971.

MARIANO, Ricardo. *Neopentecostais. Sociologia do novo pentecostalismo no Brasil.* São Paulo: Loyola, 1999.MARTINO, Luís Mauro Sá. *Mídia e poder simbólico: um ensaio sobre comunicação e campo religioso.* São Paulo: Paulus, 2003.

PE. ZEZINHO SJC. *35 anos a serviço da fé. São Paulo*: Paulinas, 1999.

Novas Leituras do Campo Religioso Brasileiro

SODRÉ, Muniz. *O monopólio da fala: função e linguagem da televisão no Brasil.* 7ª ed. Petrópolis: Vozes, 1984.

SOUZA, André Ricardo de. *Padres cantores, missas dançantes: a opção da Igreja Católica pelo espetáculo com mídia e marketing.* São Paulo, 2001. Dissertação (Mestrado em Sociologia) – USP.

_____. *Igreja in Concert: padres cantores, mídia e marketing.* São Paulo: Annablume; Fapesp, 2005.

THOMPSON, Jonh B. *Ideologia e cultura moderna: teoria social crítica na era dos meios de comunicação de massa.* 6ª ed. Petrópolis: Vozes, 1995.

_____. *A mídia e a modernidade: uma teoria social da mídia.* 4ª ed, Petrópolis: Vozes, 2002.

8 – Os muçulmanos em foco: esboço de uma sociologia do islã no Brasil

Cristina Maria de Castro

Este capítulo apresenta um pouco do meu olhar sobre o campo religioso brasileiro, a partir do caso da minoria muçulmana. Atenta aos propósitos dos organizadores, Sofiati e Silveira, procurei não só esboçar alguns de meus achados do campo, mas explicitar a metodologia de pesquisa utilizada, assim como a trajetória percorrida durante minha formação como pesquisadora. Divido este capítulo em quatro partes. A primeira é dedicada a uma breve explanação dos estudos do islã no Brasil, acompanhada da descrição da particularidade da minha contribuição ao campo. A segunda parte apresenta alguns resultados da minha análise sobre a construção de identidades muçulmanas no Brasil. Em terceiro lugar, traço alguns paralelos com o caso europeu, tarefa possibilitada pelo doutorado sanduíche realizado na Holanda. Por fim, discorro sobre a reinterpretação dos meus dados a partir da influência de uma nova área de pesquisa, a Economia Étnica.

Estudando o islã no Brasil

O fato de não apresentar um perfil proselitista em franca expansão em nosso território, aliado à sua visão como uma religião confinada às fronteiras das comunidades étnicas imigrantes explicam a pequena quantidade de trabalhos acadêmicos destinada ao estudo do islã no contexto brasileiro. No campo da religiosidade nacional, o que impera são estudos sobre a religião majoritária, o catolicismo, e sobre casos que vêm apresentando um grande crescimento como as religiões neopentecostais. O estudo do islã no Brasil, porém, constitui um tema de análise valioso, por várias razões: não constitui uma religião isolada, situada além do campo religioso brasileiro, ao contrário, pode não só ajudar a compreender as religiões majoritárias localmente, servindo como um contraponto a elas, como bem lembra Montenegro (2000), como também ajudar a compreender as disputas por clientela efetuadas no âmbito nacional, já que o islã não se encontra neutro nesse ponto. Também é importante salientar o fato do Brasil abrigar uma das maiores comunidades muçulmanas da América Latina e aqui produzir material de divulgação da religião distribuído por toda a parte sul do continente. A crescente importância atribuída aos estudos do islã no mundo constitui outra razão para justificar o estudo da comunidade muçulmana brasileira. O interesse internacional no fenômeno das comunidades muçulmanas fora do chamado "mundo islâmico" é algo que só fez crescer nos últimos anos.

É possível apontar alguma produção referente ao período de chegada do islã ao Brasil, o período da escravidão, responsável pela vinda dos escravos malês (Reis, 2003). Nas produções acadêmicas a respeito da imigração libanesa para o Brasil, os muçulmanos costumam ser apenas citados, não apresentados como objeto central, uma vez que os cristãos foram o elemento predominante nesse processo imigratório (Truzzi, 1997). Osman (1998), porém, em sua dissertação sobre a história oral da imigração árabe para São Paulo, procurou equilibrar o número de fontes muçulmanas e cristãs, enquanto que Gattaz (2001) buscou preencher esta lacuna, desenvolvendo sua tese sobre a imigração libanesa para o Brasil enfocando o período pós-1940, caracterizado pela vinda de um maior número de muçulmanos libaneses para o país. Osman (2007), em sua tese de doutorado, continuou contribuindo para o estudo dos muçulmanos, introduzindo, dessa vez, o debate sobre o retorno dos imigrantes ao Líbano. As produções acadêmicas visando o estudo das comunidades muçulmanas contemporâneas têm enfocado, majoritariamente, a questão da construção de identidades. Montenegro (2000) pesquisou dois dilemas identitários presentes na comunidade sunita do Rio de Janeiro: ser arabista ou postular a islamização e definir-se como fundamentalista ou não. Ramos (2003) e Marques (2000) focaram a conversão ao

Novas Leituras do Campo Religioso Brasileiro

islã, processo que ao fim constitui um modo de reelaboração da identidade. O primeiro privilegiou o estudo dos homens convertidos ao islã em São Bernardo do Campo e a segunda, as mulheres convertidas em São Paulo. Para seu doutorado, Marques (2009) deu continuidade ao estudo da conversão ao islã, agora mediante uma perspectiva comparativa com o contexto português, estendendo, no entanto, seu olhar de pesquisadora para "muçulmanos de procedência". Ferreira (2001), em seu mestrado em Antropologia, tinha como foco central analisar as imagens fotográficas a partir de três estatutos: as imagens produzidas pelos muçulmanos do Brás/Pari, pela imprensa e as imagens que ela mesma produziu nesse período. Porém, não teve como foco principal a questão da identidade. Em seu doutorado (2007), procurou responder a seguinte questão: "qual o sentido de ser muçulmano?", mais uma vez amparada pelo debate da Antropologia da performance e sem ter a questão identitária como cerne de seu trabalho, apesar de não ignorá-la.

Espínola (2005), em sua tese de doutorado em Antropologia, desenvolveu uma análise do uso do véu pelas mulheres muçulmanas de Florianópolis, atentando para os significados culturais, religiosos e morais que envolvem tal prática. Chagas (2006) pesquisou a construção da identidade muçulmana sunita do Rio de Janeiro por meio da perspectiva das diferentes apropriações do conhecimento muçulmano e das consequentes posições de poder que os membros assumem nessa comunidade. Pereira Junior (2011) realizou uma pesquisa de mestrado sobre a comunidade sunita carioca tendo como foco a codificação, transmissão e recepção do conhecimento religioso racionalizado. Os dois últimos pesquisadores tiveram como orientador o antropólogo Paulo Hilu Pinto que desenvolveu uma tese de doutorado sobre o sufismo na Síria (2002).

A pesquisadora Vitória P. Oliveira produziu trabalhos sobre o islã relacionados a temas como a tolerância religiosa e o sufismo, além de outros produzidos em conjunto com Cecília Mariz, a respeito da conversão ao islã (Mariz & Peres, 2006), por exemplo. Guilhon (2006) desenvolveu um estudo etnocenológico sobre os dervixes em sua tese de doutorado em artes cênicas. Porém, assim como Ferreira (2001) e (2007) não teve como foco a questão da construção de identidades. Hamid (2007), por outro lado, reforça a ênfase dos pesquisadores brasileiros na questão das identidades. Em sua dissertação de mestrado em Antropologia, analisou a construção identitária de mulheres palestinas em Brasília.

Minha contribuição ao campo de estudos esboçado aqui alinha-se à predominante ênfase na análise da construção de identidades. A originalidade da minha abordagem, desenvolvida durante meu doutorado em Ciências Sociais,[1] advém, no entanto, fundamentalmente, de dois elementos: 1) a comparação sistemática realizada entre duas comunidades muçulmanas situadas em solo nacional: a Liga da Juventude Islâmica Beneficente do Brasil e o Centro Islâmico de Campinas; e 2) a incorporação das variáveis ocupação e distribuição espacial como elementos importantes para a análise das crenças e práticas muçulmanas desenvolvidas no país.

Apesar de apresentado como um bloco monolítico, o islã é tão diverso e complexo quanto o cristianismo. Tendo isso em mente, decidi valer-me de uma abordagem comparativa sistemática entre as duas comunidades muçulmanas paulistas mencionadas. Vi na análise de seus contrastantes perfis étnicos,[2] ocupacionais e de distribuição espacial, uma porta de entrada privilegiada para se pensar a diversidade do islã no contexto minoritário local.

Busquei apreender até que ponto essas três variáveis podem gerar produtos identitários diferenciados à luz dos campos delimitados a seguir: 1) a negociação com a sociedade brasileira, caracterizada pela forte presença do catolicismo, do crescimento do pentecostalismo, da cultura basicamente ocidental, do Estado secular, da dependência dos EUA e da tradição de acolher os imigrantes e absorvê-los em um processo de abrasileiramento; 2) o impacto da globalização sobre esse grupo minoritário, tanto no sentido de propagação de estereótipos negativos a respeito do islã e seus fiéis, como consequência da influência da mídia e academia orientalistas, quanto no sentido de fortalecimento dos vínculos da diáspora com o restante do mundo muçulmano; e 3) as negociações internas entre *árabes* e

---

1 Minha formação doutoral foi realizada na Universidade Federal de São Carlos, sob a orientação do Prof. Paul Freston. Também realizei parte da minha pesquisa sobre o islã no International Institute for the Study of Islam in the Modern World, sediado, naquele momento, em Leiden, Holanda. Essa experiência internacional foi possibilitada graças a uma bolsa de doutorado sanduíche concedida pela Capes. Em tópico posterior, apresento mais detalhes sobre essa fase da minha formação, realizada sob a supervisão do expert em islã Prof. Abdulkader Tayob.

2 A importância da etnia para a análise do islã vivenciado no Brasil já havia sido notada por outros pesquisadores como Ramos (2003), Marques (2000) e Montenegro (2000).

convertidos e entre homens e mulheres pela definição do que é ser muçulmano e muçulmana no Brasil.

A coleta de dados empíricos se deu por meio da técnica da observação participante durante todo o ano de 2004, em Campinas, e no primeiro semestre de 2006, no Brás. No primeiro caso, participei das celebrações religiosas às sextas-feiras, dos almoços dominicais organizados mensalmente no Centro Islâmico e de encontros femininos aos sábados, para o aprendizado da língua árabe. Estes últimos ocorreram apenas no momento final da pesquisa, promovidos por imigrantes líbias presentes temporariamente no país para acompanhar seus maridos, pesquisadores ligados à Universidade de Campinas. No Brás, pude assistir as celebrações religiosas realizadas às sextas-feiras, assim como as aulas de árabe e religião aos sábados, durante todo o semestre em que realizei a pesquisa naquela localidade. Também participei de almoços esporádicos na mesquita e de eventos específicos, como uma passeata na praça da Sé em prol da paz no Líbano, em julho de 2006, e o "Primeiro Encontro da Mulher Muçulmana nas Américas", realizado em Itapecerica da Serra, entre os dias 9 e 10 de outubro de 2004. A passeata foi organizada por diversos atores sociais, entre eles lideranças de mesquitas paulistas. Já o segundo evento foi organizado pelo Centro de Divulgação do islã para a América Latina. Também cito os almoços nas residências de famílias muçulmanas de ambas as comunidades como mais uma oportunidade que tive para aprofundar meu conhecimento sobre os adeptos da religião islâmica em São Paulo. Por fim, convém dizer que algumas poucas entrevistas foram realizadas com o intuito de descobrir aquilo que não foi possível vislumbrar por meio da experiência de observação participante.

Na Holanda, realizei uma extensa pesquisa bibliográfica, além de entrevistas com *scholars* e membros da minoria muçulmana local. Por fim, participei de eventos organizados pelos muçulmanos ou direcionados a eles, como celebrações para a quebra do jejum no mês do Ramadã. Esse estágio de doutorado sanduíche foi realizado entre os meses de julho a dezembro de 2005.

Antes de apresentar um sumário das minhas descobertas sobre o islã no Brasil, convém apresentar algumas notas sobre a presença islâmica no país, além de dados fundamentais sobre o perfil de cada uma das duas comunidades religiosas estudadas.

Algumas lideranças muçulmanas brasileiras alegam que o islã está presente no país desde a época do descobrimento, uma possível estratégia visando criar um lugar na história da "fundação" desse país e legitimar sua presença que seria tão antiga quanto o cristianismo no Brasil. De qualquer modo, foi a partir do tráfico negreiro que um número mais elevado de muçulmanos definitivamente começou a chegar ao país. Os malês, muçulmanos de origem iorubana, majoritariamente nagôs, são os mais conhecidos deles. Em 1835, organizaram uma revolta, baseada ideologicamente na religião islâmica, que tomou as ruas de Salvador por horas, repercutindo até no exterior. Alguns dos escravos participantes do levante foram extraditados, outros condenados à prisão, a chibatadas, ou ainda, à pena de morte (Reis, 2003). A partir de então, o islã passou a ser visto como algo a ser temido e controlado. Apesar disso, muçulmanos continuaram a praticar elementos de sua religiosidade em algumas regiões do país como Alagoas, Pernambuco e Rio de Janeiro. O historiador Abelardo Duarte mostrou sinais de práticas islâmicas na cidade de Penedo, incluindo a foto de um homem vestindo uma típica vestimenta religiosa em uma festividade, no ano de 1887.[3]

Uma nova fase da presença islâmica no país foi inaugurada com a chegada dos imigrantes sírio-libaneses. Esses representam a grande maioria dos muçulmanos no Brasil atualmente. É necessário esclarecer, no entanto, que a imigração de indivíduos sírio-libaneses para o Brasil apresentou diversas fases, sendo o início marcado pela chegada quase exclusiva de elementos cristãos (Truzzi, 1997). O movimento imigratório em questão teve início em 1880, período em que a Grande Síria[4] encontrava-se dominada pelo Império Otomano. Com a decadência do Império Otomano e sucessiva soberania francesa, os muçulmanos passaram a sentir-se em desvantagem em razão do tratamento preferencial que os cristãos começaram a receber, engrossando as correntes de emigração do Líbano.

Ao contrário de italianos, portugueses, espanhóis e outros grupos europeus, sírio-libaneses não contaram com o sistema de imigração subsidiada por não se encaixarem no padrão das políticas imigratórias que visavam o branqueamento da população e também porque não se

---

3 <ideario.org.br/neab/kule2/Textos%20kule2/Mariza%20e%20Priscilla.pdf>. Acesso em: 2/9/2010.
4 Até o final da Primeira Guerra Mundial, o termo Grande Síria englobava o Líbano em suas fronteiras.

interessavam em se empregar como colonos. A maior parte dos que aqui chegaram não possuía capital para investir, logo a mascateação tornou-se a principal saída[5] escolhida por eles. Conforme amealhavam algum capital, procuravam abrir pequenas lojas e chamar amigos e parentes para trabalhar consigo, vendendo suas mercadorias por consignação, dando início a um processo de imigração em cadeia.

Libaneses e sírios, nessa ordem, constituem os maiores grupos de muçulmanos no país. Os palestinos encontram-se em terceiro lugar. Dirigiram-se para o país fundamentalmente após a criação do Estado de Israel. Egípcios, marroquinos, sudaneses, nigerianos, sul-africanos e moçambicanos representam outras nacionalidades de imigrantes que aqui se estabeleceram, em número expressivamente mais reduzido. Não há dados confiáveis sobre o número de muçulmanos no Brasil. Enquanto entidades nativas, como a Sociedade Beneficente Muçulmana de São Paulo, apontam uma quantia de cerca de um milhão de fiéis no país, o censo de 2000 indicou pouco mais de 27 mil muçulmanos no Brasil. Acredito que seria necessário relativizar ambos os dados, primeiro porque os muçulmanos costumam ser agrupados na categoria religiosa "outros" no recenseamento, segundo, porque há uma tendência dos grupos religiosos de mostrarem-se maiores do que realmente são.

Os muçulmanos no Brasil concentram-se fundamentalmente em São Paulo, Paraná e Rio Grande do Sul. Apresentam nível educacional e rendimento bastante acima da média da população brasileira, atuando em sua maioria no setor terciário. Quase 40% dos muçulmanos são empregadores, contra apenas 4,3% da população urbana. Consequentemente, há uma reduzida participação de empregados no setor privado, 23,5% contra 48,1%, enquanto que a proporção de trabalhadores autônomos se aproxima, 28,5%, contra 20%. Dessa maneira, é possível afirmar que "o perfil majoritário do muçulmano ativo é o de um comerciante independente ou patrão de uma empresa que emprega menos de 10 pessoas. Porém, além desse arquétipo, o recenseamento de 1991 revela uma multiplicidade de situações" (Waniez & Brustlein, 2000, 163).

Os muçulmanos da Liga da Juventude Islâmica Beneficente do Brasil apresentam perfil étnico, ocupacional e econômico semelhante ao perfil

---

5 Entretanto, outros grupos de imigrantes também chegaram ao Brasil sem capital, mas não se tornaram mascates.

médio dos muçulmanos no Brasil. Sua mesquita situa-se no limite entre os bairros do Brás e do Pari, na cidade de São Paulo, maior hospedeira de muçulmanos do país. Cerca de 200 famílias de imigração recente compõem a comunidade, sendo a maioria da cidade libanesa de Trípoli. Dedicam-se ao comércio de jeans, trabalhando e morando nas imediações da mesquita. Já o Centro Islâmico de Campinas apresenta um perfil étnico e ocupacional diferente da maioria das comunidades muçulmanas brasileiras. Tal diversidade se deve à presença da Unicamp, que atraiu para Campinas imigrantes de vários países, com o intuito de integrar o corpo docente e discente daquela instituição. Líbios e egípcios são alguns exemplos que podemos apontar. Sul-africanos, de origem indiana, também desempenham um papel importante naquela comunidade. Dedicam-se fundamentalmente ao ensino do idioma inglês e foram responsáveis, por intermédio da figura do então presidente do Centro, sr. Ismail Hatia, por iniciar a construção da mesquita campineira. Diferentemente do caso da Liga, são imigrantes mais antigos e vivem dispersos por Campinas e região, trabalhando de maneira relativamente independente uns dos outros.

A construção de identidades muçulmanas: achados do campo

Apresento a partir de agora, de maneira bastante resumida, dados sobre a construção de identidades muçulmanas no país, a começar pela influência do campo religioso brasileiro.

Durante minha pesquisa de campo, pude constatar relações do islã com o catolicismo, religião majoritária, e com o pentecostalismo. Como lembra Edward Said (1981), a doutrina islâmica pode ser vista justificando tanto a tolerância religiosa quanto o exclusivismo. Em Campinas, o discurso visando a aceitação da religião islâmica pela crença majoritária localmente constitui a principal estratégia empregada pelas lideranças. O islã é apresentado como uma religião apreciada e *aceita* pelo papa, líder maior do catolicismo. A tolerância do islã, por sua vez, representada pela permissão do casamento com as mulheres dos chamados Povos do Livro, também é enfatizada. Na Liga da Juventude Islâmica, o cristianismo assume um papel muito maior de fornecedor de elementos diacríticos para a minoria muçulmana no seu processo de construção identitária. Enquanto em Campinas preocupam--se em mostrar que o islã é aceito pelo cristianismo, na Liga enfatizam

Novas Leituras do Campo Religioso Brasileiro

que o cristianismo só predomina no Brasil graças à tolerância religiosa dos árabes, quando esses dominaram a península ibérica. A preocupação em mostrar o islã como a religião derradeira, que veio para corrigir os erros do judaísmo e do cristianismo, é central na Liga, enquanto mal aparece no discurso oficial campineiro. O "ataque" pentecostal também representa uma realidade enfrentada pela Liga e não conhecida por Campinas.

Foi possível notar uma forte presença de pentecostais (fundamentalmente da Assembleia de Deus) nas aulas destinadas aos curiosos e convertidos, na Liga, aos sábados. Ainda que vários convertidos tenham realmente feito parte dessa e de outras igrejas pentecostais como a Igreja Universal do Reino de Deus, antes de filiarem-se verdadeiramente ao islã, é notório que certo número desses visitantes não parece ter a menor intenção de se converter. Apresentando-se como cristãos interessados no diálogo entre as religiões e na oportunidade de aprender a língua árabe de graça, sempre polemizam nas aulas de religião fazendo perguntas em sintonia com a cobertura da mídia a respeito do islã e dos muçulmanos, como por exemplo: "É verdade que quando um homem-bomba se mata ele vai para céu e ganha 72 noivas virgens? E as mulheres, o que ganham?"

Os árabes parecem não perceber segundas intenções por parte dessas pessoas, mas os convertidos percebem, talvez até por estarem mais acostumados com estratégias de evangelização, inclusive por experiências prévias com religiões pentecostais. Certos evangélicos podem estar frequentando as aulas visando impedir novas conversões ao islã, ou, quem sabe, aproveitar aquela oportunidade como um treinamento para missões evangelizadoras no exterior, em países majoritariamente muçulmanos. Casos de discriminação e ataques verbais realizados por evangélicos contra mulheres muçulmanas foram reportados à pesquisadora Vera Marques (2000), assim como a mim, durante minha pesquisa de campo. Segundo uma informante de 21 anos, convertida há dois, os muçulmanos são criticados por "não acreditar em Jesus". "Mas, isso é um engano", disse ela, "porque acreditamos em Jesus! Como profeta, não como filho de Deus". "Concluem que somos contra Jesus", afirmou outra moça, 35 anos, convertida há oito.

No Centro Islâmico de Campinas não foi visto nada parecido no período em que frequentei a mesquita, de janeiro de 2004 a janeiro de 2005. A ausência de pentecostais naquela instituição religiosa talvez possa ser explicada pela pequena visibilidade da comunidade muçulmana de Campinas, uma comunidade formada por um número reduzido de pessoas vivendo dispersas pela cidade, com sede em um bairro afastado do centro, com número muito baixo de convertidos, um percentual quase nulo de mulheres usando o véu na esfera pública e falta de infraestrutura para atrair novos membros em maior quantidade, como estratégias de divulgação, aulas de religião ou grandes eventos. O Centro Islâmico de Campinas vem mantendo-se como um ponto de encontro para orações e socialização em que praticamente todos se conhecem de longa data.

A seguir, discorro sobre o impacto da globalização na construção de identidades muçulmanas em ambas as comunidades. O impacto da globalização no processo de construção identitária de imigrantes muçulmanos pode ser visto de diversas maneiras. O interesse das superpotências em terras majoritariamente muçulmanas, a questão Palestina, a reação do chamado islã político ao imperialismo ocidental, assim como a vida das minorias muçulmanas na Europa e nos EUA são exemplos de fatores que afetam o modo como os muçulmanos no Brasil veem a religião e a si mesmos. Ao mesmo tempo em que a globalização traz à tona o *antimuslimism*[6] difundido pela mídia ocidental, ela reafirma os laços da diáspora com os países de origem e o restante da comunidade muçulmana mundial. Nesse aspecto, é importante frisar que o perfil socioeconômico privilegiado desenvolvido pelos muçulmanos no Brasil afeta não apenas a forma como veem sua própria religiosidade, mas também o papel que desempenham tanto na sociedade hospedeira quanto na Ummah, a comunidade muçulmana mundial. Um bom exemplo é a questão palestina, preocupação geral e constante dos muçulmanos, gerando respostas diferenciadas, de acordo com as possibilidades de cada um. Enquanto a comunidade campineira expressa seu repúdio à ocupação israelense tentando influenciar a opinião pública por meio de artigos, palestras e o apoio a políticos nacionais simpatizantes dessa causa, as lideranças da Liga incentivam seus membros a fazer a doação de 2,5% dos seus lucros anuais (o *zakat*) a favor de seus irmãos de fé na Palestina.

O imperialismo ocidental, assim como o processo de "demonização" do islã, produzido pela mídia a partir dos atos do islã político, são respondidos de maneira direta pelas comunidades no Brasil. A desconstrução

---

6 Nome dado por Halliday (Shadid & Koningsveld, 2002, p. 176) ao processo em que racismo, xenofobia e estereótipos caracterizam a visão ocidental do islã.

de uma imagem atrelada ao terrorismo e à violência constitui elemento perene ao processo de construção identitária dos muçulmanos no país. A necessidade de autodefinirem-se como pacíficos e não compactuantes com atos terroristas como o 11 de setembro é resultado do tipo de cobertura prestado pela mídia nacional à religião islâmica e seus seguidores. Reflexos da associação dos muçulmanos com o fanatismo e o terrorismo já tinham sido reportados por Gattaz, Osman, Marques e Montenegro, antes de 2001. O 11 de setembro colocou o islã sob os holofotes de maneira nunca vista, como ressalta Montenegro (2002), produzindo um imenso volume de informação sobre a religião e seus fiéis, mas não da maneira como os muçulmanos consideram correta ou gostariam que fosse mostrada. O islã e os muçulmanos passaram a fazer parte do noticiário quase que diário, atrelados a um evento gerador da morte de milhares de civis, mostrado à exaustão pela TV, jornais e internet. Em contrapartida, argumentos defensivos e por vezes conspiratórios também circularam, apimentando a contrarresposta dos muçulmanos à sua imagem construída pela mídia. Transferir a culpa dos atentados para os EUA e Israel, admitir que muçulmanos cometeram o ato, mas condenarem-no são algumas das respostas encontradas na Ummah (Hamzawy, 2002), com reflexos nas comunidades do país. De qualquer modo, o que pretendi mostrar foi o impacto do islã político no processo de construção identitária dos muçulmanos, interpretado por mim como gerador de uma contrarresposta crescente à imagem de violência e fanatismo, construída pela mídia, existente há anos e agravada pela exaustiva e negativa cobertura jornalística depois do 11 de setembro.

A globalização, porém, não traz apenas as consequências negativas do *"anti-muslimism"*, ela também permite o estreitamento dos laços da diáspora com o país de origem e demais membros da Ummah. Esta pode ser vista como um ideal religioso, ou uma comunidade imaginada, no sentido empregado por Anderson (Allievi, 2003), da mesma maneira que o Estado-nação ou uma comunidade étnica qualquer. Porém, ela existe de fato, reforça Allievi (2003): a solidariedade interna a eventos como os conflitos na Chechênia ou na Bósnia são exemplos comprobatórios, para não mencionar a causa Palestina. A mobilização de recursos, discursos e pessoas mostra a profundidade desses vínculos, completa o autor.

A globalização possibilitou o estreitamento desses vínculos de maneira nunca vista, contrapondo as teorias que viam nesse fenômeno o gerador de uma ocidentalização do restante do mundo, como mostra Stuart Hall (2005). Allievi chama atenção para a mudança das relações entre centro e periferia causada pela globalização, trazendo à tona um aspecto adicional, a capacidade das periferias contatarem umas as outras, sem a necessidade da intermediação de um centro. No caso do islã europeu, há relações de centro-periferia representadas pela ligação entre os antigos centros de poder colonizador e as ex-colônias. Por outro lado, os vínculos dos imigrantes muçulmanos na Europa com o "mundo islâmico" produzem conexões entre as periferias... Centros de produção de conhecimento muçulmano, centros simbólicos de oração e o próprio Hajj[7] criam vínculos efetivos das minorias com o "mundo islâmico". Para finalizar, a evolução tecnológica, com a internet assumindo um papel de destaque, aliada ao barateamento das passagens diminuiu as distâncias com o país de origem e o restante da Ummah.

O principal vínculo transnacional em que se encontram os muçulmanos brasileiros pode ser apontado como o vínculo com o país de origem. O vínculo com o Líbano, país de origem de cerca de 90% dos muçulmanos no Brasil, desempenha seu papel na reprodução das comunidades muçulmanas no país, do ponto de vista cultural. É comum a visita de parentes e familiares, assim como a ida dos filhos para aquele país, seja para aprender a língua e os costumes com mais eficiência, seja como estratégia explícita para se arranjar um casamento. Osman (1998) mostra como o casamento com um(a) muçulmano(a) vindo(a) do Brasil pode ser visto como uma grande oportunidade pelos libaneses, graças à prosperidade conquistada pelos imigrantes no país. Por outro lado, também é visto como uma boa oportunidade pelas famílias residentes aqui, já que representaria a preservação da cultura árabe muçulmana no seio da família imigrante.

No caso dos sul-africanos de origem indiana de Campinas, também pude presenciar estratégias semelhantes, porém, sob diferentes justificativas. Enquanto na Liga tentam encontrar um cônjuge adequado para filhos(as) enviando-os(as) para o país de origem com a justificativa de passar um tempo com a família e conhecer melhor a cultura e a língua dos pais, em Campinas os muçulmanos sul-africanos enviam seus filhos(as) para a terra natal com a justificativa de lá realizarem uma pós-graduação. A pós-graduação pode render outros frutos, como o casamento com um indivíduo pertencente ao mesmo grupo étnico e

---

7 Peregrinação a Meca.

Novas Leituras do Campo Religioso Brasileiro

religioso. Esse é mais um exemplo de como os diferentes perfis educacionais e ocupacionais das duas comunidades produzem posturas diversas diante de uma mesma questão, nesse caso, encontrar um cônjuge adequado que possibilite a manutenção da identidade étnica e religiosa no contexto minoritário.

A construção de identidades muçulmanas ocorre ainda em outro contexto: no interior das comunidades muçulmanas brasileiras. Pensando nos conflitos internos, foquei o conflito entre árabes e conversos pela definição da "identidade muçulmana local". O islã nasceu entre os árabes e no Brasil é seguido fundamentalmente por imigrantes e descendentes que se identificam com essa etnia, atrelando sua origem étnica à tradição da religião. Nesse contexto, "a identidade redesenhada e aceita através do comprometimento ao islã difere dos nascidos muçulmanos árabes; o brasileiro será muçulmano, comprometido com a religião, porém será sempre convertido" (Marques, 2001, p. 162). O contato dos convertidos com a "comunidade árabe" não é contínuo, nem íntimo, sendo permeado por conflitos, o que também pode provocar uma assimilação deficitária do *ethos* religioso (Ramos, 2003, p. 186).

Os brasileiros convertidos reconhecem sua "subordinação" atual a uma estrutura religiosa marcada por aspectos culturais árabes bastante manifestos, mas não perdem as esperanças de ver a religião islâmica assumir uma face mais brasileira no país, com o aumento do número de conversões. Atacam os árabes e seus descendentes defendendo uma escolha identitária baseada na "islamização", em contraposição ao que chamam de "arabismo", uma espécie de viés que deturparia a verdadeira religião islâmica, tingindo-a com traços culturais que os desfavorecem.

A teoria dos campos de Bourdieu nos permite compreender com mais propriedade o antiarabismo por parte dos detentores de menor capital social dentro do campo religioso islâmico. Se pensarmos no capital social dentro deste campo como a herança da tradição religiosa que remonta à fundação da religião, teremos os árabes como dominantes e os convertidos, sejam eles brasileiros, indianos ou todo muçulmano não árabe, como dominados.[8]

---

8 Utilizo a visão de Bourdieu da polaridade entre dominantes e dominados na análise das disputas realizadas entre diferentes grupos étnicos pela construção da "identidade muçulmana" em razão da vantagem cultural dos árabes oriunda de seu vínculo com a tradição de fundação da religião e a importância religiosa da língua árabe, seja como idioma da revelação divina, seja como a língua usada

As ações dentro do campo não são neutras e os agentes procuram sempre maximizar seus "lucros". Desse modo, suas ações, orientadas em função de sua posição no grupo, pressupõem sempre uma gama de interesses. Ao dividir o campo social em dominantes e dominados, Bourdieu torna necessário retomar a distinção entre ortodoxia e heterodoxia desenvolvida anteriormente por Weber.

As práticas dos atores pertencentes ao polo dominante atêm-se à ortodoxia, já que pretendem conservar intocado o capital social que conseguiram acumular. Nesse aspecto, a valorização da tradição árabe desempenha seu papel de maneira marcante. Por outro lado, os dominados apegam-se às práticas heterodoxas que visam desacreditar os detentores de um capital considerado legítimo. Procuram manifestar seu inconformismo por meio de estratégias de subversão, confrontando-se de maneira permanente com a ortodoxia. Tais estratégias, porém, não contestam fundamentalmente os princípios que regem a estruturação do campo. Os convertidos clamam por uma superioridade moral sobre os árabes, porém, a partir de um argumento retirado da própria religião islâmica, segundo o qual a fé seria o único diferencial aceitável entre os homens.

A reação antiarabismo apresentada pelos convertidos brasileiros na Liga pôde ser vista de maneira semelhante entre os imigrantes de origem indiana em Campinas. Ouvi de diversos imigrantes e descendentes sul-africanos de origem indiana o argumento de que os árabes fundaram a religião, mas os indianos são os mais fiéis seguidores do islã. A ideia da superioridade dos indianos perante os árabes, no que toca ao seguimento correto da religião, é um argumento que faz parte do "senso comum" dos indianos muçulmanos mundo afora. Pode-se pensar nos indianos muçulmanos como convertidos, partindo-se do princípio de Naipaul segundo o qual "todo muçulmano de origem não árabe é um convertido", em virtude das desvantagens simbólicas e culturais advindas da ausência de um *background* árabe. Mas ainda que haja disputas entre diferentes grupos

---

obrigatoriamente nas orações. A isso, soma-se a questão da territorialidade, representada pela presença dos lugares sacros na Arábia Saudita. Todos esses fatores conferem uma vantagem real aos árabes, em relação a todo muçulmano de origem não árabe. Desse modo, a polaridade entre dominantes e dominados, proposta por Bourdieu, apresenta-se com mais veemência neste campo. A própria ênfase dos muçulmanos brasileiros e indianos, por exemplo, na ideia de que eles são "os mais fiéis seguidores do islã", mostra a reação a esta desvantagem cultural em relação aos árabes. No caso das disputas entre gêneros, porém, é possível pensar no poder como algo menos polarizado, dessa maneira utilizaria a concepção de poder de Foucault para analisar a disputa entre homens e mulheres pela construção da identidade muçulmana.

Novas Leituras do Campo Religioso Brasileiro

étnico-nacionais abarcados pelo islã (árabes, brasileiros, indianos etc.), quando atacados, são defendidos por todos eles, garantindo a existência do campo.

Além dos conflitos entre árabes e convertidos de ascendência não árabe (brasileiros ou indianos) no interior das comunidades muçulmanas, foi possível constatar disputas entre homens e mulheres pela definição de como devem agir e pensar muçulmanos e muçulmanas no Brasil. A questão da relação entre gêneros nas sociedades e comunidades muçulmanas é extremamente complexa e profundamente marcada por batalhas ideológicas e políticas. O islã vem sendo alvo de um processo de "demonização" de toda uma religião e seu conjunto de fiéis, no qual uma das principais estratégias empregadas visando a sua deslegitimação, refere-se justamente à imposição do rótulo de "opressor de mulheres".

As mulheres muçulmanas no país definem sua identidade em resposta à imagem difundida pela mídia brasileira, extremamente influenciada pela mídia norte-americana, ao mesmo tempo em que enfrentam o patriarcalismo[9] no interior das comunidades étnico-religiosas. A construção da identidade muçulmana dessas mulheres é, portanto, realizada em resposta à mídia e em negociação com a parcela masculina de sua própria comunidade religiosa, defendendo perante esta o direito a um maior poder e respeito, a partir da própria religião e suas leis ou ainda mediante uma relativização da tradição. Por exemplo, a líder do departamento feminino da Liga reafirmou a importância do estudo para as mulheres apoiando-se no exemplo do profeta Muhammad: "se não fosse necessário que as mulheres aprendessem, o profeta não teria ensinado suas esposas". Em outra ocasião, contrapôs-se ao argumento de um sheik estrangeiro que visitava a comunidade, quando este afirmou que a oração feminina tem mais valor quando feita em casa, em uma tentativa de evitar a ida das mulheres até a mesquita. A jovem rebateu o argumento, relativizando essa crença ao alegar que no Brasil é vital que se frequente a mesquita "como forma de conhecimento", já que

---

9 Durante a condução da minha pesquisa de campo, ouvi de convertidas brasileiras e indianas o argumento de que a dominação masculina seria uma consequência cultural árabe. Da líder do departamento feminino da Liga, uma imigrante libanesa de segunda geração, ouvi que os abusos a que são sujeitas as mulheres muçulmanas são oriundos da maneira equivocada como a religião vem sendo praticada, além da educação oriental a que são submetidas essas moças, educação que pregaria a submissão e a dependência femininas. Para mais detalhes sobre a visão das muçulmanas no Brasil a respeito da dominação feminina no islã, consultar Castro (2008).

representam uma minoria religiosa e sem tantas possibilidades de socialização na cultura muçulmana.

O discurso oficial das jovens lideranças masculinas da Liga, no que se refere à mulher muçulmana e à relação entre gêneros, é marcado pelo rigor e perfeccionismo moral e religioso, com poucas e pequenas concessões ao contexto local. Em Campinas, o discurso das lideranças masculinas já é mais flexível. Enquanto na Liga, os líderes alegam que a mulher tem o *direito* de estudar e trabalhar, desde que não atrapalhe suas obrigações para com a casa e a família, em Campinas os líderes chamam atenção para o *dever* de homens e mulheres buscarem o conhecimento. O diploma de ensino superior é um objetivo comum para rapazes e moças daquela comunidade. Em Campinas, as mulheres casam-se mais tarde e recebem um investimento maior em sua educação, em comparação ao que acontece na Liga. Porém, o papel de provedor da família ainda é visto por elas como inerentemente masculino, mesmo quando poderiam desempenhar essa tarefa, como mulheres educadas e empregadas que são.

Por fim, convém citar a questão do véu. Enquanto seu uso é fortemente recomendado pelas lideranças da Liga, para demonstrar modéstia e preservar a castidade, em Campinas ele é descrito como "meio de preservação da identidade muçulmana em contextos de perseguição política", "forma de se adaptar ao clima", no caso da Arábia Saudita, ou ainda, "roupa de oração", isto é, vestimenta a ser utilizada para se cobrir o corpo e o cabelo *no momento* da oração. Os discursos das lideranças destas comunidades são bastante diferenciados, primeiro pela não obrigatoriedade do véu em Campinas, e o esforço de enfatizar seu uso na Liga. Segundo, pelo "perfeccionismo religioso e moral" da Liga, em contraposição aos argumentos baseados em critérios culturais, políticos e até mesmo climáticos em Campinas.

A prática cotidiana, porém, no que toca à vestimenta islâmica e aos papéis sociais atribuídos às mulheres, mostra que, apesar do rigor eventual do discurso das lideranças da Liga, há um processo de individualização da religiosidade muçulmana, em que os fiéis negociam de maneira relativamente autônoma com a sociedade hospedeira a prática de certos aspectos comportamentais. Por fim, é importante salientar que grau de instrução grupo étnico, faixa etária e classe social desempenham seu papel nesse processo de construção identitária, trazendo nuances que podem aproximar ou afastar essas mulheres no que toca à sua concepção de como deve pensar e agir uma mulher muçulmana no Brasil.

O estudo na Holanda

Nos países ocidentais, o islã representa um tema central de pesquisa. Já no Brasil, apresentar-se como uma estudiosa desta religião ainda desperta muita surpresa e curiosidade. No momento em que iniciei meus estudos sobre a temática, ouvi de meu então orientador, professor Paul Freston, que seria impossível analisar o islã sem recorrer à literatura estrangeira. A realização de uma boa pesquisa exige a ampliação dos horizontes bibliográficos, seja qual for o objeto em análise, mas no caso do islã, isso se torna uma condição *sine qua non*. Tendo isso em mente, decidi realizar um estágio de doutorado sanduíche na Holanda. Esse país foi escolhido por abrigar naquele momento o *International Institute for the Study of Islam in the Modern World*. O ISIM foi fundado em 1998 pela iniciativa das quatro maiores universidades holandesas, a saber: a Universidade de Leiden, a Universidade de Radboud, em Nijmegen, a Universidade de Amsterdã e a Universidade de Utrecht. Chegou a ser considerado um dos mais importantes centros de pesquisa sobre o islã do mundo. Sua base encontrava-se em Leiden e contava com a infraestrutura da universidade dessa cidade, centro de excelência do ensino superior europeu há mais de quatro séculos. Doutorandos, pós-doutorandos e professores compunham o Instituto, estudando o islã e os muçulmanos em praticamente todas as regiões do mundo. Nesse contexto, pude ter acesso a informações sobre a vida e os problemas atuais enfrentados por muçulmanos de diversos perfis étnicos, sociais e culturais, em todos os continentes. Em janeiro de 2009, para a tristeza e desapontamento da comunidade científica internacional dedicada ao tema, o ISIM foi fechado por falta de financiamento por parte do governo holandês.

De julho a dezembro de 2005, fiz uma extensa pesquisa bibliográfica na biblioteca da Universidade de Leiden, entrevistei *scholars* e membros da minoria muçulmana holandesa e participei de cerimônias religiosas e eventos sociais promovidos pelos muçulmanos ou direcionados a eles. Essa experiência foi fundamental para treinar meu olhar e me fez voltar ao campo no retorno ao Brasil. A perspectiva comparativa internacional me permitiu compreender melhor o contexto brasileiro e a recepção da minoria muçulmana imigrante, além da experiência de conversão dos brasileiros sem ascendência árabe.

O estudo do islã e dos muçulmanos no Brasil e na Europa Ocidental tem sido conduzido a partir de ferramentas teóricas diversas. A essa diferença de perspectivas acadêmicas, somam-se as diferenças concernentes aos aspectos do islã tidos como merecedores de atenção pelos pesquisadores em ambos os contextos. As pesquisas conduzidas na Europa sobre o islã como fenômeno social datam da década de 1970 e costumam focar questões de direta importância social e política. Alguns exemplos são a relação entre a religião e o Estado, a quantificação dos muçulmanos, suas nações de origem, salas de oração e mesquitas, estudos sobre a criação de espaços próprios para a aplicação da Sharia (a lei islâmica) para imigrantes muçulmanos, entre outros.

No Brasil, imperam estudos sobre a construção de identidades, ainda que não se limitem a esse tema, como ficou claro na introdução deste capítulo. A história da relação do Brasil e da Europa com o chamado "mundo muçulmano", assim como o perfil socioeconômico desenvolvido pelos muçulmanos em cada uma dessas localidades explicam em boa medida as diferentes abordagens teóricas desenvolvidas em cada contexto, inclusive aquela desenvolvida por mim.

A seguir, discorro, de maneira muito breve, sobre semelhanças e diferenças relacionadas à vida das minorias muçulmanas no Brasil e na Europa. Crises econômicas têm aberto as portas para o crescimento da direita na Europa. A "ameaça muçulmana" tem sido usada para alimentar esse processo, em que o medo do terrorismo e do fanatismo soma-se ao racismo e à competição por empregos. Políticas como deportação de imigrantes, proibição do *hijab* em escolas públicas e limitação do número de clérigos muçulmanos podem trazer mais problemas do que soluções, uma vez que não contribuem para a integração e ainda promovem uma má imagem da Europa nos países de maioria muçulmana.

No Brasil, os muçulmanos apresentam rendimento e nível de escolaridade bastante acima da média nacional. Não faz sentido falar aqui em uma "ameaça econômica" representada pelos muçulmanos imigrantes. Mais do que isso, muçulmanos costumam ser empregadores no Brasil. O terrorismo assusta, mas a partir do que é visto na TV e lido nos jornais, já que o Brasil nunca foi alvo de ataques terroristas. A história de nosso relacionamento com o islã e os muçulmanos tem sido completamente diferente do relacionamento apresentado pela Europa. Primeiramente, o Brasil nunca teve um relacionamento com o mundo muçulmano caracterizado por uma mudança de concentração de poder. O mundo muçulmano teve seu período de hegemonia de 622 a 1492, ano da queda de Granada. Durante este período, o islã se espalhou da península Arábica até o Norte da África, chegando também ao leste asiático e ao sul da Europa. O Ocidente começou o contra-ataque com as Cruzadas, em um longo processo que culminou com a mudança de mãos do poder e a posterior dominação do mundo muçulmano pelo imperialismo europeu, nos séculos XIX e XX. O Brasil, por sua vez, representava apenas mais uma colônia e geograficamente muito distante do chamado mundo muçulmano. Além disso, o contexto socioeconômico brasileiro forneceu aos imigrantes muçulmanos muito mais oportunidades do que a Europa, a partir da década de 1960, quando os imigrantes das ex-colônias passaram a chegar em grande número.

A melhor situação econômica dos muçulmanos no Brasil lhes possibilita também mais liberdade para seguir determinados rituais da religião islâmica. É muito mais fácil para um lojista ou empresário muçulmano decidir parar temporariamente o trabalho para orar cinco vezes ao dia ou ir à mesquita às sextas-feiras ou em festividades do Ramadã, por exemplo. Ele só precisa fechar as portas, ao contrário dos muçulmanos na Holanda que são geralmente empregados. Por outro lado, o pequeno tamanho da comunidade muçulmana no Brasil lhes traz alguns problemas que os muçulmanos na Europa estão mais preparados para enfrentar. Fora de comunidades muçulmanas maiores, como as encontradas em São Paulo, é praticamente impossível encontrar carne *halal*, isto é, carne abatida licitamente, segundo os ritos e normas islâmicas. Outra questão importante seria relacionada à lei e seu seguimento. No Brasil, por exemplo, quando um sheik é indagado a respeito de qual lei os muçulmanos devem seguir, ele sempre dirá que é a lei do país hospedeiro, claro que tentando preservar aquilo que é essencial para a moral e valores islâmicos. As discussões presentes em alguns países europeus sobre a possível criação de espaços públicos onde a lei islâmica poderia ser aplicada nem mesmo existem aqui. Isso é provavelmente consequência do pequeno tamanho da comunidade muçulmana brasileira.

A melhor situação financeira dos muçulmanos no Brasil os livra do estigma de "ameaça econômica imigrante" encontrada na Europa, mas não os livra do *anti-muslimism* de tipo estratégico disseminado pela mídia, profundamente influenciada pela mídia norte-americana. Ao contrário dos países europeus, que em sua maioria ainda têm dificuldades em enxergarem-se como sociedades hospedeiras de imigrantes permanentes, o Brasil geralmente concebe o imigrante como alguém que traz o progresso (e não a degeneração), havendo, inclusive, a crença em uma suposta especificidade nacional, segundo a qual "o Brasil acolheria a todos, sem distinção, de braços abertos".

A verdade é que existe aqui uma fortíssima tendência a limitar a afirmação das identidades, aliada a um esforço no sentido de diluir a diversidade, o chamado "abrasileiramento". Tanto na Holanda quanto no Brasil, a religião islâmica é vista como "estrangeira", um elemento não constituinte da "identidade brasileira", tampouco da "holandesa". Mais do que uma religião "estrangeira", na visão de Casanova (2005), o islã seria visto como "o outro" não exatamente de uma Europa cristã, mas de uma Europa cada vez mais secularizada, secularização essa pensada fundamentalmente no aspecto de privatização da religião e nem tanto da ausência da fé. O principal atrito daria-se, portanto, entre as pressões da tendência de privatização da religião, por um lado, e a religiosidade muçulmana vivida na esfera pública, por outro.

Na década de 1990, Carneiro e Soares afirmaram que "declarar-se católico no Brasil, ou mais ainda, cristão, é frequentemente equivalente a reconhecer-se parte da espécie humana" (1992, p. 13). Pierucci (2006) se perguntou onde estava nossa alteridade cultural em matéria de religião ao analisar os dados do censo seguinte: 89,2% de cristãos. Hoje, apesar do crescimento dos autodeclarados sem religião, ainda observamos a presença de 86% de cristãos no país, de acordo com o último censo. A forte queda vivenciada pelo catolicismo veio acompanhada do proporcional crescimento de outra vertente cristã, os evangélicos. A ideia de que ser brasileiro é ser cristão ainda representa um consenso no Brasil, assim como a reclamação das convertidas por serem sempre julgadas árabes, ao utilizarem a vestimenta islâmica. Muçulmanas, convertidas ou não, enfrentam uma grande pressão de assimilação da sociedade brasileira quando resolvem utilizar o véu na esfera pública. Esta pressão não vem sob a forma de leis proibitivas, como na França, mas sob a forma de agressões verbais, escárnio ou mesmo comentários mais "ingênuos" como: "pode tirar esse pano da cabeça, vocês *tão* no Brasil, aqui não precisa usar". Aspectos da religiosidade muçulmana vivenciados na esfera pública, como o uso do véu, não são aceitos no Brasil, não tanto por pressões de privatização religiosa, como aponta Casanova para o caso europeu, mas pelo fato do islã não ser visto como parte integrante do mito da identidade nacional brasileira, além de estar atrelado aos estereótipos de terrorista e opressor de mulheres, disseminados pela mídia.

Com relação à vivência dos convertidos no interior da própria comunidade muçulmana, pode-se apontar algumas diferenças com relação ao caso europeu. No velho continente, por exemplo, convertidos nativos chegam a desempenhar funções de destaque, agindo como porta-vozes do grupo religioso. Isso acontece graças ao maior capital cultural desses indivíduos em relação à comunidade imigrante. No Brasil, ao menos no caso da Liga da Juventude Islâmica, o mesmo está longe de ocorrer, uma vez que os árabes possuem nível econômico e educacional superior à média dos convertidos.

O diálogo com a Economia Étnica

Uma diferença que salta aos olhos de quem estabelece uma comparação entre muçulmanos no Brasil e na Europa, mais especificamente na Holanda, diz respeito ao perfil econômico e ocupacional desses imigrantes. A percepção desse fato, somada às constantes conversas com o pesquisador Roberto Grün, levaram-me a reinterpretar meus dados do campo a partir de uma vertente da Sociologia Econômica chamada Economia Étnica.

A Economia étnica descende dos estudos de minorias historicamente dedicadas ao comércio, como os judeus da Europa, por exemplo. Atualmente, porém, vem dedicando-se à análise mais ampla da independência econômica dos imigrantes e minorias étnicas em geral como uma estratégia de autoajuda e defesa de seus membros. Pelo estudo comparativo entre os dois grupos de imigrantes muçulmanos já mencionados, um profundamente marcado pela Economia Étnica e outro com seus membros atuando de modo relativamente independente na esfera econômica, tento analisar até que ponto a atividade econômica comum "solda" um grupo imigrante e o torna mais resistente às pressões de assimilação da sociedade hospedeira

(Light, 2005). Para tanto, analisei com um novo olhar os papéis sociais de gênero prescritos e desempenhados nas duas comunidades (Castro, 2010), assim como a construção de identidades muçulmanas ante o campo religioso brasileiro (Castro, 2011).

É importante se perguntar sobre as razões da presença ou ausência da economia étnica em cada uma das comunidades. Os imigrantes muçulmanos da Liga seguiram os passos dos patrícios pioneiros dedicando-se ao comércio em um sistema de cooperação mútua, em que os mais antigos oferecem ajuda aos mais recentes, seja no ensino do idioma, no fornecimento de mercadoria em consignação ou emprego. A região de origem encaminhou os muçulmanos para bairros ou cidades específicos no Brasil e a socialização oferecida aos recém-chegados fez que se concentrassem em um mesmo ramo de atuação. Desse modo, os imigrantes muçulmanos da Liga da Juventude concentraram-se no comércio de *jeans*, assim como os assentados na cidade de São Bernardo do Campo, por exemplo, concentraram-se no comércio de móveis. A religião islâmica completou o elo, estimulando a solidariedade e a cooperação mútua.

É importante dizer que a rede de solidariedade tem ultrapassado os limites da comunidade étnica imigrante, abrangendo brasileiros convertidos sem ascendência árabe. Presenciei um número considerável de migrantes do Nordeste brasileiro que foram absorvidos pela rede de solidariedade dos imigrantes ao sofrerem desvantagens no mercado de trabalho decorrentes da ausência de capital social no contexto paulistano (fora aquele do próprio grupo religioso) e discriminação religiosa (pelo fato de usarem o véu na esfera pública). Para os sociólogos da religião, não é novidade encontrar uma grande quantidade de migrantes, como os nordestinos do Brás, em comunidades religiosas. Essas últimas oferecem não só conforto espiritual para a nova vida, mas a possibilidade de rápida formação de um novo capital social que, em não raros casos, converte-se em emprego.

A comunidade muçulmana de Campinas, por sua vez, é formada em boa medida por indivíduos voltados às atividades de educação e pesquisa, muitos deles ligados à Unicamp. Egípcios deixaram seu país em razão da perseguição política do ditador Nasser, alguns tornando-se professores daquela instituição, como o próprio líder da comunidade e, no momento da realização da minha pesquisa de campo, Diretor do Instituto de Biologia da universidade. Os poucos líbios que foram para Campinas o fizeram basicamente em virtude de cursos de pós-graduação ou para exercer uma função docente, também naquela instituição de ensino. Outros grupos, como os sul-africanos de origem indiana gujarati compõem a comunidade. Esses deixaram seu país fugindo do *apartheid* e aqui se estabeleceram trabalhando como empresários, fundamentalmente no setor de ensino do idioma inglês.

Moçambicanos de origem indiana gujarati já chegaram a constituir maioria naquela comunidade, porém, decepcionados com as crises econômicas brasileiras desistiram do sonho de "fazer a América" aqui e deixaram, em sua quase totalidade, o país na época do governo Sarney. Talvez isso possa ser explicado pela ausência de uma economia étnica que os acolhesse. Não possuíam um capital cultural tão alto quanto os indivíduos vinculados à Unicamp, o que poderia lhes dar alguma chance de lá serem absorvidos como docentes ou discentes da pós-graduação. Também não possuíam o capital cultural advindo da língua inglesa, como os indianos gujaratis da África do Sul, o que explica o fato de não terem seguido os passos daqueles. O contexto de recessão marcado pelo governo Sarney também não favorecia o desenvolvimento de uma economia étnica por eles próprios naquele momento.

Vejo a baixa mobilização do capital social interno para o desenvolvimento de uma economia étnica naquele grupo como decorrente não da heterogeneidade étnica, como alguns poderiam supor, mas sim do tipo de capital cultural de seus membros. Em Campinas, ainda mais do que em outros centros islâmicos do país, a identidade religiosa comum é vista como suficiente para justificar o casamento entre imigrantes de perfis étnicos distintos. E se a identidade religiosa é suficiente para promover esse tipo de ligação, não há por que imaginar que também não poderia articular aqueles indivíduos em torno de uma mesma atividade econômica. Acredito que a principal razão para a baixa importância do uso do capital social interno para fins econômicos naquele grupo seja o capital cultural diferenciado que seus membros ostentam, o que lhes possibilitou ingressar no corpo docente ou discente da pós-graduação, na Unicamp, e no ramo de ensino do idioma inglês. A heterogeneidade étnica presente em Campinas coloca o ideal da Ummah em destaque, uma vez que torna-se fator quase que exclusivo de formação de uma identidade coletiva para os membros daquele grupo.

A importância do desenvolvimento de uma economia étnica para a preservação de uma religiosidade minoritária se deve, principalmente, pelo fato dela intensificar o contato entre os próprios membros da comunidade imigrante em detrimento da sociedade mais ampla. Anne Sofie Roald (2001) afirma que a intensidade de contato com as estruturas sociais ao redor influencia a interpretação islâmica de assuntos de cunho social, como as relações de gênero. Em Campinas, por exemplo, o ensino superior é uma realidade para as moças daquela comunidade, assim como para os rapazes. Além disso, o cuidado dos filhos é apresentado no discurso das lideranças como atributo dos dois genitores. No Brás, por sua vez, as moças são encorajadas a casar mais cedo e constituir uma família nos moldes tradicionais (Castro, 2010).

De acordo com teóricos como Roberto Grün (1992), a presença de uma economia étnica bem-sucedida torna mais vantajoso permanecer dentro das fronteiras da comunidade imigrante do que ser assimilado pela sociedade hospedeira. Nesses casos, a demonstração de sinais de pertencimento à minoria torna-se especialmente importante. No Brás, o uso da barba recomendado pelo profeta Mohamed é muito mais recorrente entre os muçulmanos do que em Campinas. Um tratamento religioso mais tradicional dispensado à mulher também faz parte da estratégia de diferenciação em relação à sociedade mais ampla.

É claro que não são apenas os interesses econômicos que afetam a religiosidade. A inclinação pessoal para uma vida religiosa mais disciplinada precisa ser levada em conta, por exemplo. No entanto, não se pode ignorar o fato de que a distribuição espacial de um grupo que professa uma religião tão estigmatizada como o islã de fato influencia a disposição de seus membros para enfrentar as pressões de assimilação de alguns segmentos da sociedade hospedeira. Mulheres muçulmanas desejosas de usar o véu em público podem se sentir muito mais confortáveis em uma vizinhança habitada por um grande número de muçulmanos, como é o caso do Brás, por não atraírem tantos olhares de curiosidade e estranhamento. Outro ponto importante diz respeito à possibilidade de matricular seus filhos em uma escola islâmica particular, uma conquista diretamente ligada ao sucesso econômico e concentração dos imigrantes em um mesmo bairro. Uma escola católica situada naquele bairro tem oferecido, por meio de pagamento adicional, aulas extras de árabe e religião islâmica para os descendentes de imigrantes.

Novas Leituras do Campo Religioso Brasileiro

No caso da construção de identidades muçulmanas perante o campo religioso brasileiro, vemos que os imigrantes do Brás apresentam não só um perfil de maior resistência à assimilação, como também uma postura mais combativa e ousada em comparação aos seus irmãos de fé campineiros. Enquanto no Centro Islâmico de Campinas preocupam-se em mostrar que o islã e os muçulmanos são apreciados, aceitos pela Igreja Católica, na Liga, lembram que o catolicismo só impera no Brasil graças à tolerância dos muçulmanos que deram liberdade de credo aos países ibéricos durante sua dominação. O sucesso econômico dos imigrantes muçulmanos da Liga, atrelado ao dinamismo de suas jovens lideranças, faz que esses se vejam como responsáveis pela educação e informação religiosa dos brasileiros mais pobres e menos estudados ao seu redor (Castro, 2011).

A Liga é uma comunidade formada por imigrantes recentes, beirando à homogeneidade étnica, concentrados em um único bairro e apresentando um contato superficial com os brasileiros, por meio do comércio. Já o Centro Islâmico de Campinas tem seus membros vivendo dispersos pela cidade, trabalhando de maneira relativamente independente, mediante o exercício de atividades educacionais, ocupação que requer um longo e intenso contato com os brasileiros. A maior flexibilidade do discurso dos muçulmanos campineiros explica-se, portanto, fundamentalmente pelo maior contato com a sociedade hospedeira e seus valores de influência ocidental, como a igualdade entre os gêneros. Para finalizar, somo o fato da mesquita de Campinas ter ficado um bom tempo sem contar com um sheik[10] estrangeiro, o que ajudou a surgir, naquela comunidade, uma visão religiosa mais flexível e menos conservadora por parte das lideranças.

---

10   Na ausência de sheiks com uma formação religiosa formal, obtida em centros de educação religiosa oficiais, escolhe-se como líder(es), o(s) indivíduo(s) que apresenta(m) maior conhecimento da religião, além de reputação ilibada.

Referências bibliográficas

ALLIEVI, Stefano. Islam in the Public Space: Social Networks, Media and Neo – Communities, in ALLIEVI, Stefano & NIELSEN, Joergen (orgs), *Muslim Networks and Transnational Communities in and across Europe.* Leiden, Brill, pp. 1-27, 2003.

BOURDIEU, Pierre. *O poder simbólico.* São Paulo, Bertrand Brasil, 2006.

CASANOVA, José. Immigration and the New Religious Pluralism: A EU/US Comparison. Apresentado na conferência "The New Religious Pluralism and Democracy", Georgetown University, 21 a 22 de abril, 2005.

CASTRO, Cristina Maria de. *A construção de identidades muçulmanas no Brasil: um estudo das comunidades sunitas da cidade de Campinas e do bairro paulistano do Brás.* Tese de doutorado, UFSCar, São Carlos, 2007.

_____. Muçulmanas no Brasil: reflexões sobre a relação entre religião e dominação de gênero. Mandrágora, n. 14, pp. 80-96, 2009.

_____. Muslim women in Brazil: notes on religion and integration, in BONIFACIO, Glenda T. & ANGELES, Vivienne SM., *Gender, Religion and Migration, Pathways of Integration.* Lanham, Lexington Publishers, pp. 167-181, 2010.

_____. Islam in Brazil: reflexions on economic life and religiosity in a minority context, *in* KESKIN, Tugrul & WOOD, Gary (orgs.) *The Sociology of Islam & Muslim Societies: Secularism, Economy and Politics.* Portland, Ithaca Press, pp. 269-290, 2011.

CHAGAS, Gisele Fonseca. *Identidade, conhecimento e poder na comunidade muçulmana do Rio de Janeiro.* Dissertação de mestrado, UFF, Niterói, 2006.

ESPINOLA, Cláudia Voigt. *O véu que (des)cobre: etnografia da comunidade árabe muçulmana em Florianópolis.* Tese de doutorado, UFSC, Florianópolis, 2005.

FERREIRA, Francirosy Campos Barbosa. *Imagem Oculta – Reflexões sobre a relação entre os muçulmanos e a imagem fotográfica.* Dissertação de mestrado, USP, São Paulo, 2001.

_____. *Entre arabescos, luas e tâmaras: performances islâmicas em São Paulo.* Tese de doutorado, USP, São Paulo, 2007.

GATTAZ, André Castanheira. *História oral da imigração libanesa para o Brasil – 1880 a 2000.* Tese de doutorado, USP, São Paulo, 2001.

GRUN, Roberto. Negócios e famílias: armênios em São Paulo. São Paulo, Editora Sumaré, 1992.

GUILHON, Gisele. *A arte secreta dos Dervixes Giradores: um estudo etnocenológico do Sama Mevlevi*. Tese de doutorado, UFBA, Salvador, 2007.

HALL, Stuart. *A identidade cultural na pós-modernidade*. Rio de Janeiro, DP&A editora, 10ª edição, 2005.

HAMID, Sônia Cristina. *Entre a guerra e o gênero: memória e identidade de mulheres palestinas em Brasília*. Dissertação de mestrado, UnB, Brasília, 2007.

HAMZAWY, Amr. Muslim responses to globalization. In ISIM Newsletter, n. 10, Leiden, 2002.

LIGHT, Ivan. The Ethnic Economy. In SMELSER, Neil & SWEDBERG, Richard (eds.), *The Handbook of Economic Sociology*. New Jersey, Princeton University Press, pp. 647-671, 2005.

MARIZ, Cecília & PERES, Vitória. Conversion to Islam in Contemporary Brazil. Exchbage, vol. 35, n. 1, pp. 102-115, 2006.

MARQUES, Vera Lúcia Maia. *Conversão ao Islam: o olhar brasileiro, a construção de novas identidades e o retorno à tradição*. Dissertação de mestrado, PUC, São Paulo, 2000.

_____. *Sobre práticas religiosas e culturais islâmicas no Brasil e em Portugal, notas e observações de viagem*. Tese de doutorado, UFMG, Belo Horizonte, 2009.

MONTENEGRO, Sílvia Maria. *Dilemas identitários do Islam no Brasil – A comunidade muçulmana sunita do Rio de Janeiro*. Tese de doutorado, UFRJ, Rio de Janeiro, 2000.

_____. Discursos e contradiscursos: o olhar da mídia sobre o Islam no Brasil, Revista Mana, v.8, n. 1, Rio de Janeiro, 2002.

OSMAN, Samira. 8), *Caminhos da Imigração Árabe em São Paulo: história oral da vida familiar*. Dissertação de mestrado, USP, São Paulo, 1998.

_____. (2007), *Entre o Líbano e o Brasil: dinâmica migratória e história oral de vida*. Tese de doutorado, USP, São Paulo, 2007.

PEREIRA JUNIOR, Mauro. (2011), *A ciência revelada: codificação religiosa e racionalização na comunidade sunita carioca*. Dissertação de mestrado, UFF, Rio de Janeiro.

RAMOS, Vlademir Lúcio. *Conversão ao Islã: uma análise sociológica da assimilação do ethos religioso na sociedade muçulmana sunita em São Bernardo do Campo na região do Grande ABC*. Dissertação de mestrado, UMESP, São Bernardo do Campo, 2003.

ROALD, Anne Sofie. *Women in Islam – The Western experience*. London, New York, Routledge, 2001.

REIS, João José. *Rebelião escrava no Brasil: a história do Levante dos Malês (1835)*. São Paulo, Companhia das Letras, 2003.

SAID, Edward W. *Orientalismo: o Oriente como invenção do Ocidente*. Editora Companhia das Letras, 1990.

SHADID, Wasif & KONINGSVELD, Sjoerd van. *Intercultural relations and religious authorities: Muslims in the European Union*. Leuven: Ed. Peeters, 2002.

TRUZZI, Oswaldo. Patrícios – Sírios e Libaneses em São Paulo. Tese de doutorado, Unicamp, Campinas, 1993.

WANIEZ, Philippe & BRUSTLEIN, Violette. Os muçulmanos no Brasil: elementos para uma geografia social. *Revista Alceu*, 2 (1), pp. 155-180, 2001.

9 - "O mineiro, o protestante e o galego": leituras sobre a diversidade religiosa no Brasil e em Portugal[1]

Paulo Gracino Junior

Neste trabalho serão discutidas as principais interseções entre a expansão do pentecostalismo protestante e as culturas locais que são alvo de sua ação evangelizadora. Mais especificamente, pretendemos demonstrar, a partir de estudos realizados em algumas regiões do Estado de Minas Gerais e Norte de Portugal, de que modo certas conformações culturais mostram-se extremamente refratárias à implantação e limitam o crescimento das igrejas pentecostais. Nesse sentido, procuramos relativizar algumas vertentes teóricas que têm sido chamadas de "paradigma da escolha racional em religião", que em um salto para fora da teoria sociológica de entendimento da religião busca na Economia seus principais fundamentos. De maneira diversa, defenderemos a tese de que processos histórico-estruturais influenciam na demanda por religião e que a produção e principalmente o consumo dos bens religiosos estão imersos nas relações sociais face a face. Dessa maneira, não acreditamos serem as regulações estatais a principal variável quando se trata de diversidade religiosa. Outrossim, pensamos que esse papel cabe às relações societais, que limitam e regulam o trânsito dos indivíduos entre as denominações religiosas.

---

1   Este texto foi baseado em minha tese de doutorado "A demanda por deuses": religião, globalização e culturas locais, defendida em 2010 no Programa de Pós-Graduação em Ciências Sociais – UERJ. É importante ressaltar que este texto só foi possível graças ao apoio da CAPES, por meio das bolsas DS e PDSE.

O chute à santa e o encontro com o objeto

Comecei a perceber transformações no panorama religioso desde o início da década de 1990, em parte porque em meu círculo de relações pessoais surgiram convites para participar das reuniões do Movimento Adolescentes e Crianças (MAC),[2] ligado à Igreja Católica; parte por ver o aumento dos que desciam a ladeira em frente à minha casa, vindos do alto da colina onde recentemente se instalara uma Igreja do Evangelho Quadrangular. No entanto, nascido em uma família de fraca tradição religiosa católica, com uma mãe "não praticante" e um pai sem pertença religiosa, a possibilidade de socialização em um grupo religiosamente orientado me parecia simplesmente estranha. Perguntava-me, com uma boa dose de indignação, como podiam jovens trocar os alegres finais de semana na praça ou no clube por um enfadonho "retiro espiritual"?

Mais estranho ainda pareceu-me, em 1995, – talvez não mais aos olhos de hoje – a intensa mobilização de minha família diante do bastante conhecido "chute à santa", episódio que envolveu o pastor Von Helder, da Igreja Universal, amplamente divulgado pela Rede Globo em seus diversos telejornais diários. Lembro-me da estranheza que me causou ver meu pai se empenhando em desdobrar argumentos contra o que ele considerava uma verdadeira invasão dos "crentes" à cultura brasileira.

Nos dias que se seguiram àquele evento, ouvi e presenciei uma série de acontecimentos interessantes aos olhos de quem se ocupa com o fenômeno religioso: vi meus vizinhos evangélicos serem afastados do convívio do bairro e hostilizados quando passavam nas ruas – acusados pelas crianças que gritavam: "olha os quebra-santo"; e ouvi diversas vezes meu pai narrar histórias de como estavam se sentindo mal os operários evangélicos da siderúrgica em que trabalhava na ocasião situada na cidade de Juiz de Fora. Estes, já tratados cotidianamente sob as alcunhas galhofeiras de "irmão", "bíblia", entre outros, agora eram insultados como os "quebra-santos", tendo de explicar repetidas vezes sua postura quanto aos santos e o catolicismo.

Um dos fatos que mais me chamaram a atenção, na época, foi saber que amigos de meu pai, com sabido pouco vínculo institucional católico,

---

2   Ligado ao Movimento Internacional de Apostolado das Crianças – MIDADEN, organização internacional católica.

Novas Leituras do Campo Religioso Brasileiro

negaram-se a trabalhar lado a lado com operários evangélicos na side-rúrgica. Alguns passaram a levar, no ônibus da companhia, imagens de "Nossa Senhora Aparecida" que eram depositadas em suas bancadas de trabalho, como a reafirmar uma identidade católica há muito esquecida.

Em 1996, já cursando universidade na cidade de Viçosa (MG), percebi que, entre as várias formas possíveis de pertencimento dentro do campus universitário, estavam a Aliança Bíblica Universitária (ABU) – movimento ligado às igrejas evangélicas – e o Projeto Universidades Renovadas (PUR), ligado à Renovação Carismática Católica. Era interessante observar, na longa fila do restaurante universitário, grupos com objetivos tão díspares se acotovelando na busca por mais um filiado. Ali se reuniam todas as "tribos" da universidade, que iam desde os já tradicionais militantes do movimento estudantil, invariavelmente ligados ao PT ou PCdoB; passando pelos macrobióticos do Grupo Entre Folhas, também chamados de "bicho-grilo"; até os ruralistas, ou simplesmente "agroboys"; além, é claro, dos grupos religiosos já descritos.

Foi nesse ambiente, ao mesmo tempo plural e de intensa pertença identitária, que a religião me pareceu uma forma consistente de vínculo social, não porque tenha aderido à causa religiosa, mas, ao contrário, por militar no movimento estudantil secular e ver que nossas reuniões eram sempre menos concorridas que qualquer evento organizado pela ABU ou PUR. Achava deveras estranho como, em meio a tantas demandas políticas e científicas, pessoas podiam "perder seu tempo" com questões religiosas. Perguntava-me ingenuamente: que espécie de pessoa pode entrar na universidade e continuar acreditando em unção pelo Espírito Santo?

Na verdade, sabíamos que estávamos em polos opostos: enquanto a RCC organizava o Seara,[3] evento carnavalesco de fundo católico, nós reuníamos fundos para levar uma caravana ao Rio de Janeiro em protesto contra a privatização da Empresa Vale do Rio Doce. Ambos os grupos sabiam, irrefletidamente, que era em vão tentar convencer uns aos outros sobre a inutilidade de suas demandas – mesmo sem ter lido muita coisa de Sociologia ou Antropologia, já que a tradição da universidade era agrária e a maioria de nós cursava Agronomia, Veterinária ou congênere.

---

3 Seara é um evento organizado pela RCC, que reúne jovens na cidade de Viçosa-MG, por ocasião do carnaval. Esse evento vem crescendo em número de participantes a cada ano, em 2008, por exemplo, os participantes chegaram a mais de sete mil pessoas.

Assim, todos os grupos voltavam suas forças para conquistar talvez o elemento mais *liminar* (Turner, 1974) da universidade – o "calouro". Era para ele que as atenções se voltavam, seja no "trote do abraço" organizado pela ABU, ou na "calourada" do Diretório Central dos Estudantes (DCE).

No entanto, mais um daqueles episódios *interessantes* veio mobilizar a "memória coletiva" da comunidade universitária e colocar do mesmo lado ABU, PUR, a parcela do movimento estudantil ligada ao PCdoB e os tantos outros grupos nos quais os estudantes se dividiam. Foi quando, em uma semana de eventos organizada pelo DCE, a então coordenadora geral da entidade divulgou um folheto que abordava a questão do aborto e de sua legalização. Na mesma semana em que o folheto circulou na universidade, um conhecido antropólogo militante da causa *gay* teria proposto, em uma palestra organizada pelo DCE, uma relação entre Cristo e a cultura *gay*.

Ainda que pouca gente lesse as chamadas "cartas abertas aos estudantes" emitidas pelo movimento estudantil e, seguramente, menos de cem pessoas estivessem presentes à referida palestra, a notícia se espalhou rapidamente e logo todos foram chamados a tomar posição sobre o ocorrido. A ABU, que era formada em sua maioria por estudantes ligados às igrejas Metodista e Presbiteriana, embora participasse dos debates que seguiram o acontecimento, manteve-se mais distante da polêmica e, curiosamente, foram os estudantes carismáticos e comunistas que cerraram fileiras na frente de batalha.

Parece desnecessário ressaltar que cada um desses grupos apresentou publicamente um discurso que condizia com seu *ethos*: os estudantes ligados ao PCdoB denunciaram a parcialidade dos "movimentos por direitos civis", no caso, o dos homossexuais, e sua incapacidade intrínseca de aglutinar as massas de maneira organizada para a "verdadeira transformação social, via revolução"; já os jovens ligados à ABU e RCC posicionaram-se contra o que consideraram "um vilipêndio à livre manifestação religiosa, fruto de um ambiente cientificista que não abrigava os valores cristãos".

Olhando mais de perto, via-se, no cotidiano da universidade, que a mobilização em torno do caso transcendia em muito o *ethos* dos grupos nos quais estavam inseridos os estudantes, remetendo-lhes a uma coletividade maior. Tempos depois, ouvi a paradigmática declaração de um colega, que a essa altura militava no PCdoB, a respeito do evento:

Novas Leituras do Campo Religioso Brasileiro

[...] pôxa, o cara vir aqui para defender o direito dos homossexuais vá lá, agora, falar que Jesus é gay. [...] A gente diz que não acredita [...], mas não precisa esculachar a crença dos outros, ainda mais. [...] Se, na época, meu pai ficasse sabendo disso, tinha me tirado da universidade na hora. Imagina, meu pai, muito católico, minha mãe, beata, e um filho estudando num lugar que defende aborto e os professores ensinam que Jesus é gay [...].[4]

As funções da religião: revisitando um velho paradigma.

Parece-me que essas duas histórias mostram-se pródigas expressões de algumas dimensões do fenômeno religioso na contemporaneidade. A que queremos destacar aqui é a relação entre religião e identidade, melhor dizendo, seus aspectos funcional/normativo, temática que não é nova no seio das ciências sociais – já presente nos escritos fundadores de Durkheim – embora apareça hoje com novos contornos. Pesquisadores europeus, como os italianos Roberto Cipriani (1993) e Enzo Pace (2006), a francesa Daniele Hervieu-Léger (2005), o escocês Steve Bruce (2000) e a portuguesa Helena Vilaça (2008), chamam a atenção para o enlace entre religião e identidade em estudos sobre os países europeus.

Nesse sentido, Hervieu-Léger (2005) analisa as viagens do papa João Paulo II como estratégias da cúria romana no intuito de mobilizar uma memória católica europeia, fazendo-a coincidir o passado europeu com um passado cristão, no que a autora chama de "'utopização' da Europa cristã do passado". Já Pace (2006) mostra-nos como mesmo os italianos, com fraca pertença religiosa, tomam o catolicismo como um referencial da identidade nacional italiana quando em contraste com migrantes, como os muçulmanos.

Ainda que tratando de países de tradição protestante ou católica ortodoxa, como os países escandinavos e bálticos, Bruce (2000) mostra como, mesmo estando distantes das atividades institucionais religiosas, os dinamarqueses, por exemplo, atribuem valor positivo à manutenção, por parte do Estado, da Igreja Luterana Nacional. Inquérito realizado nesse país revelou que essa valorização advém da crença de que a Igreja Luterana

---

4   Este depoimento foi colhido em 2006, por ocasião de um projeto e monografia que estudava a relação entre o movimento estudantil partidário e o movimento estudantil religioso na Universidade Federal de Viçosa. (Ver Thamer, 2007.)

é fiel depositária de boa parcela do patrimônio histórico nacional. Nesse sentido, Bruce observa que parte da população, mesmo pertencendo a alguma variante do luteranismo, realiza suas cerimônias cívico-religiosas na Igreja Luterana oficial. Citando o exemplo da Lituânia, Bruce mostra como a Igreja Católica foi fundamental no apoio ao sentimento de identidade nacional: no século XIX, diante da tentativa da Rússia czarista de padronização da língua; e no século XX, nos movimentos contra a "russificação" do país.

O estudo de Vilaça (2008) nos mostra que a Igreja Ortodoxa desempenha um papel importante na integração dos imigrantes do leste europeu à sociedade portuguesa. Nesse estudo, a autora recorre claramente aos pressupostos da teoria durkheimiana ou dela derivados, numa mostra de que tais postulados ainda guardam um poder explicativo bastante profícuo nos dias atuais.

Voltando aos exemplos, ainda no ano de 2001, propus um trabalho que tinha como alvo as estratégias de inserção pentecostal na cidade mineira de Mariana, bastante conhecida por sua tradição católica. Naquele trabalho, tentava estabelecer a relação entre a estrutura organizacional pentecostal e o que hoje chamaríamos de *acoplamento* (Luhmann, 2009) de elementos da cultura local, que possibilitavam a interlocução entre a cosmovisão pentecostal e a variante autóctone do catolicismo, tal como já propuseram, de perspectivas diferentes, autores como Rolim (1995), Segato (1991), Birman (1996) e Mariz e Machado (1997), entre outros.

Compreendia, à medida que o trabalho avançava, que as adesões ao pentecostalismo eram bastante complexas e matizadas, distanciando-se muitas vezes das clássicas análises sobre conversão enquanto uma ruptura drástica com o *ethos* individual e grupal. Na verdade, a cada entrevista, percebia quão havia sido difícil o processo de "conversão" e em que medida foi preciso uma negociação entre indivíduo e instituição para que o mesmo ocorresse e perdurasse.

Durante as entrevistas, foram comuns histórias como a de dona Marcelina, que, mesmo depois de convertida à Assembleia de Deus, ainda mantinha em sua casa várias imagens e quadros de santos, que eram cobertos com um lençol durante os cultos ali realizados. Contabilizamos ainda uma série de outros relatos de pessoas que frequentaram as denominações pentecostais durante anos, sem, no entanto, aderir formalmente a elas por meio do batismo.

Novas Leituras do Campo Religioso Brasileiro

Porém, nenhum relato nos chamou mais a atenção que o do sr. Adauto, que trabalhava como "santeiro": convertido à Assembleia de Deus, ele mantinha um ingrato dilema de permanecer no credo e perder seus fregueses – na maioria das vezes paróquias da região – ou abrir mão da nova pertença religiosa em prol do seu sustento e de sua família.

Adauto não era o único a enfrentar tal dilema: uma série de membros antigos e neófitos das igrejas pentecostais da cidade de Mariana partilhava de uma história de vida um tanto similar. Instalados em uma cidade que se faz lembrar católica em cada esquina e monumento, onde os principais empregadores de mão de obra são a indústria mineradora e o turismo histórico – estreitamente ligado ao catolicismo – não lhes restava alternativa: escolher entre o trabalho, a sociabilidade familiar e a frequência a uma igreja pentecostal.

Nesse sentido, não constituiu surpresa quando o Instituto de Geografia e Estatística (IBGE) divulgou dados do censo de 2000, mostrando que a ampla maioria das cidades do interior mineiro era extremamente refratária à mensagem pentecostal, panorama que foi confirmado com o último censo de 2010. Parte significativa da população de regiões importantes do ponto de vista econômico e populacional, como as regiões da Zona da Mata e Campos das Vertentes, mostra-se reticente quanto a deixar o catolicismo e migrar para o pentecostalismo.

Um exame mais criterioso do mapa religioso brasileiro, no entanto, revela que, a despeito da significativa diversificação religiosa das últimas décadas, essas regiões mineiras não se fazem exceção quanto à resistência ao crescimento pentecostal. Embora os pentecostais atinjam percentual importante do conjunto da população em alguns Estados (Rondônia, 21,33%; Amapá 20,91% e Pará, 20,6%), mostram-se pouco representativos em outros, ficando bem abaixo da média nacional (13%) em Estados do Nordeste. Nos Estados de Sergipe e Piauí, os que apresentam o menor número de pentecostais, o percentual não atinge 7% do total da população.

Se dissecarmos ainda mais esses dados, perceberemos que o pentecostalismo tem avançado de maneira mais contundente em regiões receptoras de população migrante, enquanto nas regiões doadoras desse contingente populacional o catolicismo ainda se faz forte.[5] Estudos recentes realizados

---

5 Quando realizamos o *ranking* dos principais Estados em relação à sua população evangélica pentecostal, vemos que os 10 primeiros são Estados receptores de fluxo migratório, como o Rio de Janeiro, que

por pesquisadores ligados à PUC do Rio de Janeiro a partir dos dados do censo do IBGE de 2000 mostram que, mesmo dentro de regiões metropolitanas com altos índices de pessoas que se declaram pentecostais, sua distribuição não é homogênea por todo o território (Jacob, 2006).

Diante desse quadro, podemos nos perguntar: o que faz que algumas regiões sejam tão receptivas à mensagem pentecostal, ao passo que outras se mostram inteiramente inóspitas à sua presença? Por que algumas denominações adaptam-se melhor a certos contextos e não a outros? Existiria uma *afinidade* entre os extratos sociais menos privilegiados economicamente e a mensagem pentecostal?

Como qualquer empreendimento humano, a ciência parece ser fruto tanto do tempo histórico em que está inserido o pesquisador, quanto dos achados empíricos sobre os quais erguem seus paradigmas, não sendo diferente com as Ciências Sociais e, portanto, com as teorias que se ocuparam do fenômeno religioso. Nesses mais de quarenta anos que nos separam da primeira tentativa de compreender a dinâmica de crescimento evangélico pentecostal no Brasil – empreendida por Emilio Willems (1967)[6] – foram propostas várias fórmulas para responder a essas indagações que, igualmente, traziam gravadas sobre si a inscrição do tempo em que foram postuladas. Genericamente, destacamos duas: a primeira vertente teórica, fruto de um período histórico em que os intelectuais estavam preocupados em ver o Brasil livre das rédeas que o prendiam ao tradicionalismo e, consequentemente, ao subdesenvolvimento, e viam o pentecostalismo como uma espécie de adaptação das massas recém-migradas aos novos contextos urbanos (Souza, 1969 e Camargo, 1973).[7] Já a segunda vertente, inspirada nas análises de sociólogos americanos que aplicam a teoria da *rational choice* ao fenômeno religioso (Stark e Bainbridge, 1985 e Stark e Iannaccone, 1992), vê esse campo enquanto um mercado, em que firmas religiosas entram em disputa para oferecer um produto cada vez mais atraente a um consumidor ávido por maximizar seus ganhos ao

---

ocupa o 10º lugar com 15,6% de sua população entre os que se declaram pentecostais, ou Rondônia e Amapá, que ocupam respectivamente o 1º e 2º lugares, com 21,33% e 20,91% de pentecostais. No polo oposto estão os Estados do Nordeste, apresentando taxas sempre abaixo da média nacional.
6   Notamos que no trabalho de Willems (1967), esse não distinguia pentecostais dos evangélicos ditos tradicionais, como a maioria dos pesquisadores faz hoje seguindo tipologia cunhada por Freston (1996) e Mariano (1997).
7   Nesse mesmo sentido podemos citar a proposta teórica de David Martin (1990), que atrela o crescimento do pentecostalismo aos processos de modernização, em especial da América Latina.

Novas Leituras do Campo Religioso Brasileiro

menor custo possível. Nesse sentido, tais contribuições acreditam que o sucesso dos pentecostais se deve antes à atuação das missões e agentes religiosos que às necessidades dos fiéis (Chesnut, 1997 e 2003; Guerra, 1999 e Mariano, 2001).

Olhando de maneira retrospectiva, podemos dizer que ambas as análises conseguem dar conta, mesmo que de forma perspectiva, das realidades às quais se dirigem. Nenhum pesquisador duvidaria hoje da estreita relação entre migração e adesão religiosa pentecostal, embora possa não colocar essa variável enquanto central para seu estudo, como o fizeram os pesquisadores da década de 1970. Do mesmo modo, quase nenhum estudioso, mesmo aqueles que negam completamente os pressupostos da teoria do "mercado religioso", passa ao largo da competitividade que se estabeleceu entre as agências religiosas, bem como ao caráter crescente da subjetividade na escolha e composição da religiosidade individual, como tem mostrado uma série de estudos antropológicos (Duarte, 2005 e 2006; Gomes, 2006; Gomes e Natividade, 2006).

Nesse sentido, acreditamos ser possível avançar sobre territórios intocados, revisitar e/ou reconsiderar algumas análises que foram propostas para o aumento da diversidade religiosa no Brasil. Parece-nos plausível, por exemplo, considerar a religião ainda como uma importante forma de vínculo social que contribui tanto para a formação de macroidentidades, quanto para a constituição de pequenos grupos comunitários, como o fazem Hervieu-Léger (2005), Bruce (2002 e 2006) e Pace (2006). Ou, ainda, considerá-la como um dos depositários privilegiados de certezas axiológicas e ontológicas da sociedade, como em Luhmann (2007), para quem a religião é capaz de transformar a indeterminação gerada pelo contínuo processo de *complexificação* social em possibilidades determinadas e determináveis, produzindo interpretações do mundo mediante generalizações simbólicas. Em outras palavras, a religião constitui, para Luhmann, uma reserva de sentido que dá ao sistema social maior capacidade de tolerar o aumento da indeterminação.

Em síntese, o que queremos dizer é que com a relativização das grandes narrativas sobre as quais erguíamos nossas identidades, enquanto Ocidente, nação, classe ou indivíduo, abriu-se um espaço novo, do qual emergiram tanto formas identitárias recalcadas em outras épocas, quanto configurações de pertença social inteiramente novas.

Nesse contexto, instituições dos mais diversos matizes, entre elas, é claro, as religiosas, enfrentam-se para suprir de maneira mais eficiente as *demandas* de uma sociedade cada vez mais plural. Não se trata de uma reacomodação definitiva, uma eliminação do caráter anômico da sociedade, como nas clássicas teses de veio funcionalista dos anos de 1970, mas, ao contrário, de um rearranjo constante das estruturas teológicas, rituais e organizacionais dessas instituições, no intuito de atender a diversidade de demandas colocadas pelos diversos grupos sociais, trabalho facilitado – no caso do pentecostalismo – pelo apego à exegese pessoal da Bíblia.

A hegemonia católica está ameaçada, isso parece certo. Mas, em seu lugar, não surge – e dificilmente surgirá – outra instituição, religiosa ou não, capaz de unificar a diversidade de demandas socioculturais da sociedade contemporânea. Por outro lado, pululam formas de organização institucional que visam atender os interesses específicos de grupos pontuais. Várias denominações pentecostais – com destaque para a Assembleia de Deus, maior Igreja pentecostal do Brasil – têm sido capazes de arrebanhar uma boa parte dessa miríade de símbolos e interesses. Mas nada impede que a própria Igreja Católica ocupe esses espaços, como já vem fazendo por meio da diversificação do seu discurso por intermédio das comunidades leigas, sejam as Comunidades Eclesiais de Base ou a própria Renovação Carismática Católica (Mainwaring, 1989; Beyer, 1999).

Entretanto, um olhar mais atento sobre a história das religiões e as clássicas teses sociológicas da produção e rotinização dos conteúdos religiosos revela que as instituições religiosas não podem flexibilizar seus conteúdos teológicos *ad infinitum,* sob o risco de verem suas fronteiras diluídas. Nesse caso, o objetivo inicial da instituição religiosa, que era abarcar um número cada vez maior de fiéis, acaba por gerar uma ambiguidade que fomenta o trânsito religioso, como têm observado diversos pesquisadores (Machado e Mariz, 1997 e Steil, 2004, entre outros). Por esse turno, parece-nos claro que a Igreja Católica, por conta de sua organização institucional dogmática e hierárquica – ou o que Willaime chama de "modelo institucional ritualista" (1992) –, tende a encontrar mais dificuldade de acomodar novas crenças e valores dentro de seu cabedal discursivo do que as igrejas pentecostais.

De posse desses argumentos, podemos voltar nossas atenções novamente para os dados sobre a diversidade religiosa, em especial

Novas Leituras do Campo Religioso Brasileiro

para a distribuição das instituições religiosas no território brasileiro. Neste, vemos que, enquanto a Igreja Católica mantém sua hegemonia nas áreas menos dinâmicas – do ponto de vista das transformações culturais, industriais e deslocamento populacional –, os pentecostais têm seu maior crescimento nas grandes regiões metropolitanas, principalmente em sua periferia. Esse panorama sugere que as denominações religiosas conseguem maior êxito quando dispõem de um aparato institucional-litúrgico mais próximo às demandas – religiosas ou não – das populações às quais se dirigem, conseguindo operar a tradução desses anseios para o seu discurso religioso (Burdick, 1998 [1993] e Mariz, 1994). Seguindo esse raciocínio, podemos compreender por que a "Teologia da prosperidade" da IURD faz pouco eco aos ouvidos da população que vive em condições subumanas na Baixada Fluminense, ao passo que a "classe média" raramente é atraída pela Assembleia de Deus,[8] cuja doutrina possui conotação fortemente moral e, muitas vezes, avessa ao consumo.

Nesse mesmo sentido, observamos que o catolicismo parece ter mais êxito em mobilizar as demandas sociorreligiosas nas regiões com baixa dinâmica demográfica e sociocultural, em que o "fio da memória" (Hervieu--Léger, 2005b) entre o grupo social e o catolicismo não foi rompido ou pode ser restaurado, principalmente por políticas de "memória" e patrimonialização. A "busca por fundamentos" na sociedade contemporânea, como classificou Robertson (1992), levou a um processo de busca exaustiva pela reabilitação e reinvenção das identidades locais – padrões de vida, costumes e culturas até então tidas como arcaicas ou em via de extinção. Ainda que essa "retórica da perda" (Gonçalves, 2002) não seja recente e tenha feito parte da constituição do patrimônio sobre o qual se assentaram as bases dos Estados nacionais, é inegável que com a pluralização dos pontos de vista – levada a cabo pelos desdobramentos filosóficos da modernidade e pela globalização – esse processo se tornou agudo e atingiu uma escala planetária.

Um rápido exame na lista dos bens tombados pela Unesco[9] mostra que o patrimônio cultural religioso é, de longe, o alvo preferencial das

---

8   Quando tratamos as denominações religiosas de forma genérica, não nos escapa a dinâmica que se esconde sob o rótulo Assembleia de Deus, por exemplo, que guarda uma miríade de práticas, costumes e diversidade teológica e doutrinal. No entanto, ainda não é possível apagar as fronteiras entre as denominações, embora um processo de homogeneização pareça estar em curso.
9   <whc.unesco.org/en/list/379>.

políticas de tombamento, não só em países católicos como Portugal, Polônia ou Brasil, mas em países protestantes como Inglaterra ou Dinamarca. O atrelamento entre patrimônio, história religiosa e cultura local reforça o vínculo entre população e instituição religiosa. Mesmo em países que vivenciam uma importante secularização – inclusive das consciências, ou secularização subjetiva, como denominou Berger (1985) –, como Inglaterra ou Suécia, por exemplo, a população ainda vivencia um elo entre sua "memória coletiva" e o patrimônio representado pelas respectivas denominações religiosas, mesmo de forma *vicária*,[10] como mostram Grace Davie (2001) e Steve Bruce (2002).

Encontrando mineiros, protestantes e galegos

Como já demonstramos (Gracino Júnior, 2008a), em Minas Gerais o catolicismo tornou-se um patrimônio cultural do Estado, por meio da patrimonialização tanto da cultura material, quanto das festas religiosas, como as Festas do Rosário e a Semana Santa. Nesse contexto, a religião e seus produtos (festas, imagens, ritos) foram incorporados em circuitos comerciais, que atraem, a cada ano, uma leva maior de turistas. Esse processo, embora não seja novo e possa remontar aos antigos deslocamentos religiosos, peregrinações e romarias (Sanchis, 1982 e 2006), toma um novo fôlego ao ser integrado a circuitos turísticos, que têm um ordenamento mercadológico e uma capacidade de atrair fiéis e turistas das mais variadas partes do mundo (Abumanssur, 2003; Camurça e Giovanini, 2003). Parece desnecessário frisar que, em algumas regiões do mundo, o turismo tem ocupado um lugar importante no desenvolvimento econômico de regiões até então estagnadas do ponto de vista econômico (Urry, 2001).

Esse também parece ser o caso de localidades igualmente impérvias ao pentecostalismo, como as regiões norte do Rio Grande do Sul e sul de

---

10 Grace Davie lança mão do conceito de *religião vicária* para denominar uma postura diante da religião, em que uma maioria não praticante apoia e compartilha a maioria dos atos decisórios de uma minoria ativa. Tal conceito também pode ser aplicado ao fato de que em alguns países europeus a religião é vista como um bem público, disponível a todos, que, por sua vez, podem buscá-lo em momentos de grande comoção individual ou coletiva. Nesse sentido, a autora dá o exemplo dos ritos públicos, como batismos, casamentos ou funerais, que ainda são celebrados por instituições religiosas, mesmo para aqueles que não pautam suas vidas ou mesmo frequentam as atividades de sua confissão religiosa. Nos países nórdicos, por exemplo, a população – com uma das taxas mais altas de secularização – continua a apoiar a contribuição pública para a manutenção dos templos luteranos, por acreditar que estes prestam serviços de utilidade pública, além de serem símbolos do patrimônio cultural dos países (Bruce, 2002).

Novas Leituras do Campo Religioso Brasileiro

Santa Catarina, em que o catolicismo liga-se estreitamente à migração italiana para a região (Oro, 1996); e do interior do Nordeste, no qual o catolicismo popular é bastante forte, principalmente nas regiões circunvizinhas aos centros de peregrinação, como Juazeiro do Norte.

Tais argumentos ganharam mais força quando, em novembro de 2008, parti para Portugal para um estágio de doutorado na Universidade do Porto, Norte do país. Informado pela literatura (Anders & Rodrigues, 1999; Mafra, 2002), sabia que a região do Grande Porto havia sido palco de intensos movimentos de contestação à implantação da Igreja Universal do Reino de Deus (IURD), desencadeados, principalmente,[11] após a tentativa frustrada de compra da sala de espetáculos Coliseu do Porto, em meados de 1995. À medida que avançava em minha pesquisa, que em princípio visava observar as formas de inserção do pentecostalismo brasileiro no Norte de Portugal, percebia quanto o evento havia marcado a memória coletiva dos portugueses, em especial dos nortenhos.[12] Durante as entrevistas, foram recorrentes nos depoimentos dos pastores de igrejas como a Assembleia de Deus do Porto (AD) e Congregação Cristã em Portugal (CCP), narrativas sobre os anos de dificuldade que enfrentaram após os embates entre IURD, parte da mídia e sociedade portuguesa.

Se, por um lado, os depoimentos dos pentecostais mostravam que o contraste entre IURD e população portuguesa havia afetado as outras denominações pentecostais de origem brasileira como um todo, por outro, os relatos dos portugueses que se envolveram nos eventos deixavam evidente a centralidade do fato para a formação de uma "memória cívica" do Norte de Portugal.

Nesse sentido, fomos tentados a interpretar tais manifestações no mesmo registro que outros trabalhos, que tinham visto as recorrentes manifestações contra brasileiros em Portugal desde finais da década de 1980, ou seja, movimentos sociais de viés xenófobo (I. Machado, 2003). Como nos mostra Igor Machado (2003), a animosidade dos portugueses para com os imigrantes brasileiros e sua cultura[13] vinha crescendo desde

---

11 Segundo Anders & Rodrigues (1999) os conflitos envolvendo a IURD no Norte começaram no mês de julho de 1995, quando membros da IURD desfizeram o tapete da procissão de Nossa Senhora de Belém na cidade de Póvoa de Varzim.

12 Em outros estudos desenvolvidos paralelamente a este, pesquisadores como Eduardo Gabriel (2009) e Cláudia Swatowiski (2010) também relatam a recorrência da memória do evento para a população portuguesa.

13 É interessante notar que desde a década de 1980 as televisões portuguesas veiculam conteúdos

que o país entrou na comunidade europeia em 1985-1986 e passou a receber um maior fluxo de imigrantes. No entanto, embora as manifestações anti-IURD – muitas envolvendo embates físicos como nas localidades de Rio Tinto, concelho de Gondomar e Matosinhos, na região do Grande Porto – possam ser lidas como xenofobia, os ingredientes religiosos complexificam ainda mais o caso. Somado a isso, chamou-nos atenção o fato de os movimentos de resistência à implantação da IURD estarem restritos à região Norte do país, sendo nulos ou quase inexistentes na região da Grande Lisboa, cidade em que a Igreja havia comprado o também tradicional cinema Império, anos antes do "caso Coliseu" (1992).

Com o avançar das pesquisas, percebemos que a cultura regional do Norte, bem como a conformação do catolicismo da região – marcado por uma contundente participação leiga e organizado em torno das festas e ritos populares –, constituía-se enquanto barreira significativa ao crescimento do pentecostalismo na região. No Norte, os laços sociais mais densos, fortificados pelo reflorescimento da cultura regional após a entrada do país na União Europeia, pareciam limitar as opções religiosas não católicas. Tal pressuposto tomou corpo quando tomamos conhecimento de pesquisas quantitativas (Vilaça, 2006) que apontavam uma menor diversidade religiosa no Norte em relação à porção Sul do país. Mesmo quando segregamos as duas maiores cidades portuguesas, Lisboa e Porto, vemos que nesta a diversidade é significativamente menor que naquela.

Por outro lado, com a entrada de Portugal na União Europeia, o país viu-se diante de um dilema: como globalizar-se sem perder as identidades locais? Como deixar passar os fluxos de capitais comunitários, sem deixar passar os "intrusos" que viajam nas esteiras desses fluxos? Pertencer à Europa significava para uma boa parte da elite portuguesa um reencontro com o destino português, uma retomada de um caminho natural que havia sido brutalmente interrompido pela "era Salazar". Para essa elite, ser europeu significava ser laico, racional, o que logicamente não combinava com a proliferação de "seitas brasileiras", e isso constituiu-se, assim, em mais uma barreira para o crescimento das igrejas pentecostais, em especial para a IURD.

---

produzidos no Brasil, em especial as telenovelas que são de grande audiência entre os estratos menos cultos da sociedade portuguesa. A música brasileira também é bastante difundida em Portugal, especialmente os gêneros mais comerciais, como axé, pagode e funk. Em diversos meios assiste-se a críticas dirigidas ao que chamam "invasão" da cultura brasileira.

É nesse sentido que propusemos um trabalho comparativo, que visava evidenciar as similitudes entre o caso brasileiro e o português, sem, contudo, acreditar que não existam assimetrias entre eles. Para além de representarem dois cenários em que os evangélicos pentecostais encontraram significativas barreiras para seu crescimento, a região "histórica"[14] de Minas Gerais e o Norte de Portugal apresentam-se como casos paradigmáticos que relativizam toda uma gama de teorias explicativas para o crescimento pentecostal.

Sendo assim, no trabalho que culmina com a tese de doutorado, tentei cumprir um duplo expediente: por um lado, mostrar de que modo as mudanças no cenário religioso recente, fruto da ressurgência da religião enquanto objeto sociologicamente relevante, afetam a compreensão que temos desse campo; por outro, inserir a crise interna aos paradigmas explicativos que assolam a sociologia da religião dentro de uma crise mais ampla que se abateu sobre a Sociologia *lato sensu* nos últimos decênios.

Assim, procurei demonstrar de que maneira, em contextos culturais mais regulados, a dinâmica religiosa – entendida tanto como aumento da diversidade religiosa institucional, quanto como possibilidade de trânsito religioso – é mais baixa quando comparada à apresentada por regiões cortadas mais intensamente por fluxo de ideias e pessoas. Nesse sentido, ressaltei não só a ideia de que a modernidade tem múltiplas direções (Eisenstadt, 2001) e é assimilada de maneira diversa em regiões diferentes do globo, mas, principalmente, a de que tal processo pode tanto solapar as culturas locais, quanto dar-lhes uma nova roupagem, ao serem inseridas em contextos globais e/ou comerciais. Assim, chamei a atenção para duas regiões em que o processo de modernização e a inserção em cenários mais amplos, marcados por fluxos culturais mais intensos, não significaram o retraimento das culturas locais; ao contrário, nessas regiões, observou-se que a inclusão de bens simbólicos tradicionais nos circuitos massivos (Canclini, 2003) levou ao fortalecimento das identidades regionais das quais esses bens eram provenientes.

Ao debruçar-me sobre os casos do Norte de Portugal e região "histórica" de Minas Gerais, procurei mostrar como esse processo de patrimonialização

---

14   O que chamamos de região "histórica" de Minas Gerais é um conjunto de cidades, situadas na região central do Estado, quase todas concentradas nas zonas da Mata Norte e Campo das Vertentes: Ouro Preto, Barbacena, Mariana, Itabirito, Viçosa etc.

de traços culturais regionais imbricados ao catolicismo levou ao fortalecimento da identidade entre indivíduo e culto católico, mesmo que essa identificação tenha sido vivida de maneira vicária (Davie, 2007). Assim, desloco o eixo explicativo de uma teoria que privilegia fatores internos ao campo religioso para compreender a intensidade dos trânsitos religiosos, para outra que considera não só as dinâmicas internas às agências religiosas, mas também os processos sociais envolvidos na maior ou menor pluralidade religiosa.

Tal entendimento levou-me a questionar o projeto teórico filiado à *escolha racional*, primeiro pelo peso excessivo que é dado ao "egoísmo psicológico" (Baier, 1990), depois pelo enfoque unilateral no grau de regulação estatal dos mercados religiosos como principais fatores explicativos para um maior ou menor pluralismo religioso (Jerolmack, 2004; Mellor, 2000). Nesse mesmo sentido, podemos imaginar que o fato de alguns indivíduos agirem abertamente de modo instrumental, no que diz respeito a suas pertenças religiosas, não nos habilita a acreditar que todas as formas de pertença religiosa são conduzidas tendo por base os frios cálculos de custos e benefícios.

Somado a isso, acredito ser pouco verossímil a ideia de que um poder supra-comunitário exercido pelo Estado possa regular as condutas desviantes dos indivíduos. Se assim fosse, resolveríamos o problema do dissenso social mediante um aumento no custo da ação desviante, como bem nota Granovetter (2007). No entanto, o que observamos é que, na maioria das vezes, um aumento na repressão não leva automaticamente ao recalque dos tipos desviantes, mas a conflitos, processos de resistência ou negociação de sentidos, tais como os que observamos no campo dos cultos afro, ou no dito catolicismo popular, para ficar apenas com exemplos do campo religioso.

Tal afirmação não quer dizer que desconsidere o papel do Estado enquanto regulador e produtor do que Foucault (1996) chamou de "regimes de verdade", porém, tento demonstrar que para além desses reguladores estatais, os laços gerados por contatos sociais mais intensos cumprem importante papel de limitadores dos fluxos religiosos. Não obstante a repressão estatal, a religião e, principalmente, sua significação (ou a religiosidade vivida), desloca-se para os interstícios do discurso estatal, ressemantizando os estímulos supracomunitários e reapropriando-se deles localmente.

Dessa maneira, procurei nas conformações socioculturais típicas do Norte de Portugal e Minas Gerais exemplos de locais que conflitavam com a mensagem pentecostal. Tais conflitos se dão simultaneamente pelo caráter destradicionalizante da mensagem pentecostal; pelas conformações culturais locais adversas ao pentecostalismo, tributárias de uma história imbricada à história católica; e pela capacidade da Igreja Católica de mobilizar a memória, imbricando seu passado ao passado da localidade, tarefa que foi facilitada por algumas políticas de patrimonialização.

Considerações finais

Por fim, o fato de reconhecer que existem regiões com conjunturas desfavoráveis ao pluralismo religioso, especificamente ao representado pelas igrejas pentecostais, não me habilita a postular que tal cenário vai perpetuar-se ao longo dos anos. Como bem já demonstrou Mafra (2002), se, por um lado, a introdução da IURD em solo português desencadeou controvérsias e animosidades, por outro, fomentou não só uma intensa discussão acerca da liberdade religiosa portuguesa, mas também um questionamento do próprio conceito de "religião" vigente na sociedade lusa. Naquele momento, todo o país foi chamado a discutir e posicionar-se publicamente, não só sobre a legitimidade de uma instituição religiosa não católica, mas também sobre a própria estrutura católica do país e sua legitimidade enquanto única instituição a representar os anseios religiosos da comunidade portuguesa.

No debate público que seguiu-se aos eventos do caso "Coliseu do Porto", muitas pessoas e instituições – algumas, como a Aliança Evangélica Portuguesa (AEP) e o Conselho Português de Igrejas Cristãs (Copic), com pouca voz na arena pública portuguesa – foram chamadas a opinar sobre as efemérides da liberdade religiosa em Portugal, bem como o reconhecimento do direito das minorias religiosas à existência e expressão públicas. Nesse sentido, organizações como a AEP encontraram canais de reivindicação de direitos, como o de fornecer assistência espiritual em hospitais e presídios e de ter capelães militares, expedientes até hoje reservados aos padres católicos. Nessa mesma direção, a Lei da Liberdade Religiosa (n. 16/2001) define que, em estabelecimentos do ensino básico e secundário das escolas públicas, a disciplina Educação Moral e Religiosa é opcional, mas as instituições religiosas podem solicitar autorização para lecionar essa disciplina, desde que haja um número mínimo de alunos – condição não colocada à Igreja Católica. Não obstante, algumas igrejas evangélicas conseguiram o direito de lecionar aulas de Educação Moral e Religiosa em estabelecimentos públicos do país. A própria IURD, quando dos acontecimentos de 1995, apelou para intervenção do então presidente Mário Soares a partir dos tratados europeus sobre a liberdade religiosa: quando foi conduzido em meio à manifestação anti-IURD na cidade de Matosinhos, o então bispo da IURD no Porto, Marcelo Brayner, disse: "Isso só é bom para que o mundo veja o que é Portugal! Onde está a liberdade de culto?" (*Jornal de Notícias*, 13/11/1995.)

Em que pese a assinatura da Nova Concordata entre o governo de Portugal e a Sé romana em 2004, o país parece rumar para uma maior aceitação do direito à diversidade religiosa, do que se tem exemplo na constituição de uma Comissão de Liberdade Religiosa, em 2003, e na construção, com pouca ou nenhuma resistência da mídia e da sociedade, de um grande templo da IURD próximo ao centro do Porto, inaugurado em 2010.

Nesse mesmo sentido, observei que algumas cidades de Minas Gerais que se mostravam extremamente refratárias ao pentecostalismo já começam a dar sinais de abertura. Na cidade de Mariana, por exemplo, o Encontro Regional Evangélico de Mariana (Erem), que acontece desde o ano de 2003, reuniu na última edição de 2010 mais de dez mil pessoas durante os três dias de evento. É interessante observar que, apesar de algumas animosidades e contestações por parte da população da cidade, o evento faz parte do calendário oficial da cidade, fruto do Projeto de Lei de um vereador evangélico que obteve nas últimas eleições (2008) a expressiva votação de 1.837 votos, sendo o mais votado da história da cidade de Mariana.

Referências bibliográficas

ABUMANSSUR, Edin Sued (Org.). *Turismo religioso*: ensaios antropológicos sobre religião e turismo. Campinas: Papirus, 2003.

ANDERS & RODRIGUES, Donizete. *Deus, o demónio e o Homem*: o fenómeno Igreja Universal do Reino de Deus. Lisboa: Edições Colibri, 1999.

BAIER, Kurt. "Egoisim" Em: SINGER, Peter (ed.) *A Companion to Ethics.* Blackwell: Oxford, 1990.

BERGER, Peter L. *O Dossel Sagrado*: *Elementos para uma sociologia da religião.* São Paulo: Paulinas, 1985.

BEYER, Peter. *Religion and Globalization.* London: Sage, 1994.

_____. A privatização e a influência pública da religião na sociedade global. Em: FEATHERSTONE, Mike (Org.). *Cultura global:* nacionalismo, globalização e modernidade. Petrópolis: Vozes, pp. 395-419, 1999.

BIRMAN, Patrícia. Cultos de possessão e pentecostalismo no Brasil: passagens. Em: *Religião e Sociedade 17/1-2,* 1996.

BRUCE, Steve. The Supply-Side Model of Religion: the Nordic and Baltic States. *Journal for the scientific study of religion.* vol. 39. pp. 32-46, 2000.

BURDICK, John. *Procurando Deus no Brasil:* A Igreja católica progressista no Brasil na Arena das religiões urbanas brasileiras. Rio de Janeiro: Mauad, 1998.

CAMARGO, Candido Procópio F. de. Religiões em São Paulo. Em: MARCONDES, J. V. (Org.). *São Paulo: Espírito, povo, instituição.* São Paulo: Pioneira, 1968.

CAMARGO, Cândido P. F. de. *Católicos, protestantes, espíritas.* Petrópolis: Vozes, 1973.

CAMURÇA, Marcelo Ayres; GIOVANNINI JR, Oswaldo. Religião, patrimônio histórico e turismo na Semana Santa em Tiradentes (MG). *Horizontes Antropológicos.* Porto Alegre, v. 9, n. 20, 2003.

CAMURÇA, Marcelo Ayres. A realidade Social das Religiões no Brasil no Censo IBGE-2000. Em: TEIXEIRA, Faustino;MENEZES, Renata (Orgs.). *As Religiões no Brasil: continuidades e rupturas.* Petrópolis: Vozes, pp 35-48, 2006.

CANCLINI, Nestor Garcia. *Culturas Híbridas Poderes Oblíquos: estratégias para se entrar e sair da modernidade.* São Paulo: EDUSP, 2003.

_____. *Consumidores e Cidadãos:* conflitos multiculturais da globalização. Rio de Janeiro: Ed UFRJ, 2001.

CHESNUT, R Andrew. *Born again in Brazil: the Pentecostal boom and the pathogens of poverty.* New Brunswick, New Jersey, London: Rutgers University Press, 1997.

_____. *Competitive Spirits*: Latin America's New Religious Economy. New York: Oxford University Press, 2003

CIPRIANI, Roberto. De la religion diffuse à la religion des valeurs. *Social Compass.* 40 (1), 1993. pp. 91-100. <host.uniroma3.it/docenti/cipriani/saggi.htm> acesso em 10 de Janeiro de 2008.

DAVIE, Grace. *Religion in Britain since 1945: Believing without Belonging. Oxford: Blackwell*, 1994.

_____. *Religion in Modern Europe: A Memory Mutates.* Oxford: Oxford University Press, 2000.

_____. *Europe, the Exceptional Case*: Parameters of Faith in the Modern. World. London: Darton, Longman and Todd, 2002.

_____. New Approaches in the Sociology of Religion: A Western Perspective. Social *Compass,* pp. 51- 73, 2004.

<scp.sagepub.com/cgi/content/abstract/51/1/73> acesso em 15 de Abril de 2009.

_____. Vicarious religion: a methodological challenge Em: AMMERMAN, Nancy T (Ed.). *Everyday Religion:* Observing Modern Religious Lives. New York: Oxford University Press, pp. 21-37, 2006.

_____. Religion in Europe in the 21st century: The factors to take into account, *European Journal of Sociology*, vol. 47, n. 2, pp. 271-296, 2006.

DUARTE, Luiz F. D. *Ethos* privado e racionalização religiosa. Negociações da reprodução na sociedade brasileira. Em: HEILBORN, Maria L. *Et al.* (Orgs). *Relações Familiares, Sexualidade e Religião.* Rio de Janeiro: Garamond. Vol. 1, 2005

EISENSTADT, Shmuel Noah. *Modernidades múltiplas. Sociologia, problemas e práticas.* ISCTE. N. 35, abril de 2001. pp. 139-163.

FRESTON, Paul. Breve História do Pentecostalismo Brasileiro: Congregação Cristã,

Novas Leituras do Campo Religioso Brasileiro

Quadrangular, Brasil para Cristo e Deus é Amor Em: ANTONIAZZI, Alberto *et al.* (Org.). *Nem anjos nem demônios: interpretações sociológicas do pentecostalismo.* 1 ed. Petrópolis: Vozes, pp. 100-130, 1994.

FOUCAULT, Michel. *A Ordem do discurso.* São Paulo: Loyola, 1996.

GABRIEL, E. Expansão da RCC brasileira: a chegada da Canção Nova em Fátima-Portugal. Em: Brenda CARRANZA; Cecília MARIZ; Marcelo CAMURÇA. (Org.). *Novas Comunidades Católicas: Em busca do espaço pós-moderno.* Aparecida SP: Editora Ideias & Letras, pp. 223-240, 2009.

GOMES, Edilaine C. & NATIVIDADE, Marcelo Tavares. Para além da família e da religião: segredo e exercício da sexualidade. *Religião & Sociedade.* Vol. 26/2, pp. 41-58, 2006.

GOMES, Edilaine C. Família e Trajetórias Individuais em Contexto Religioso Plural. Em: DUARTE, Luiz Fernando D. *Et al* (Orgs). *Família e Religião.* Rio de Janeiro: Contra Capa, 2006.

GONÇALVES, José Reginaldo. *A retórica da perda: os discursos do patrimônio cultural no Brasil.* 2ª Edição. Rio de Janeiro: EDUFRJ/IPHAN, 2002.

GRACINO JÚNIOR. Minas são muitas, mas convém não exagerar: identidade local e resistência ao pentecostalismo em Minas Gerais. *Cadernos do CRH* (UFBA), vol. 21, pp. 148-162, 2008.

_____. *A demanda por deuses: religião, globalização e culturas locais.* Tese defendida no Programa de Pós-Graduação em Ciências Sociais. Universidade do Estado do Rio de Janeiro. 2010.

GRANOVETTER, Mark. The Strength of Weak Ties: A Network Theory Revisited. *Sociological Theory.* Vol. 1, 1983, pp. 201-233. <www.jstor.org/pss/202051>. Artigo consultado em setembro de 2009.

_____. Ação econômica e estrutura social: o problema da imersão. RAE eletrônica. Jun 2007, vol. 6, no. 1. <www.scielo.br/scielo.php?script=sci_arttext&pid=S1676-56482007000100006&lng=en&nrm=iso>.

GUERRA SOBRINHO, L. D. *Competição, demanda e a dinâmica da esfera da religião no Nordeste do Brasil* (Programa de Pós-Graduação Sociologia). Universidade Federal de Pernambuco, 1999.

_____. As influências da lógica mercadológica sobre as recentes transformações na Igreja Católica. *REVER* – Revista de Estudos Religiosos, internet, n. 02, 2003.

_____. Mercado religioso na Paraíba: a competição e o aumento da racionalização das atividades das organizações religiosas. *Religião & Sociedade*, v. 26, pp. 155-187, 2006.

HERVIEU-LÉGER, Danièle. Catolicismo – A Configuração da Memória. Rever. N. 2, 2005. <www.pucsp.br/rever/rv2_2005/t_leger.htm> acesso em 24 de junho de 2008.

_____. Bricolage vaut-il dissémination? Quelques réflexions sur l'opérationnalité sociologique d'une métaphore problématique. Social Compass 2005b; 52. pp. 295-308. <scp.sagepub.com/cgi/content/abstract/52/3/295> acesso em 24 de junho de 2008.

JACOB, César Romero *et al. Atlas da filiação religiosa e indicadores sociais no Brasil.* Rio de Janeiro, Ed. PUC-Rio; São Paulo: Loyola; Brasília: CNBB, 2003.

_____. *Religião e sociedade em capitais brasileiras.* Rio de Janeiro, Ed. PUC-Rio; São Paulo: Loyola; Brasília: CNBB, 2006.

JEROLMACK, Colin. Religion, rationality, and experience: a response to the new rational choice theory of religion. *Sociological Theory*, 22 (1): pp. 140-160, 2004.

LUHMANN, Niklas. *Sociedad y Sistema – La Ambicion de la Teoria.* Madri: Editorial Paidos, 1990.

_____. *Confianza.* México: Universidad Iberoamericana, 1996.

_____. O conceito de sociedade. Em: NEVES, C. B. e SAMIOS, E. M. B. (Org.). *Niklas Luhmann: a nova teoria dos sistemas.* Porto Alegre: Ed. UFRGS, 1997.

_____. *La Religión de la Sociedad.* Madri: Editorial Trotta, 2007.

_____. *Introdução a teoria dos sistemas.* Petrópolis: Vozes, 2009.

MACHADO, Igor Renó. *Cárcere público: processos de exotização entre imigrantes brasileiros no Porto, Portugal.* Campinas: Tese de doutorado em Sociologia. Unicamp, p. 327, 2003.

_____. Estado-nação, identidade para o mercado e representações de nação. São Paulo: *Revista de Antropologia.* Vol. 47, n. 1, 2004

_____. Reflexões sobre a imigração brasileira em Portugal, *Nuevo Mundo Mundos Nuevos*, Debates, 2007.

MACHADO, Maria D. C. e MARIZ, CECÍLIA L. Mulheres e prática religiosa nas classes populares: uma comparação entre as igrejas pentecostais, as Comunidades Eclesiais de Base e os grupos carismáticos. *Revista Brasileira de Ciências Sociais*. Em: *Anpocs. 34*, pp.71-87. São Paulo, 1997.

MAFRA, Clara Cristina. *Na posse da palavra: religião, conversão e liberdade pessoal em dois contextos nacionais*. Tese (Doutorado em Antropologia) PPGAS/MN/UFRJ, 1999.

_____. Relatos Compartilhados: experiência de conversão entre brasileiros e portugueses. *Mana*. Rio de Janeiro. 6(1), pp. 57-86, 2000.

_____. *Na posse da palavra*: religião, conversão e liberdade pessoal em dois contextos nacionais. Lisboa: Imprensa de Ciências Sociais do Instituto de Ciências Sociais da Univ. de Lisboa, 2002.

MAINWARING, Scott. *Igreja Católica e Política no Brasil 1916 – 1985*. São Paulo: Brasiliense, 1989.

MARIANO, Ricardo. *Neopentecostalismo:* os pentecostais estão mudando. São Paulo. Dissertação (Mestrado em Sociologia). FFLCH/USP, 1997.

_____. *Análise sociológica do crescimento pentecostal no Brasil*. São Paulo. Tese (Doutorado em Sociologia). FFLCH/USP, 2001.

_____. Efeitos da secularização do Estado, do pluralismo e do mercado religiosos sobre as igrejas pentecostais. *Civitas*, Porto Alegre, v. 3, n. 1, jun, pp. 111-122, 2003.

MARIZ, Cecília Loreto. *Coping with poverty – Pentecostals and Christian Base Comunities in Brazil*. Philadelphia. Temple University Press, 1994.

MARTIN, David. *A General Theory of Secularization*. Oxford, Basil Blackwell, 1978.

_____. *Tongues of fire: the explosion of protestantism in Latin America*. Oxford: Blackwell, 1990

MELLOR, Philip A. Rational choice or sacred contagion? "Rationality", "nonrationality" and religion. *Social Compass*, 47 (2), pp 273-292, 2000.

PACE, Enzo. Salvation Goods, the Gift Economy and Charismatic Concern. Social Compass, 2006; pp. 49-64. Disponível em: <scp.sagepub.com/cgi/content/abstract/53/1/49> acesso em 4 de junho de 2008.

ROBERTSON, Roland. *Globalização:* teoria social e cultura global. Petrópolis: Vozes, 1993.

_____. Mapeando a condição global: a globalização como conceito central. FEATHERSTONE, Mike (Org.). *Cultura global:* nacionalismo, globalização e modernidade. Petrópolis: Vozes, pp. 23-40, 1999.

ROLIM, Francisco Cartaxo. *Pentecostais no Brasil: uma interpretação sócio-religiosa.* Rio de Janeiro: Vozes, 1985.

_____. *Pentecostalismo: Brasil e América Latina.* Série desafios da religião do povo. VII. Petrópolis: Vozes, 1995.

_____. *Religião numa sociedade em Transformação.* Petrópolis: Vozes, 1996.

SANCHIS, Pierre. *Arraial:* festa de um povo: as romarias portuguesas. Lisboa: Dom Quixote, 1992.

_____. Ainda Durkheim, ainda a religião. Em: Rolim, Francisco. C. *Religião numa sociedade em Transformação.* Petrópolis: Vozes, 1996.

_____. O campo religioso contemporâneo no Brasil. Em: ORO, A. P.; STEIL, C. (Org.). *Globalização e Religião.* Petrópolis: Vozes, pp. 103-115, 1997.

_____. Comentários à pesquisa. In Fernandes, Rubens César. Et al. *Novo Nascimento – os evangélicos em casa, na igreja e na política.* Rio de Janeiro: Editora Mauad, 1998.

_____. Peregrinação e romaria: um lugar para o turismo religioso. *Ciencias Sociales y Religión,* v. 8, pp. 85-98, 2006.

_____. Desponta novo ator no campo religioso brasileiro? O padre Cícero Romão Batista. *Religião e Sociedade.* Rio de Janeiro, 27(2): pp. 11-29, 2007.

SEGATO, Rita Laura. Cambio Religioso y Desetinificación: La Expansión Evangélica en los Andes Centrales de Argentina. *Religiones Latinoamericanas. N. 1. enero/junio.* México, 1991.

SOUZA, Beatriz Muniz de. *A experiência da salvação: pentecostais em São Paulo.* São Paulo: Duas Cidades, 1969.

STARK, Rodney, BAINBRIDGE, William Sims. *The Future of Religion: Secularization, Revival, and Cult Formation.* Berkeley: University of California Press, 1985.

Novas Leituras do Campo Religioso Brasileiro

_____. *A Theory of Religion*. New Brunswick: Rutgers University Press, 1996.

STARK, Rodney, IANNACCONE, Laurence. Sociology of religion. Em: BORGATTA, Edgar F., BORGATTA, Marie L. (eds.), *Encyclopedia of Sociology*. New York: MacMillan Publishing Company, v. 4, 1992. Pp. 2029-2037.

_____. Rational choice propositions about religious movements. *Religion and social order*, v. 3A. 1993, pp. 241-261.

STEIL, Carlos Alberto. Catolicismo e memória no Rio Grande do Sul. *Debates do NER*. Porto Alegre: Ufrgs, vol. 5, 2004. pp. 9-30.

_____. Renovação carismática católica: porta de entrada ou de saída do catolicismo? Uma etnografia do grupo São José, em Porto Alegre (RS). *Religião & Sociedade*. Vol. 24. N. 1, 2004. pp. 11-35.

_____. Romeiros e turistas no santuário de Bom Jesus da Lapa. *Horizontes antropológicos*. Porto Alegre, v. 9, n. 20, pp. 249-261, 2003.

SWATOWISKI, Claudia. *Novos cristãos em Lisboa:* reconhecendo estigmas, negociando estereótipos. Tese (Doutorado em Ciências Sociais) - Instituto de Filosofia e Ciências Sociais, Universidade do Estado do Rio de Janeiro, Rio de Janeiro, 2010

THAMER, Amélia Gabriela. *Camarada, Amigo, Irmão: os movimentos estudantis da Universidade Federal de Viçosa*. Monografia de Bacharelado (Bacharelado em História). Universidade Federal de Viçosa – UFV, Viçosa-MG, 2007.

URRY, John. *O Olhar do turista: lazer e viagem nas sociedades contemporâneas*. 3ª edição, São Paulo: Studio Nobel, 2001.

VILAÇA, Helena. *Da Torre de Babel às terras prometidas: pluralismo religioso em Portugal*. Porto: Afrontamento, 2006.

_____. Imigração, etnicidade e religião: o papel das comunidades religiosas na integração dos imigrantes da Europa de leste. Observatório da imigração – Alto Comissariado para a imigração e diálogo intercultural: Lisboa, 2008.

WILLAIME, Jean-Paul. *La précarité protestante*. Sociologie du protestantisme contemporary, Genève, Labor et Fides, 1992.

WILLEMS, Emilio. *Followers of the new faith*: cultural changes and the rise of Protestantism in Brazil and Chile. Nashville: Vanderbilt University Press, 1967.

_____. *Imigração, etnicidade e religião: o papel das comunidades religiosas na integração dos imigrantes da Europa de leste*. Observatório da imigração – Alto Comissariado para a imigração e diálogo intercultural: Lisboa, 2008.

10-Estudos sobre fundamentalismo evangélico e pentecostalismos em suas incursões pela política brasileira

Saulo de Tarso Cerqueira Baptista

Este capítulo inicia com uma discussão sobre minha experiência existencial, aí incluída a fé religiosa e a produção de conhecimento científico. Trata, portanto, da possibilidade de um tipo de crença alimentada pela dúvida em sua relação com os saberes acadêmicos. As pesquisas aqui indicadas abrangem a análise de um tipo de fundamentalismo que se presta como laboratório para estabelecermos uma crítica do evangelicalismo brasileiro, à luz dos textos clássicos das Ciências Sociais, notadamente marxistas e weberianos. Esta produção evidencia meu interesse pela Ciência Política e a descoberta do campo religioso como espaço privilegiado para os jogos de poder. Fiz uma trajetória analítica, começando por um representante do protestantismo norte-americano, a Igreja Batista Regular, e prossegui com a escolha da mais expressiva Igreja do pentecostalismo brasileiro, a Assembleia de Deus, tratando-a como expressão de um tipo peculiar de fundamentalismo, potencializado por práticas emocionais. Um importante fato social, a virada sociológica de um pentecostalismo "fora do mundo" para um pentecostalismo dentro da política, levou-me a realizar estudos comparativos entre pentecostais e neopentecostais, no campo das disputas eleitorais e do exercício do poder nos parlamentos. Essas comparações privilegiaram atores da Assembleia de Deus e da Igreja Universal do Reino de Deus. Foram constatadas algumas contribuições que esses atores coletivos religiosos trouxeram para o processo de construção da nossa frágil democracia, bem como o reforço que fazem para

a perpetuação dos vícios da cultura política brasileira. No tocante à funda-
mentação teórica, utilizei uma abordagem de cunho marxista como pano de
fundo da análise dessa cultura. Nesse cenário, trabalhei a construção de tipos
ideais weberianos como instrumentos para estudar os fundamentalismos e
pentecostalismos produzidos na sociedade brasileira em suas expressões polí-
ticas, tanto nas incursões públicas como nas práticas internas de organização
e manutenção dos seus sistemas de poder.

A vida de todo ser humano flui como um processo complexo de experiências. Estabelecer marcos nessa trajetória é um exercício que dificilmente condiz com os fatos que já aconteceram e com as vivências do presente. Em face disso, farei um traçado esquemático, portanto simplificado, de minha trajetória de estudos, a partir das experiências de fé que me levaram ao estudo do fenômeno religioso, reconhecendo, também, a artificialidade de qualquer separação dessas práticas, a religiosa e a científica, em departamentos estanques. Sem dúvida é artificial separar essas práticas, a religiosa e a científica, em departamentos estanques, mas é legítimo valer-nos desse artifício como instrumento didático para expor um processo vivencial de experiência de fé e reflexão acadêmica dessa mesma trajetória.

Por princípio, na produção acadêmica, não aceitamos a "contaminação" do fazer científico com pressupostos religiosos, mas a realidade sempre transcende nossas idealizações. Logo, admitindo que influências religiosas possam aparecer nos interstícios da atividade de pesquisa, nós as reconheceremos como atos falhos, cujo antídoto terá de ser sempre a aplicação do crivo rigoroso da comunidade científica sobre o que for apresentado como produção científica. Como reconhecemos que não existe objetividade em qualquer produção humana, acompanhamos Karl Popper neste raciocínio:

O que pode ser descrito como objetividade científica é baseado unicamente
sobre uma tradição crítica que, a despeito da resistência, frequentemente torna
possível criticar um dogma dominante. A fim de colocá-lo sob outro prisma, a
objetividade da ciência não é uma matéria dos cientistas individuais, porém,
mais propriamente, o resultado social de sua crítica recíproca, da divisão

Novas Leituras do Campo Religioso Brasileiro

hostil-amistosa de trabalho entre cientistas, ou sua cooperação e também sua competição (1978, p. 23).

Um balanço de minha trajetória de estudos e sua relação com o campo religioso

Desde os primeiros anos de vida, convivi num contexto mesclado de tradições católica e protestante batista, mas recebi forte influência de um intelectual liberal, meu avô paterno, que, embora não professasse nenhuma religião, respeitava e garantia o direito de todos da família adotarem valores e religiões que a consciência de cada um ditasse como o melhor para a vida. Minha mãe adotiva abraçou a fé batista e foi nessa denominação religiosa que conhecemos o mundo.

A fé batista nos levou a uma sede de aprender, que ultrapassava os dogmas da religião. Certamente foi o princípio do livre acesso à divindade, um iluminismo ditado pela doutrina protestante do chamado "sacerdócio universal dos crentes". Aprendia-se, antigamente, nas igrejas do protestantismo histórico, que o bom seguidor da fé cristã era aquele que ouvia e ia pesquisar se era verdadeiro o que lhe haviam ensinado. Essa atitude seguia o modelo dos bereanos, aqueles que não aceitaram pacificamente o que o apóstolo Paulo lhes ensinara, mas foram pesquisar nas Escrituras Sagradas, provavelmente a Torá, os Profetas e os outros escritos dos judeus, se de fato eram pertinentes as orientações ministradas a eles pelo apóstolo (Bíblia, At 17:11).

Pois bem, meu princípio de vida religiosa foi e ainda pode ser resumido na seguinte orientação: "se a minha fé não resiste ao conhecimento, ela é imatura e não merece ser mantida". Assim, a pesquisa e produção de conhecimentos científicos têm convivido com uma prática da fé que amadurece com a conquista de novos saberes. Isso significa um enorme distanciamento de dogmas. Desmistifica a prática religiosa submissa a instituições e seus profissionais operadores da fé oficializada. É uma opção emancipadora contra os controles de consciência impostos por sistemas de interpretação da experiência religiosa. Acreditamos que esta seja uma forma de mística e espiritualidade que humaniza, torna "humano, demasiadamente humano", quem a pratica. Mas esse discurso deve ser relativizado como conquista e colocado sob suspeita, visto que uma vida inteira vivida sob influência de conceitos e práticas religiosas jamais será isenta ou indiferente às influências da religiosidade do cotidiano, e certamente se refletirá em práticas de ensino, pesquisa e extensão acadêmicas.

Durante quase três décadas, servi ao Banco da Amazônia, agente financeiro do Governo Federal nessa região, instituição complexa, por ser uma sociedade anônima com ações negociadas nas bolsas de valores, portanto obrigada a gerar lucros e remunerar seus acionistas, mas tendo de ser, de modo concomitante, responsável por formular e executar políticas de fomento e desenvolvimento para a Amazônia, por meio de um leque variado de fundos e linhas de crédito e financiamento para os agentes econômicos que já estão na região ou sentem-se atraídos a investir nela, tudo sob a lógica da acumulação capitalista. Em resumo, a dupla missão do Banco da Amazônia sempre foi inconciliável e a "superação" dessa esquizofrenia favoreceu historicamente os agentes do grande capital, com perdas irreparáveis para a região que a instituição deveria proteger.

Minha trajetória de estudos universitários, vivida nesse contexto profissional, teve origem na graduação em engenharia civil, associada com o exercício de funções técnicas e gerenciais na área de sistemas organiza-cionais e informática do Banco em destaque. Paralelamente, houve um período de militância político-partidária socialista, começando em 1987 até o final da década de 1990. Essa vocação para a política sempre esteve entremeada com uma vocação mais forte para a ciência.

Em 1989, dediquei-me em tempo integral a estudos sobre políticas públicas do Estado brasileiro para a Amazônia, no Núcleo de Altos Estudos da Amazônia (NAEA), um programa que envolve universidades públicas dos países cobertos pela hileia amazônica.[1] Esse núcleo mantém especialização, mestrado e doutorado interdisciplinares, com foco nos problemas da referida região. Minha experiência completou-se com uma especialização em planejamento do desenvolvimento de áreas amazônicas e elaboração de monografia sobre o Banco da Amazônia e os interesses do capital financeiro na região (Baptista *in* Mitschein; Flores, 1990).

---

1   A hileia ou floresta amazônica inclui parte do território do Brasil, com, aproximadamente, 60% da floresta, mais o Peru, com 13%, e Colômbia, Venezuela, Equador, Bolívia, Guiana, Suriname e Guiana francesa, que repartem os 27% restantes.

Fundamentalismo batista regular

A experiência de pesquisa no ambiente do NAEA direcionou-me para áreas humanísticas, o que me levou a buscar uma segunda graduação, de 1995 a 1999, com bacharelado e licenciatura, desta feita nas Ciências sociais, com ênfase na Ciência Política. A escolha da formação em Ciências Sociais teve um percurso existencial que descrevi na Introdução do TCC da graduação, para explicar minha relação complicada com as instâncias de poder da denominação Batista.

> *O objeto da minha pesquisa apresenta-se como uma esfinge. Isso pode soar como um truísmo, pois qual o objeto-alvo de um trabalho de investigação científica que não aparente ser um desafio motivador para o interessado em desvendá-lo, seja em termos de riqueza de significados ocultos, seja em termos de repto que parece zombar da capacidade acadêmica em perscrutar o novo? Insisto, porém, em afirmar que o objeto é a minha esfinge. Esta é a relação que tenho para com ele. Nasci no seu mundo. Vivi-o e assumi a sua cosmovisão durante mais de trinta anos. Envolvi-me com sua lógica de pensar e suas estratégias de ação. Revolvi-me em suas regras de comportamento. Mergulhei em suas estruturas de poder. Aparentemente, eu fazia parte dessa escola de iniciados. Pensei que o conhecia, mas quando, no afã de melhor servi-lo, ensaiei ir às suas entranhas, ele tentou devorar-me. Meu anseio de renovar a instituição estava agitando águas tranquilas. Eu já estava pisando terreno minado. Comecei a perceber que seria expelido dele como um corpo estranho. Os anticorpos passaram a me cercar implacavelmente. Antes, porém, que me sentisse engolfado e vomitado, tomei iniciativa. Aliás, não me parecia existir alternativas, o caminho era um só, afastar-me para não ser devorado* (Baptista, 2000, p. 9).

De fato, vivi por três décadas o universo de crenças dos batistas tradicionais. Nessa denominação liderei grupos de juventude e assumi a presidência da Convenção Batista do Pará e Amapá, como primeiro leigo eleito para esse posto. Estudei teologia, sem completar, porém, o curso de bacharel, porque já estava questionando o sistema institucional e teológico dessa confissão evangélica, o que me levou a pedir afastamento do Seminário Teológico Equatorial, em Belém. Em seguida, vivenciei um processo de trânsito religioso do mundo batista para o metodista, em cuja transição fiquei motivado a pesquisar aspectos do campo religioso que havia abandonado:

> *Ao afastar-me (do ambiente batista), comecei uma longa caminhada e nesta foi se construindo um processo de decifrá-lo. Não que eu estivesse conscientemente elaborando e executando um projeto existencial. O interesse se apagava e vinha, latente e indefinido, mas sempre refluía. Decifrá-lo suponho que seja uma empresa muito difícil. Comecei a me munir de meios. As vivências mostravam-me opções de abordagem; (mediante) diferentes saberes. Optei pelas chamadas Ciências Sociais. Entretanto, continuei convivendo no mesmo território da experiência religiosa; abrigado, agora, na casa de um seu vizinho muito próximo: o Metodismo brasileiro (Ibid).*

Nessa época, meados dos anos de 1980, já vivia o cotidiano de fé na Igreja Metodista. Em 1995, ingressei na graduação em Ciências Sociais da Universidade Federal do Pará, inspirado pela experiência de trabalho voluntário como professor de um cursinho vestibular ligado a uma comunidade metodista da periferia de Belém (Pará). Os estudos dos clássicos da sociologia na graduação aguçaram meu interesse pelos escritos sobre religião, em Durkheim, Weber, Marx e Engels. O trabalho de conclusão de curso dessa graduação foi direcionado para pesquisas sobre o fundamentalismo protestante, na vertente missionária norte-americana. Optei por elaborar um estudo de caso, elegendo a Igreja Batista Regular, instituição cujas raízes estão no movimento fundamentalista.

A escolha quase aleatória dos batistas regulares foi muito pertinente, pois, durante a pesquisa, descobri que eles constituem o epicentro do movimento fundamentalista, responsável pela reação contra o evangelho social e o liberalismo teológico dentro da Convenção Batista do Norte dos Estados Unidos da América, no começo do século XX (*Ibid.*, p. 11).

Para os que não estão familiarizados com o universo batista, é importante saber que os batistas regulares formam um pequeno segmento no conjunto dos batistas brasileiros. Os regulares ostentam um caráter de seita, no sentido weberiano, que não é próprio do ambiente da majoritária Convenção Batista Brasileira. No que tange à procedência, os regulares tiveram origem na Convenção do Norte dos Estados Unidos, enquanto a

Novas Leituras do Campo Religioso Brasileiro

maioria dos batistas brasileiros resultou do empreendimento missionário da Convenção Batista do Sul dos Estados Unidos.

O adjetivo "regular" desse movimento batista específico significa aquele que está em conformidade com a lei, conforme uma das acepções da palavra, tanto na língua inglesa como na portuguesa. O batista regular é aquele que é fiel à regra, "à forma original de fé confessada pelos batistas antigos". [...] "Regular" ficou como sinônimo de "conservador", ou seja, os que aceitaram a Confissão de Filadélfia, de 1742, baseada na de Londres, de 1689. Atualmente, o termo designa o grupo que se separou da Convenção Batista do Norte dos Estados Unidos da América, em 1932, formando a Associação Geral de Igrejas Batistas Regulares (Lima, 1997, *apud* Baptista, 2000, p. 72).

O autor da história dos Batistas Regulares no Brasil, Jaime Lima, oferece algumas ênfases sobre a identidade do grupo, das quais desta-camos as seguintes:

Os batistas regulares são calvinistas. O próprio nome "regular" vem a nos sugerir duas coisas: uma herança histórica (batistas particulares); uma posição teológica (calvinista). [...] Os batistas regulares estão identificados com o movimento Fundamentalista, que representa uma frente de luta a favor da verdade, em face das ameaças do modernismo teológico (Lima, 1997, *apud* Baptista, 2000, p. 155).

A Igreja Regular lida com a questão da identidade como uma luta permanente contra os inimigos que ela mesma define e atualiza. Como as transformações sociais são um contínuo, elas se configuram como desafios e ameaças para o grupo, que se incumbe de selecionar e eleger seus inimigos periodicamente. Na década de 1920, eram citados o modernismo teológico, o humanismo, a teoria da evolução e o comunismo.

Foi a partir dessa seleção que os regulares romperam com a Convenção Batista do Norte dos Estados Unidos e criaram a Associação das Igrejas Batistas Regulares dos Estados Unidos da América. Para formar seus quadros, fortaleceram o ensino da teologia fundamentalista no Instituto Bíblico Moody, de Chicago. Como estratégia de expansão, organizaram duas agências missionárias, que passaram a enviar voluntários para espa-lhar suas doutrinas e fazer discípulos pelo mundo afora. Nas décadas seguintes, editaram obras cuja ênfase era apresentar as marcas distintivas do movimento, sempre destacando a não comunhão com outros cristãos e a identificação de novos inimigos, como os mórmons, o movimento carismático e outros.

Em 1997, a Associação das Igrejas Batistas Regulares do Brasil, em assembleia realizada em Natal (Rio Grande do Norte), nomeou uma comissão de pastores brasileiros para elaborar e publicar um opúsculo com o título: "Os distintivos dos batistas regulares". A obra foi publicada em 1999, com 39 páginas, em formato de bolso, para ser transportada dentro da Bíblia, em envelope colado na contracapa. Nessa nova atualização do *Quem somos nós*, os batistas regulares identificaram novos inimigos, desafios e ameaças, com os quais o movimento se defronta hoje no Brasil, e ofereceram subsídios teóricos para ajudar os membros a fortalecerem sua identidade social (Baptista, 2000, p. 109).

Cada "distintivo" corresponde a um capítulo, que trata do conceito teológico, oferece os textos bíblicos-chave, a história do problema, a divergência denominacional e o enquadramento herético, concluindo com a indicação dos inimigos e os motivos dos antagonismos. Finalmente, são oferecidas sugestões bibliográficas. A lista de "divergências denominacionais e heréticas" apresentada pelos batistas regulares inclui religiões, atores sociais, ideologias e movimentos da moda. No opúsculo citado, foram identificados os seguintes: os evangélicos liberais, o adventismo, os russelitas ou testemunhas de Jeová, os mórmons, os espíritas, os católicos romanos, os judeus, os islâmicos, as seitas pentecostais, a Nova Era, o Conselho Mundial de Igrejas, a Igreja Universal do Reino de Deus, o presbiterianismo, os metodistas, o luteranismo, os batistas que praticam a ceia restrita, a Igreja Oriental, a Igreja de Witness Lee, a maçonaria, o esoterismo e sociedades secretas afins, a teologia da prosperidade, a renovação litúrgica e a música gospel (Baptista, p. 110). Certamente essa lista tende a crescer, haja vista a necessidade que o fundamentalismo batista regular tem de criar ou eleger inimigos para marcar sua identidade, mediante o contraste e oposição a esses.

A Assembleia de Deus e o movimento pentecostal

Meu interesse de pesquisa sobre o movimento pentecostal ocorreu ao constatar que estavam ocorrendo mudanças significativas na forma como o núcleo de poder da Assembleia de Deus de Belém passara a lidar com a política local. No intervalo de duas eleições municipais, o discurso anti-político, comandado pelo pastor-presidente – "o verdadeiro crente não se mete em política" – transformou-se na palavra de ordem da arregimentação dos fiéis para votarem nos candidatos escalados pela denominação – "irmão vota em irmão". O fato inusitado foi o próprio presidente, pastor Firmino Gouvêa, recém-jubilado, contrariando sua posição histórica, ter se candidatado e ter sido eleito vereador, juntamente com dois outros líderes da denominação.

Consultados sobre os motivos que levaram a Assembleia de Deus de Belém a adotar essa nova postura de conquista de novos espaços nos parlamentos municipal, estadual e federal, os três vereadores revelaram que havia uma preocupação da comunidade assembleiana em defender seus interesses e evitar que fossem produzidas leis contrárias aos seus princípios morais. Também falaram de anseios das novas gerações de pastores por ocuparem outros espaços da sociedade, como os serviços de capelania em hospitais e quartéis e o ensino religioso público. Outra motivação forte para essa busca da Assembleia de Deus pelo espaço parlamentar foi a necessidade de concorrer com outras igrejas pentecostais, como a Quadrangular e a Universal, na disputa pelos recursos e benesses que o jogo político proporciona aos seus participantes.

Os protestantes que migraram para o Brasil (luteranos, por exemplo) e os que se converteram pelo proselitismo missionário (batistas, presbiterianos e metodistas, principalmente), tratavam a escolha partidária, o voto, a opinião política, como questões de foro íntimo, prerrogativas da consciência de cada um. Já os pentecostais, a partir do momento quando decidiram atuar ostensivamente na política, passaram a tratá-la como questão corporativa.

Minhas pesquisas não se limitaram às questões políticas externas. Busquei conhecer o movimento e as instituições pentecostais em aspectos que alcançassem suas práticas internas, as mentalidades, a organização, o lugar da glossolalia, e a relação desse *ethos* com aspectos da cultura política brasileira.

Ao recuar na história do pentecostalismo, constatamos que o movimento, originalmente, não tinha um corpo de doutrinas próprio, além da marca que o distinguia, a afirmação do batismo com o Espírito Santo, e este associado com o dom de línguas. Esse vazio de doutrina os pentecostais procuraram preencher adotando o conjunto de dogmas fundamentalistas, divergindo destes apenas no ponto referente à ação do Espírito Santo. Esse aspecto, todavia, que está relacionado com toda a natureza emocional do movimento, longe de afastar o pentecostalismo do fundamentalismo criou um fundamentalismo mais fanático. Todavia, David Martin pondera:

> *É interessante que o pentecostalismo seja apenas incidentalmente fundamentalista, em vez de partir da premissa fundamentalista. Os pentecostais tratam a Bíblia de maneira conservadora, mas sua raison d'être gira em torno dos dons do Espírito Santo, da cura e do exorcismo"* (1996, p. 329).

Essa ênfase no Espírito Santo está presente, por exemplo, na obra *Doutrina pentecostal hoje*, na qual o autor faz breve citação das doutrinas fundamentalistas (Oliveira, 1986, pp. 21-23), reconhecendo-as e endossando-as como o corpo de doutrinas pentecostais, mas dedicando a elas apenas duas páginas do livro, enquanto dedica a quase totalidade do mesmo (116 das 118 páginas) para tratar sobre o batismo com o Espírito Santo e suas implicações. Entretanto, o pensamento fundamentalista e a ética que lhe corresponde dominam o fiel pentecostal e manifestam-se em suas relações sociais. Nesse sentido, o pentecostal é, antes de tudo, um fundamentalista. Ele tem sua autoestima elevada pelo fato de ser pentecostal.

Cabe refletir sobre o papel do dom de línguas nessa comunidade que se considera "povo escolhido". A glossolalia não pode ser classificada como língua, no sentido convencional. Ela não preenche requisitos de natureza gramatical nem de lógica. Essa "língua estranha ou língua dos anjos" qualifica-se, porém, na comunidade dos adoradores, como uma articulação de sons que faz o crente transbordar em gozo. O indizível é enunciado por meio dessa extrapolação da língua convencional. Na *polis* pentecostal, a glossolalia comparece como a língua por excelência. Quem fala língua estranha desfruta de prestígio político. O pentecostalismo, como seita, tem o poder de transformar o enunciado da louvação, elevando-o à condição de língua política. Diante de uma sociedade que se apresenta-lhes hostil, eles criam sua sociedade, na qual a língua política é a glossolalia. Como "língua política" da comunidade pentecostal, ela é sua marca distintiva.

Na sociedade liberal burguesa, os pentecostais não são considerados "politicamente corretos", de modo que seu espaço ainda situa-se

Novas Leituras do Campo Religioso Brasileiro

nas margens da rede de poder. Seus enunciados não recebem o beneplácito dos que controlam a "opinião pública", embora perceba-se que eles aspiram esse reconhecimento social, como se demonstra pela avidez com que defendem projetos de dias especiais, praças da Bíblia, denominação de seus heróis para logradouros públicos, conquistas essas que eles já alcançaram em muitas cidades brasileiras.

Andrew Chesnut percebeu um caráter "autoritário participatório" na organização da Assembleia de Deus e o diagnosticou como uma forma modificada de clientelismo. O poder decisório da instituição é concentrado no pastor-presidente, coadjuvado por uma elite de pastores, que lhe é absolutamente fiel. No nível intermediário da pirâmide de poder estão os dirigentes das congregações. A pirâmide desse modelo se completa com uma ampla base de membros comuns que envolvem-se nas atividades diárias da igreja, por meio de uma extensa rede de cargos e posições de baixo nível. Ainda que excluídos de participação no processo de tomada de decisão e no exercício do poder eclesiástico, uma massa crítica de membros sente-se como parte integrante da instituição, mediante o engajamento ativo na pletora de atividades das organizações internas da igreja. Uma inspeção desde o topo da pirâmide iluminará o tantas vezes obscurecido exercício e distribuição do poder na igreja (Chesnut, 1997, p. 131).

Em minhas pesquisas, tanto no mestrado como no doutorado, constatei que os pentecostalismos e neopentecostalismos encaminham a solução dos problemas da sociedade para a via do sobrenatural. Ambos criam formas variadas de messianismos. A ruptura dos pentecostalismos e seus derivados contra as ordens deste mundo não se insurge contra os poderosos e ricos, ou contra as estruturas de dominação. O pentecostalismo é mimético.[2] Ele tenta reproduzir os poderes hegemônicos em seus sistemas internos. Para garantir a eficácia de seus modelos autoritários, as organizações pentecostais se valem de toda a tecnologia, do saber instrumental e da acumulação capitalista, sacralizando-os como se, ao proceder a "imposição de mãos" sobre essas técnicas e instrumentos da modernidade, o movimento pentecostal fizesse que essas coisas deixassem de pertencer ao mundo e, automaticamente, passassem a pertencer ao Reino de Deus.

---

2   Ao adotar o termo genérico "pentecostalismo", em algumas partes deste capítulo, quero englobar as variedades de pentecostalismo e neopentecostalismo que encontrei no campo religioso brasileiro.

Ampliando esse raciocínio e supondo que, amanhã, todos os poderes venham a ser ocupados por pentecostais, essa sacralização das "coisas do mundo" fará que os governos não mais sejam "do maligno", mas passem a ser instrumentos nas mãos do "povo escolhido". Certamente, nesse novo quadro, não haverá espaço para as contradições do jogo democrático. Teremos chegado, assim, ao paraíso totalitário pentecostal, "em nome de Jesus, para a glória do Senhor!".

A organização racional do movimento assembleiano, a centralização do poder em grupos de caudilhos religiosos, a longa duração dos mandatos presidenciais, em convenções regionais, como também nas estruturas nacionais, são fatores explicativos para a estabilidade do modelo institucional. Mesmo assim, entendo que existe uma força maior por trás desses elementos visíveis, que mantém coesa a massa de fiéis assembleianos, para que eles aceitem esse modelo autoritário de organização. Trata-se da ideologia fundamentalista abraçada pelas Assembleias de Deus e que indica afinidades com a cultura política brasileira, conforme analisei no mestrado e com mais profundidade no doutorado (Baptista, 2002-2009).

O assembleiano típico é um ser arrojado, ufanista, entusiasmado com a sua denominação. Ele acredita que seus líderes estão ali por determinação de Deus. Também acredita que é plano divino a submissão da mulher ao homem, "pois está na Bíblia". No sistema pentecostal não se admite a ideia de uma democracia de iguais. A doutrina do "sacerdócio universal dos crentes", da tradição protestante reformada, é excluída pela primazia que ele, assembleiano, deve dar aos seus líderes, pois estes são os "ungidos do Senhor".

A relação pastor-ovelha costuma gerar situações de dependência espiritual e emocional dos fiéis para com o líder. Quando não ocorre esse tipo de dependência, o crente aceita submeter-se ao pastor, como forma prática de honrá-lo, a bem da harmonia do modelo hierárquico que ele, pentecostal, quer preservar, porque entende que esse é o melhor modelo de comunidade eclesial. Num ambiente onde as pessoas não foram capacitadas a ver, julgar e agir, a partir da prática cotidiana de um senso crítico, elas devem se sentir seguras dentro de um quadro de estabilidade e harmonia, mesmo que abram mão de sua liberdade.

Outro aspecto a destacar, não sendo o menos importante desse mundo pentecostal, é a capacidade que sua ideologia demonstra de manter as pessoas sob o império do medo. Nesse sentido, contribui decisivamente a doutrina da salvação que eles adotam. O crente pode perder sua salvação sempre que cair e permanecer em pecado. Essa concepção é bem diferente da adotada pelos calvinistas, na qual a salvação depende exclusivamente da fé nos méritos e obra salvadora de Jesus Cristo.

Comparações entre pentecostais e neopentecostais no espaço público

Durante o doutorado, meu interesse investigativo focalizou a relação entre os padrões da cultura política brasileira e a contribuição do pentecostalismo como novo componente que já participava da sociedade, desde os anos de 1910, mas que estava quase ausente do jogo político nacional até meados de 1980, quando resolve entrar no jogo preparatório do congresso constituinte, que é eleito em 1986.

O campo da pesquisa foi delimitado em duas denominações: a Assembleia de Deus e a Igreja Universal do Reino de Deus. Essa escolha justificou--se pela importância de cada uma em seu respectivo campo (pentecostal e neopentecostal), somada à forma estratégica que adotaram nas relações com o mundo da política, além do fato expressivo de ocuparem, com seus representantes, mais de dois terços da Frente Parlamentar Evangélica no Congresso Nacional, durante a legislatura de 2003 a 2007.

A pesquisa consistiu na análise do comportamento político de lideranças e parlamentares das Assembleias de Deus (Missão e Madureira) e da Igreja Universal do Reino de Deus, e algumas implicações dessa participação no processo de construção da democracia brasileira, segundo a visão de dirigentes e parlamentares das próprias igrejas. A Frente Parlamentar Evangélica identificava, em junho de 2004, cerca de sessenta e um parlamentares declaradamente pertencentes a confissões religiosas protestantes e pentecostais, dos quais quarenta e quatro eram membros das igrejas mencionadas.

Foi estudada a atuação política de líderes e parlamentares pentecostais, relacionando-a com valores tradicionais da cultura brasileira, como: autoritarismo, clientelismo, corporativismo, fisiologismo, nepotismo e correlatos. As políticas que essas igrejas praticam intramuros também foram examinadas, para completar uma visão mais abrangente sobre o comportamento político desses atores sociais, em que pesem as dificuldades inerentes a esse tipo de investigação. A questão que buscou-se abordar na pesquisa foi: Qual tem sido a prática política dos pentecostais e neopentecostais dentro de suas igrejas e no campo político-partidário brasileiro nos últimos sete anos (1999-2006) e como essa prática política relaciona-se com a cultura política brasileira?

No desenvolvimento do trabalho investigativo, tentou-se responder a algumas questões auxiliares, como corolários da principal, tais como: Que qualidade de política as oligarquias brasileiras praticam? Dentro desse conjunto maior de práticas e jogos de poder, que qualidade de política tem sido praticada pelos pentecostais e neopentecostais, seja nas relações que estabelecem externamente, por exemplo, na Câmara e Senado Federal, e que qualidade de política interna praticam, como parte constituinte de suas subculturas religiosas? O jeito pentecostal de fazer política é caudatário do modelo maior da sociedade política brasileira? Ou trata-se de um modelo peculiar, com afinidades e contrastes em relação a esse modelo? Que afinidades esse modo pentecostal de atuar na política apresenta em relação com os vícios e as virtudes da cultura política brasileira? Que aportes inovadores os pentecostais trazem para essa cultura?

Afinal, tendo em conta que segmentos bem representativos da base da pirâmide socioeconômica da sociedade nacional integram as igrejas pentecostais – e, nesse sentido, o pentecostalismo consegue organizar referidos segmentos como nenhuma outra associação tem conseguido fazê-lo na mesma escala – foi relevante indagar: as formas de organização das igrejas pentecostais, bem como a política praticada dentro delas, promovem um associativismo emancipador, ou produzem subserviência, resignação, dominação, exclusão seletiva e obediência acrítica? Em outras palavras: o pentecostalismo cria aparelhos ideológicos de sustentação do *status quo*, cada vez mais importantes na conservação do modelo hierárquico-autoritário-excludente da sociedade brasileira, ou ele comporta-se como uma cunha que abre brechas e ocupa lacunas capazes de fragilizar e, paulatinamente, contribuir para a superação dessa pirâmide de desigualdades sociais que é a sociedade brasileira?

Verificou-se que, examinado segundo pesquisas antropológicas e sociológicas, o movimento pentecostal é ambíguo em sua natureza: trata-se de um movimento carismático, com lideranças autoritárias, centralizadoras, que manobram os liderados, mas é, ao mesmo tempo, um movimento

Novas Leituras do Campo Religioso Brasileiro

capaz de incluir marginalizados sociais e elevar a autoestima de milhões de seguidores, os quais participam com entusiasmo da edificação de suas comunidades religiosas.

Não sendo possível, nos limites deste capítulo, comentar os resultados da pesquisa, achamos suficiente transcrever, em tópicos, as conclusões de nossa tese (Baptista, 2009). Desse modo, constatamos que:

1) O conteúdo religioso do movimento pentecostal confere esperança e novo sentido de vida para milhões de brasileiros;

2) A capacidade de mobilizar pessoas semanalmente e até diversas vezes por semana cria um sentido de solidariedade e compromisso nessas comunidades religiosas, pouco encontrado em outras organizações sociais;

3) A entrada dessas comunidades na política significou inclusão de parcelas da população outrora marginalizadas dos processos de decisão do país, ainda que se reconheça que a estrutura hierárquica das igrejas enfraquece o significado dessa participação, pois os representantes eleitos pertencem a oligarquias religiosas e tratam de fortalecer suas posições com os novos recursos mobilizados por meio da política;

4) Os pentecostais, assim como os sindicalistas, ingressaram no Congresso provocando dois fatos: redução, ainda que pequena, da presença dos capitalistas, e diminuição tímida, mas real, do caráter elitista das "casas do povo". Sabe-se que as consequências dessa composição "mais popular" do Parlamento são de pouca monta, porque os burgueses costumam delegar a representação política, cooptando parlamentares de outras classes, mediante financiamento de campanhas, negociação de cargos públicos e outras medidas aliciadoras;

5) A presença dos pentecostais tem revelado aos demais parlamentares e à sociedade outras faces do Brasil: as das chamadas "religiões do Espírito", com ênfase em curas divinas, línguas estranhas, prosperidade e batalhas contra demônios. Ou seja, uma visão de mundo oposta à mentalidade "esclarecida" dos mais elevados na pirâmide social, que propagam "ideias fora do lugar", porque se mantêm de costas para esses brasis da luta cotidiana pela sobrevivência, os quais se reproduzem sem acesso aos bens da cultura erudita e geram suas identidades nas escolas da bricolagem social e da sabedoria popular;

6) Os pentecostais estão aprendendo a prática da convivência democrática e, junto com ela, as velhas manhas e artimanhas dos grupos que se engalfinham no Congresso, um microcosmo imperfeito e muito limitado da própria sociedade, mesmo admitindo que haja representatividade em sua composição, coisa bastante discutível.

Os políticos pentecostais não são melhores nem piores do que seus pares. Eles são semelhantes aos parlamentares de outras religiões e aos sem religião. Os pentecostais têm atuado dentro de um Estado de direito e procuram respeitar as regras do jogo democrático. Nos episódios em que tentaram fraudar os cofres públicos, foram devidamente denunciados e indiciados, da mesma maneira como ocorreu com outros atores que cultivavam imagens também moralistas, como era o caso de integrantes da bancada do Partido dos Trabalhadores, arrolados no esquema do "mensalão". Espera-se que o desenrolar dos processos disciplinares a que eles respondem possa trazer como resultado a inibição de práticas corruptas ou, na melhor hipótese, a depuração dos quadros políticos das igrejas e partidos envolvidos. Como efeito imediato, pôde-se observar que as bancadas da Assembleia de Deus e da Universal do Reino de Deus, eleitas para 2007-2011, diminuíram para menos da metade do contingente que possuíam na 52ª legislatura.

Como última observação, pode-se afirmar que a democracia brasileira avança timidamente, porém amplia suas bases, e os pentecostais e neopentecostais, que participam dessas bases, estão aprendendo mais com os próprios erros do que com eventuais acertos. As igrejas do movimento pentecostal e neopentecostal também são participantes ativas nesse aprendizado. Quem sabe, em futuro não muito distante, seus membros poderão repensar e repudiar os modelos oligárquicos e absolutistas de funcionamento de suas organizações. A sociedade política também está aprendendo a acolher novos atores, respeitá-los e, pelo menos, discutir políticas de reconhecimento para executar ações afirmativas em favor de grupos que tiveram perdas ao longo dessa história de injustiças que tem marcado nossa nação. Isso representa pouco, mas já é um passo importante, enquanto a sociedade não conseguir superar o modelo de "democracia" vigente, que conserva privilégios para poucos e exclui de direitos básicos a maioria da população brasileira.

Formas de pesquisa e de leitura dos fenômenos analisados

As informações deste tópico referem-se, pela ordem, aos três blocos de pesquisas apresentados no tópico anterior: o fundamentalismo batista regular, a Assembleia de Deus e o Movimento pentecostal e as comparações entre pentecostais e neopentecostais no espaço público.

Sobre o fundamentalismo batista regular

Durante o mergulho no mundo batista, para o trabalho de conclusão da graduação, apliquei-me à leitura de alguns textos sobre religião em Marx, Engels e Weber. A abordagem que encontrei neles, principalmente nos dois primeiros, e que adotei, foi o materialismo histórico, no sentido de que existe relação entre base econômica e superestrutura jurídica, política, religiosa e ideológica da sociedade e que lidar com essa relação é essencial para entender uma formação social qualquer. O modo de produção dominante determina, em geral, direta ou indiretamente, a constituição da superestrutura referida, porém deve-se considerar que persiste uma interdependência, uma retroalimentação, uma causação circular nessa relação. Em Weber o sentido da ação social deve ser buscado em múltiplos fatores e é necessária a análise desses elementos culturais para entender como eles influenciam o espírito de cada processo civilizatório.

A pesquisa sobre os batistas regulares colocou-me diante de um tipo de pensamento totalizante – um "fundamentalismo" – que se proclama como verdadeira interpretação atualizada do cristianismo. Não se trata de uma instituição jurídica, mas de uma "ideologia" que perpassa quase todas as denominações e organizações eclesiásticas e paraeclesiásticas do "protestantismo de missão" e do "pentecostalismo" que instalaram-se no Brasil.[3]

Trabalhei o fundamentalismo como "um produto híbrido que se desenvolveu a partir de três correntes do protestantismo europeu: o

---

3 "Protestantismo de missão", na tipologia do protestantismo brasileiro elaborada por Antonio Gouvêa de Mendonça é o protestantismo que foi implantado aqui, desde a segunda metade do século XIX, pelas agências missionárias, oriundas quase todas dos Estados Unidos da América, que pregavam a necessidade de conversão a Cristo e uma vida isenta de vícios. Suas denominações são: batistas, presbiterianos, metodistas, congregacionais e outras menos conhecidas. O "pentecostalismo" chegou dos EUA em 1910, trazendo além dessas marcas a ênfase no "batismo com o Espírito Santo", evidenciado pelo "falar em línguas" (glossalalia) e outras manifestações emocionais (MENDONÇA; VELASQUES FILHO, 1990).

puritanismo, o pietismo e, por último, o metodismo" (Baptista, 2000, p. 31). Todavia, a configuração desse produto em sua forma de movimento que se alastrou na sociedade e em diversas denominações religiosas ocorreu nos Estados Unidos da América. Na análise do fundamentalismo batista regular, apliquei ideias de Max Weber, quando ele aborda o sentido das rejeições religiosas à ética mundana, a força alienadora dessa oposição ao mundo e a centralidade das crenças do protestantismo ascético em certa interpretação da Bíblia (Weber, 1992-1997).

Da metodologia weberiana, adotei, também, a construção de tipos ideais, elaborando um modelo de análise dos batistas regulares pela escolha e definição de características à luz das pesquisas bibliográficas, entrevistas e etnografias que realizei na convivência com os sujeitos dessa religião. Fiz uma eleição e descrição dos sentidos que os batistas regulares atribuem às seguintes questões: inerrância da Bíblia, verdade e fé, Reino, gueto, supressão do corpo, definição dos inimigos, dilemas na aquisição do conhecimento, liberdade, público e privado, patrulhamento, utilitarismo, cultura alienígena, individualismo conservador, política, pastor modelo.

O fundamentalismo, examinado de dentro, não revela-se um corpo homogêneo. Tem correntes doutrinárias que se agitam em beligerância pela defesa da sua interpretação teológica, cada uma afirmando sua exclusividade como defensora da "fé uma vez entregue aos santos". É claro que uns são mais radicais, outros são moderados, mas todos seguem um paradigma comum: a inerrância da Bíblia, a vida cristã a partir do "novo nascimento" e a expectativa do reino messiânico na *parousia* (retorno escatológico) de Cristo.

Para neutralizar os avanços da pesquisa teológica e as consequências provocadas pelos aportes das ciências humanas nas ciências da religião em geral, o movimento fundamentalista construiu teses conservadoras que colocaram a leitura e interpretação da Bíblia dentro de uma camisa de força: a Bíblia na visão fundamentalista é toda ela inspirada e revelada por Deus. Os escritos bíblicos obedecem a uma hierarquia interna, de modo que cada texto está atrelado a outros, na construção desse edifício ideológico, que apresenta-se, de fato, como uma interpretação teleológica particular da história da humanidade.

No fundamentalismo existe uma única verdade: universal, essencial e a-histórica. O discurso dogmático é o veículo perfeito para expressar essa verdade e a memória do grupo guardião dessa mensagem é tida

Novas Leituras do Campo Religioso Brasileiro

como infalível. Cabe a esse conjunto de eleitos proteger e transmitir o "depósito da fé" para sua geração e reproduzir herdeiros para passá-los à geração futura. Na perspectiva fundamentalista, a ciência deve ser serva da fé e funcionar como instrumento para fazer a apologia do conjunto de dogmas.

Sobre a Assembleia de Deus e o movimento pentecostal

Os estudos de sociologia da religião acerca de vertentes do cristianismo recorrem, geralmente, a uma tipologia das formas organizacionais das comunidades de fé, elaborada por Ernst Troeltsch e ampliada com a contribuição de Richard Nieburh.[4]

Troeltsch elegeu os tipos *igreja, seita e mística*. Nieburh estudou o fenômeno do *denominacionalismo*. Esses tipos de organização estão vinculados às normas éticas das relações entre o grupo religioso em análise e a sociedade. Segundo Troeltsch, essa questão vem da antiga maneira cristã de compreender o mundo "como uma massa compacta e imutável, qual sistema de pecado, que pode ser rejeitado ou aceito complexivamente" (*Apud* Martelli, 1995, p. 181).

Pelas características que a Assembleia de Deus conseguiu reunir em sua construção social, nesse século de sua existência, ela tem elementos dos quatro tipos ideais que foram apresentados na tipologia das organizações cristãs, ou seja: ela é seita, igreja, denominação e mística, tendendo a se firmar mais como denominação, graças ao forte caráter burocrático-racional que tem assumido como consequência da institucionalização dos carismas e dos empreendimentos que desenvolveu, para se expandir, nas áreas de comunicação social, principalmente.

Sobre as comparações entre pentecostais e neopentecostais no espaço público

Nesta seção indico os subsídios teóricos que serviram para problematizar a presença dos pentecostais e neopentecostais na política brasileira,

---

4 Essa tipologia encontra-se desenvolvida, principalmente, nas obras: TROELTSCH, Ernst. *The social teaching of the christian churches*. Nova Iorque: Macmillan, 1931, e NIEBURH, H. Richard. *The social sources of denominationalism*. Cleveland: World Publishing Co., 1929. Em português, esta última foi publicada como: *As origens sociais das denominações cristãs*. Tradução: Antonio Gouvêa Mendonça. São Paulo: Aste, 1992.

conforme perspectivas da Ciência Política e da Sociologia. Em seguida, apresenta-se uma abordagem mais extensa do percurso metodológico em que constituiu-se a própria investigação para culminar na tese.

No mestrado, procurei entender por que a Assembleia de Deus havia mudado, radicalmente, quanto à sua visão e prática, acerca da participação de lideranças religiosas na política. Antes do congresso constituinte (1986-1988), o pensamento hegemônico dos dirigentes assembleianos era que o crente não deveria envolver-se com partido, sindicato e associações congêneres. Nesse sentido, a igreja dissuadia o fiel de ser candidato ou mesmo militante em qualquer movimento social que não fosse a própria Igreja.

No congresso constituinte, a Assembleia de Deus agiu estrategicamente e conquistou várias cadeiras do congresso nacional. Nos anos seguintes, pôde-se verificar um "efeito cascata", pois foram eleitos vereadores e deputados estaduais indicados pela mesma denominação em diversas regiões do país. Realizou-se uma pesquisa qualitativa, com entrevistas de parlamentares, pastores e outros membros da AD em Belém, para captar, de diferentes perspectivas, o que estava acontecendo e que rumos essa instituição estava tomando na área pública.

A pesquisa prosseguiu no doutorado incluindo as duas agremiações evangélicas mais representadas no Congresso Nacional: Assembleia de Deus e Igreja Universal. Foram escolhidas duas para permitir fazer comparações entre seus objetivos e estratégias e relacionar a atuação de organizações tão díspares do pentecostalismo com a cultura política da sociedade brasileira.

Antônio Carlos Gil denomina esse tipo de investigação de "pesquisa explicativa", pois "... tem como preocupação central identificar os fatores que determinam ou que contribuem para a ocorrência dos fenômenos. Esse é o tipo de pesquisa que mais aprofunda o conhecimento da realidade, porque explica a razão, o porquê das coisas" (GIL, 2002, p. 42). De fato, adotando essa abordagem na pesquisa de mestrado, descobriu--se que a AD de Belém do Pará estava em busca de reconhecimento público, obtenção de verbas e apoios para seus projetos corporativos, queria enfrentar as concorrências da Universal e da Quadrangular no terreno da política, como também procurava atender anseios de uma nova safra de pastores. Quanto às estratégias, a AD buscava utilizar partidos da situação, mas mantinha diálogo com os de oposição. Para a membresia da Igreja, seus parlamentares eram apresentados pela cúpula como "missionários na política", a fim de justificar essa nova linha de conduta pública, com o argumento de que "não estar na política era pecado de omissão". Além disto, seus vereadores se autoafirmavam como padrões de boa conduta para outros parlamentares, avaliação que não se conseguiu comprovar na consulta a outras fontes (Baptista, 2002, pp. 137-143).

Nas pesquisas sobre os pentecostais e neopentecostais na política, recorri à elaboração de *tipos ideais*. A utilização desse recurso ligou-se à necessidade de definir, em forma de modelo, os atores sociais envolvidos: o fiel, o líder e o político dessas tradições religiosas. Também foram construídos tipos ideais da cultura política brasileira, com base em clássicos como Gilberto Freyre, Sérgio Buarque de Holanda, Caio Prado Júnior, Victor Nunes Leal, Raymundo Faoro e seus continuadores e críticos, aos quais se recorreu para identificar padrões culturais produzidos, reproduzidos e atualizados, permanentemente, pela sociedade brasileira. Segundo Weber,

> [...] obtém-se um tipo ideal mediante a acentuação unilateral de um ou vários pontos de vista, e mediante o encadeamento de grande quantidade de fenômenos isoladamente dados, difusos e discretos, que se podem dar em maior ou menor número ou mesmo faltar por completo, e que se ordenam segundo os pontos de vista unilateralmente acentuados, a fim de se formar um quadro homogêneo de pensamento. Torna-se impossível encontrar empiricamente na realidade esse quadro, em sua pureza conceitual, pois trata-se de uma utopia (COHN, 1991, p. 106).

Verifica-se que a elaboração de um *tipo ideal* está ligada à *relação com os valores* do cientista. Tem base em aspectos da realidade, selecionados em consonância com as hipóteses que nortearão a pesquisa. Este *a priori* hipotético é ponto de partida necessário para a reflexão científica. O tipo ideal é sempre uma racionalização utópica, idealizada pela acentuação de singularidades da realidade em estudo. O tipo ideal é uma ferramenta artificial, um modelo para o confronto com o aspecto da realidade que se está analisando. É ideal não no sentido moral ou ético, nem expressa aspiração de um devir. É apenas uma construção teórica útil para se adentrar na realidade caótica, visando interpretá-la. Tem caráter de ordenamento lógico e não valorativo. O cientista deve ter em mente o caráter instrumental do tipo ideal e deve abandoná-lo, caso não se preste para o propósito da pesquisa. Nesse caso, convém rever suas hipóteses e elaborar outro tipo ideal, procedendo assim tantas vezes quantas se mostrarem necessárias (Weber, 1993, pp. 107-154; Freund, 2000, pp. 47-61; Ringer, 2004, pp. 114-124).

Recorri, ainda, aos estudos de identidades coletivas, aplicando-os principalmente aos neopentecostais. Como Stuart Hall indica:

Em toda parte, estão emergindo identidades culturais que não são fixas, mas que estão suspensas, em *transição*, entre diferentes posições; que retiram seus recursos ao mesmo tempo de diferentes tradições culturais; e que são produto desses complicados cruzamentos e misturas que são cada vez mais comuns num mundo globalizado (2001, p. 88, grifo no original).

A *tradição* apresenta-se como movimento de retorno, que tenta recuperar raízes e quer purificar práticas do grupo, segundo padrões que estavam negligenciados, embora se questione tal possibilidade, enquanto que a *tradução* atravessa fronteiras de diversas tradições e procura produzir uma cultura compósita, híbrida, sincrética, negociada, impura e, por isso mesmo, dificilmente assimilada no contexto em que tenta alojar-se. A Igreja Universal é reconhecidamente bem-sucedida nessa forma agressiva de construir uma nova identidade religiosa.

Itinerário da pesquisa do doutorado

Transcrevi, nesta seção, parte do que escrevi na introdução de minha tese (Baptista, 2009).

A pesquisa para o doutorado começou com visitas a templos da Igreja Universal, nos bairros de Rudge Ramos (em São Bernardo) e Santo Amaro (São Paulo). O objetivo era "sentir o clima" das celebrações, obter jornais e outras publicações da Igreja e tentar aproximação com pastores e leigos. Da mesma maneira, foram visitados templos da Assembleia de Deus nos bairros Belém e Bom Retiro (em São Paulo), com o intuito adicional de entrevistar seus líderes, pastores José Wellington Bezerra da Costa e Jabes Alencar. Essas tentativas de entrevistas foram frustradas, obrigando o pesquisador a concentrar esforços em outras fontes.

A experiência tem ensinado que alguns líderes cercam-se de barreiras, de tal modo que o acesso a eles, por parte de pesquisadores, exige a descoberta de canais especiais, como pessoas que privam de confiança

Novas Leituras do Campo Religioso Brasileiro

e intimidade em grau bastante elevado. Como as informações para a pesquisa não dependiam fundamentalmente dessas entrevistas, procurou--se obtê-las em outras fontes.

O projeto de pesquisa começou a tomar forma quando resolvi examinar o que a imprensa paulistana e depois a carioca registraram acerca dos políticos pentecostais e neopentecostais, entre 1989 e 2004. Durante o 2º semestre de 2003, foram obtidos textos de cobertura jornalística, desde o Congresso Constituinte até 2002, dos parlamentares evangélicos no Congresso Nacional, realizada pelos jornais *Folha de São Paulo* e *O Estado de São Paulo*. A consulta foi feita com auxílio dos sistemas de busca eletrônica dos citados veículos. A intenção era captar a visão da grande imprensa paulistana acerca dos evangélicos, e, em particular, dos pentecostais na política: quais os parlamentares em maior evidência na mídia escrita, como a atuação deles era repassada para os leitores, e questões afins. A coleta serviu como matéria-prima para um colóquio no programa de doutorado em Ciências da Religião da Universidade Metodista. Cabe salientar que a intenção era começar pela visão dos "de fora", acerca de políticos pentecostais, a partir da qual se faria uma seleção de personalidades que seria importante entrevistar, compondo, desse modo, a lista inicial de possíveis fontes. De fato, a partir dessas referências, foram feitas entrevistas, em Brasília, no mês de junho de 2004. O material jornalístico referido também serviu para a elaboração de um texto que se presumia constar como capítulo da tese, mas que foi finalmente descartado, porque não combinava com o conjunto. Não obstante, sua elaboração foi útil para sugerir, inicialmente, o percurso da pesquisa e dar pistas para o trabalho de análise.

Em geral, a mídia reproduziu estudos relevantes de alguns pesquisadores do campo religioso, salvo poucas exceções, quando resvalou para comentários de senso comum, preconceitos, estereótipos e discriminações. A partir dessas análises foi possível definir o projeto de qualificação, sua abrangência, o que seria viável pesquisar ou não. Por exemplo, a intenção original era descobrir acordos que as lideranças pentecostais teriam "fechado" com os candidatos à Presidência da República, desde 1989 até 2002. A investigação preliminar, com apoio em informações da mídia e entrevistas de parlamentares, indicou que essa linha de pesquisa seria infrutífera. Os jornais afirmavam que houve acordos, negociações e negociatas, mas os parlamentares da Assembleia de Deus e da Igreja Universal negavam a existência desses acordos, ou eram lacônicos quanto ao que se passara nos bastidores das campanhas eleitorais. A partir dessa constatação, optou-se pela realização de uma pesquisa mais ampla, enfocando a relação entre pentecostalismos e cultura política brasileira.

No mesmo mês da visita a Brasília, junho de 2004, compareci ao I Fórum de Políticos da Assembleia de Deus do Estado de São Paulo, realizado no Hilton Hotel da capital paulista. Foi um encontro de candidatos a prefeito e vereadores de todo o Estado, que congregou quase 600 municípios. O evento teve o patrocínio do ex-governador Anthony Garotinho, do Rio de Janeiro, e contou com lideranças paulistas do PSDB e PTB. Durante o fórum, foram dadas orientações de campanha aos candidatos, pelos coordenadores nacional e estadual de ação política da AD, bem como fornecidos materiais impressos, para auxiliá-los em suas estratégias eleitorais. Consegui gravar grande parte dos pronunciamentos, dos quais foram extraídos trechos relevantes, aplicados na tese.

Visitei o Congresso Nacional, onde foram gravadas entrevistas de deputados federais pentecostais e assessores parlamentares. Além desses registros, obtive depoimentos, em São Bernardo do Campo, de um ex-pastor da Assembleia de Deus Madureira, estudante de teologia na Universidade Metodista, e de uma ex-esposa de pastor da Igreja Universal. Para colher informações oficiais, continuei "visitando", ocasionalmente, os *sites* e *blogs* das igrejas-objeto desta pesquisa na internet.

Essa investigação compreendeu leituras de parte do que tem sido elaborado no mundo acadêmico, seja sobre pentecostalismo e neopentecostalismo, seja sobre cultura política brasileira. As leituras abrangeram o que era possível, no período de quatro anos de doutorado, dos quais pelo menos dois estiveram voltados para outros textos referentes ao fenômeno religioso, nem sempre diretamente aplicáveis à pesquisa e raramente focalizados na especificidade do tema da tese.

O trabalho de campo concentrou-se mais em longas entrevistas com parlamentares e lideranças das duas grandes organizações eclesiais, a Assembleia de Deus e a Igreja Universal do Reino de Deus. Foram feitas cerca de 20 entrevistas com parlamentares federais das várias regiões geográficas do Brasil e gravados encontros, cultos e

Novas Leituras do Campo Religioso Brasileiro

outros eventos, perfazendo um total de, aproximadamente, 30 horas de gravação. Em duas ocasiões, foram feitas entrevistas compartilhadas, de forma interativa, com lideranças intermediárias da Assembleia de Deus. Adotei essa técnica a fim de estimular o debate e a manifestação de pontos de vista diferentes sobre política interna e atuação pública da mesma denominação. O convívio com o cotidiano das duas igrejas pesquisadas se intensificou, mediante visitas a alguns templos e participação em suas celebrações.

Nem sempre se podia ouvir aquela que seria a fonte mais indicada, mas aquela que colocava-se à disposição para responder os questionamentos. No caso de parlamentares, foram ouvidos todos aqueles que aquiesceram às insistentes solicitações, no limite dos dias que era possível permanecer em Brasília e nos espaços de agenda escassos de um parlamentar. Nesse sentido, foi mais difícil encontrar deputados da Igreja Universal solícitos ao apelo para serem entrevistados. Quanto a lideranças e pessoas da base das duas igrejas, as escolhas também dependeram de boa vontade para colaborarem com a pesquisa.

Muito do que foi realizado em campo aconteceu porque existia e ainda existe uma rede de amigos e colaboradores de Igrejas pentecostais – AD e IEQ, principalmente – os quais acreditaram na relevância do trabalho e "conspiraram" para que fosse possível entrevistar líderes e representantes políticos. Houve também fontes que revelaram problemas de política interna das Igrejas focalizadas. Nesses casos, para evitar riscos de uma exposição indevida, seus nomes e dados sociográficos foram omitidos. A existência da Frente Parlamentar Evangélica, desde 2003, cujos assessores são os mesmos dos parlamentares, foi canal decisivo para o progresso das pesquisas em Brasília. Nossa participação em atividades do Movimento Evangélico Progressista (MEP) abriu portas para contatos tanto em Brasília, como São Paulo e Belém, os quais resultaram em algumas das entrevistas mencionadas.

É evidente que o trabalho não teve uma sequência linear tão regular exposta com finalidade didática, pois, como se sabe, o labor empírico exige idas e vindas, avanços e recuos, tentativas e erros, ao longo da investigação, produzindo uma trajetória sinuosa e quase caótica, visto que é impossível aprofundar uma pesquisa sem reconsiderar hipóteses, rever aspectos aparentemente assentados, descobrir novas perspectivas e passar por circunstâncias imprevisíveis, mas que podem trazer resultados compensadores. A dúvida metódica alimenta o avanço da investigação e a mantém aberta para novas descobertas e realizações.

Foram feitos, também, estudos e observações diretas da atuação de lideranças e parlamentares das duas Igrejas escolhidas. "Basicamente, a pesquisa (foi) desenvolvida por meio da observação direta das atividades do grupo estudado e de entrevistas com informantes para captar suas explicações e interpretações do que (ocorreu) no grupo", conforme recomenda Antonio Gil (2002, p. 53).

Houve preparação prévia de uma série de perguntas para servir como roteiro, durante as sessões de entrevista, contudo, a experiência ensinou que devia ser feito um número reduzido de perguntas. Na prática, pedia-se que cada entrevistado falasse de sua trajetória política e religiosa, inserindo aqui e ali algumas perguntas de um roteiro preparado previamente. No início da entrevista, procurava-se apresentar com clareza os objetivos do trabalho. Em seguida, a palavra era franqueada ao depoente, que ficava à vontade para discorrer sobre os aspectos que lhe tocavam mais de perto. Não obstante, fazíamos intervenções breves, para conseguir "arrancar" informações relevantes, às vezes evitadas ou esquecidas.

Conclusão

O pentecostalismo é um fundamentalismo. Nele, o componente emocional de defesa da fé é muito acentuado, impregnado de um entusiasmo esfuziante, porque atribuído à obra do Espírito Santo na vida do fiel. Já no protestantismo histórico, o fundamentalismo manifesta-se de forma menos emocional, porque se limita à apologética, à defesa da fé, ao espírito de cruzada, em que cada crente se apresenta como soldado voluntário de Cristo. No pentecostalismo, ocorre a reunião desses dois componentes. Aqui, o soldado é um apaixonado, totalmente extasiado, sobretudo quando é possuído pelo espírito da glossolalia.

A explicação durkheimiana da *anomia*, aplicada aos imigrantes europeus na América do Norte, e a consequente busca de *coesão*, por meio da constituição de uma comunidade de crentes possuídos pelo Espírito Santo, permitem explicar a origem do fenômeno pentecostal. Todavia, este livro não nos parece ser suficiente para explicar a duração do movimento ao

Novas Leituras do Campo Religioso Brasileiro

longo de quase um século. Recorremos, assim, a explicações adicionais, que destacam a crescente organização racional burocrática da instituição, sem abdicar do seu caráter carismático, mantido pelo fundamento do "batismo com o Espírito Santo", cuja evidência notória é a glossolalia, a qual funciona como discurso ilocutório, mantenedor do clima de êxtase e da garantia de sintonia da comunidade com o sagrado.

A aplicação dessas teorias ao fenômeno pentecostal permite, certamente, enriquecer a análise sociológica do movimento. Portanto, ele nasce em meio à anomia, que se instalou nas concentrações urbanas industriais da América do Norte, onde a perda da língua de origem, pelos imigrantes, teve como reação a glossolalia e esta possibilitou a coesão do grupo e o seu dinamismo, dando um caráter político de afirmação triunfante para esse novo povo pentecostal. A burocratização, a organização racional, a disciplina autoritária, a rígida hierarquia, impostas aos membros da instituição, sob o discurso de que "toda autoridade vem de Deus", deram-lhe a estrutura e os sistemas de sustentação que garantiram seu fortalecimento e sua vitalidade até os tempos atuais. Por outro lado, as crises sociais, os fracassos da economia, principalmente nos países subordinados aos centros hegemônicos do sistema mundial, crises essas que trazem impactos existenciais difíceis de serem suportados, têm oferecido terreno fértil para a busca humana de soluções religiosas mágicas, que apelam mais para as emoções e os êxtases, do que para a razão e os sentimentos.

A mais recente dimensão do fortalecimento do pentecostalismo é a sua estratégia de participação na política, visando ocupar espaços cada vez maiores e obter benefícios dessa participação, para ampliar suas instituições.

Paralelamente, nota-se um enorme esforço dos assembleianos para se fortalecerem internamente, a fim de neutralizar a concorrência de outros grupos pentecostais, mormente a Igreja do Evangelho Quadrangular, a Universal do Reino de Deus e os chamados Ministérios, que são cisões apartadas da própria Assembleia de Deus. Ao mesmo tempo buscam a conquista de maior reconhecimento e respeito da sociedade para com eles. Dessa maneira, exacerbam sua autoestima, repetindo até à exaustão que são filhos do Rei, que têm a unção do Espírito Santo, que foram escolhidos por Deus e que, por essas e outras razões, estão mais bem credenciados para liderar a política, pois já estão dando o exemplo de bons cidadãos, com honradez, honestidade, seriedade, moralidade etc., e que darão muito mais contribuições nesse sentido quando assumirem os postos de maior relevância nos Estados e na União.

O exagero de autoelogios e de panegíricos voltados para a exaltação do próprio grupo revela uma necessidade de autoafirmação, numa sociedade que é hostil aos valores e costumes de enormes contingentes que ela exclui e que as instituições pentecostais acolhem e moldam, fazendo-os encontrar um novo sentido para a vida, como sujeitos coletivos, não "politicamente corretos", mas como sujeitos capazes de expressar sua grandeza, pelo menos para dizerem: "Estamos aqui e vocês, elites, precisam de nós, pois somos numerosos e vocês não terão os apoios e votos para legitimarem seus projetos de hegemonia se não compartilharem conosco algumas benesses". É claro que esse hipotético desabafo está nas atitudes e não no discurso, pois acordos silenciosos dessa natureza funcionam melhor na política, além do que nem todas as atitudes coletivas são passíveis de uma explicitação tão consciente.

O estilo autoritário participativo da Assembleia de Deus, com os ingredientes de autoafirmação que mencionamos, tem afinidade com os movimentos de mobilização de massas que o fascismo, o nazismo, o peronismo, o getulismo e alguns populismos de esquerda apresentaram na história recente da humanidade. Daí porque quero concluir este livro apontando para a necessidade de aprofundar essas pesquisas no campo religioso em busca de uma compreensão maior da influência desses grupos messiânicos, seja pela contribuição que eles trazem, quando conseguem promover a inclusão de enormes segmentos outrora excluídos da sociedade, seja pela ameaça que eles representam, quando produzem um reforço ao autoritarismo, ao mandonismo, ao patrimonialismo, ao clientelismo, ao fisiologismo, ao corporativismo, que tanto dificultam o desenvolvimento e a produção de bons frutos desta árvore tão maltratada que é a democracia brasileira.

Referências bibliográficas

BAPTISTA, Saulo de Tarso Cerqueira. "Fora do mundo", dentro da política: identidade e "missão parlamentar" da Assembleia de Deus em Belém. Dissertação de mestrado em Sociologia – Universidade Federal do Pará, Belém, 166p, 2002.

_____. Fundamentalismo como ideologia: a Igreja Batista Regular no Brasil. Trabalho de conclusão de curso. Bacharelado e Licenciatura em Ciências Sociais – Universidade Federal do Pará, Belém, 136p, 2000.

_____. O Banco da Amazônia, o Estado Nacional e os interesses do capital financeiro. Em: MITSCHEIN, Thomas; FLORES, Claudio M (Org.). *Realidades amazônicas no fim do século XX*. Belém: UFPA, 1990.

_____. Pentecostais e neopentecostais na política brasileira: um estudo sobre cultura política, Estado e atores coletivos religiosos no Brasil. São Paulo: Annablume; São Bernardo do Campo: Izabela Hendrix, 2009.

BÍBLIA. Rio de Janeiro: Sociedade Bíblica do Brasil, 2012.

CHESNUT, R. Andrew. *Born Again in Brazil: the Pentecostal Boom and the Pathogens of Poverty*. New Jersey: Rutgers University Press, 1997.

COHN, Gabriel (Org.). Weber. São Paulo: Ática, 1991.

CORTEN, André. *Os pobres e o Espírito Santo: o pentecostalismo no Brasil*. Petrópolis: Vozes, 1996.

FREUND, Julien. *Sociologia de Max Weber*. Rio de Janeiro: Forense Universitária, 2000.

GIL, Antonio Carlos. *Como elaborar projetos de pesquisa*. São Paulo: Atlas, 2002.

HALL, Stuart. *A identidade cultural na pós-modernidade*. Rio de Janeiro: DP&A, 2001.

MARTELLI, Stefano. *A religião na sociedade pós-moderna: entre secularização e dessecularização*. São Paulo: Paulinas, 1995

MARTIN, David. A. Fundamentalismo. Em: OUTHWAITE, W.; BOTTOMORE, T. (Ed.) *Dicionário do pensamento social do século XX*. Rio de Janeiro: Zahar, 1996.

MENDONÇA, Antônio Gouvêa; VELASQUES FILHO, Prócoro. Introdução ao protestantismo no Brasil. São Paulo: Loyola, 1990.

NIEBUHR, H. Richard. *As origens sociais das denominações cristãs*. São Paulo: Aste, 1992.

OLIVEIRA, Raimundo F. de. *A doutrina pentecostal hoje*. 3ª ed. Rio de Janeiro: CPAD, 1986.

POPPER, K. *Lógica das ciências sociais*. Rio de Janeiro: Tempo Brasileiro; Brasília: Universidade de Brasília, 1978.

RINGER, Fritz. *A metodologia de Max Weber: unificação das ciências culturais e sociais*. São Paulo: EDUSP, 2004.

WEBER, Max. A "objetividade" do conhecimento na ciência social e na ciência política – 1904. Em: *Metodologia das Ciências Sociais* – Parte I. São Paulo: Cortez; Campinas: Unicamp, 1993.

_____. *A ética protestante e o espírito do capitalismo*. 13ª ed., São Paulo: Pioneira, 1992.

_____. *Rejeições religiosas do mundo e suas direções*. Em: WEBER, Max. Weber: textos selecionados. São Paulo: Nova Cultural, 1997 (Os economistas).

Sobre os autores

André Ricardo de Souza

É doutor em sociologia pela USP com pós-doutorado pela PUC-SP e professor adjunto do Departamento de Sociologia da UFSCar. Coordena o Núcleo de Estudos de Religião, Economia e Política (NEREP) e o projeto de pesquisa "O cristianismo no Brasil em suas feições econômicas e assistenciais com derivações políticas" (FAPESP). É autor de *Os laços entre igreja, governo e economia solidária* (EDUFSCar, 2013) e *Igreja in concert: padres cantores, mídia e marketing* (Annablume, 2005).

Brenda Carranza

É formada em Teologia pelo Pontifício Ateneo S. Anselmo (Roma), doutora em Ciências Sociais pela UNICAMP e pós-doutoranda na UERJ. É professora da PUC-Campinas e Coordenadora da Coleção Sujeitos & Sociedade da Editora Ideias & Letras. É também pesquisadora responsável em Santiago de Cuba do Projeto Religiosidade Popular e Sincretismo Afrocubano e pesquisadora convidada da Universität de Osnabrück, na Alemanha. Suas linhas de pesquisa são: catolicismo, pentecostalismo, mídia, juventude, religiosidade e cultura urbana. Publicações recentes: *Pentecostalização católico-brasileira, em Anatéllei se levanta* (Cordoba, Argentina, 2014); Linguagem midiática e religião, em *Compêndio de ciência da religião* (São Paulo: Paulinas, 2013); Il Cristianesimo Pentecostale: nuovo volto della chiesa cattolica. Em: *Cristinesimi Senza Frontiere: le Chiese*

Pentecostali nel Mondo (Bologna: Borla, 2013). *The Diaspora of Brazilain Religious*, Brill 2013.

Cristina Maria de Castro

É professora adjunta III no Departamento de Sociologia da Universidade Federal de Minas Gerais. Doutora em Ciências Sociais pela Universidade Federal de São Carlos, em 2007, foi aprovada, no mesmo ano, no processo seletivo de recém-doutores do CEBRAP. Atuou como bolsista PRODOC na UFSCar de 2008 a 2010. Também realizou estágio de doutorado-sanduíche e estágio de pós-doutorado no International Institute for the Study of Islam in the Modern World, em Leiden, Holanda, respectivamente nos anos de 2005 e 2007. Castro publicou artigos e capítulos de livro no Brasil, na França e nos Estados Unidos, sobre as temáticas: religião, migração e gênero, com foco em minorias muçulmanas. É autora do livro: *The Construction of Muslim Identities in Contemporary Brazil*, publicado pela Lexington Books, em Nova Iorque, no ano de 2013. Atualmente tem dedicado-se, entre outros projetos, à organização da coletânea Religion, Migration and Mobility: The Brazilian Experience, juntamente com Andrew Dawson (Lancaster University).

Eliane Oliveira

É graduada e mestre em Ciências Sociais pela Universidade do Estado do Rio de Janeiro (UERJ), e doutora em Ciências Sociais pela Universidade Federal Rural do Rio de Janeiro (UFRRJ). Dedicou-se aos estudos do Catolicismo, particularmente da Renovação Carismática, e dos movimentos de Nova Era, entre 1995 e 2009. Atualmente, mantém vínculo acadêmico como pós-doutoranda no Programa de Memória Social da Universidade Federal do Estado do Rio de Janeiro (UNIRIO), voltando-se para pesquisas sobre Yoga. Lecionou sociologia e antropologia na Fundação de Apoio à Escola Técnica do Estado do Rio de Janeiro (FAETEC), entre outras instituições, e hoje é professora de Yoga.

Novas Leituras do Campo Religioso Brasileiro

Cecília L. Mariz

É atualmente professora de sociologia na Universidade do Estado do Rio de Janeiro (UERJ) e pesquisadora CNPq. Já foi professora da Universidade Federal de Pernambuco (UFPE) e da Universidade Federal Fluminense. Doutorou-se na Universidade de Boston em 1989 e teve sua tese publicada como livro *Coping with Poverty: Pentecostals and Base Communities in Brasil* (Temple University Press, Philadelphia,1994). De 1999 a 2000 realizou estudos pós-doutorais na EHESS em Paris. Além de ter contribuído com capítulos em coletâneas diversas, seja no Brasil como no exterior, possui artigos tanto em periódicos nacionais e internacionais (tais como *Social Compass, Sociology of Religion, Latin American Research Review,* entre outros). Seus trabalhos focam diversas questões sobre religião no Brasil em especial pentecostalismo e catolicismo. Em coautoria com Carlos Steil e Mísia Reesink organizou a coletânea *Maria entre os Vivos* (Editora UFRGS, 2003) e com Brenda Carranza e Marcelo Carmuça o livro: *Novas comunidades* (Ideias & Letras, 2009). Dentre artigos recentes estão "Pentecostalism and National Culture: a dialogue between Brazilian social sciences and the anthropology of Christianity" com Roberta Campos, na revista *Religion and Society: Advances in Research, v. 2,* (pp. 106-121, 2011), e com Kátia Medeiros: Toca de Assis em crise: uma análise dos discursos dos que permaneceram na comunidade, *Religião & Sociedade 33/1* (pp. 141-173, 2013).

Emerson Alessandro Giumbelli

Possui graduação em Ciências Sociais pela Universidade Federal de Santa Catarina (1992), mestrado e doutorado em Antropologia Social pela Universidade Federal do Rio de Janeiro (1995 e 2000). Atualmente é professor associado da Universidade Federal do Rio Grande do Sul, atuando no Departamento de Antropologia e no Programa de Pós-Graduação em Antropologia Social. É coeditor da revista *Religião e Sociedade.* Dedica-se à Teoria Antropológica, Antropologia da Religião e Antropologia da Modernidade, atuando principalmente nos seguintes temas: religião e modernidade, símbolos religiosos e espaços públicos, laicidade.

É autor dos livros: *O fim da Religião: dilemas da liberdade religiosa no Brasil e na França* (2002) e *O cuidado dos mortos: uma história da condenação e legitimação do espiritismo* (1997). Coorganizador do livro "A Religião no Espaço Público" (2012).

Emerson José Sena da Silveira

É doutor em Ciência da Religião e graduado em Ciências Sociais (ênfase em Antropologia) pela Universidade Federal de Juiz de Fora (UFJF). É professor adjunto do Departamento de Ciência da Religião (UFJF). Leciona no Programa de Pós-Graduação em Ciência da Religião-PPCIR (UFJF). Coordenar do PPCIR-UFJF no biênio 2013-2015. É membro da Câmara de Pós-Graduação-Área de Ciências Humanas, órgão assessor da pró-reitoria de pós-graduação e do Comitê Assessor ao Conselho Setorial de Pós-Graduação e pesquisa-área de Ciências Humanas e subárea Filosofia/Teologia (UFJF). Realizou estágio pós-doutoral (bolsista do CNPq) em 2008-2009, com projeto aprovado pelo Comitê de Ciências Humanas (área de Antropologia, subárea Antropologia Urbana). No relatório pós-doutoral, intitulado *Linguagens e fluxos midiático-consumeristas no catolicismo carismático*, estudou as conexões entre o catolicismo, a partir da vertente carismática, e a alta modernidade: cultura de consumo, ambientes virtuais (*sites*, *blogs*, salas de bate-papo, lojas eletrônicas), juventude e bandas de música, entre outros aspectos. Integrou o corpo de pareceristas de diversas revistas acadêmicas *(Revista Agora, Caderno Virtual de Turismo, Sacrilegens, Plura,* entre outras). Publicou e organizou livros sobre diversas temáticas (metodologia da pesquisa e do trabalho acadêmico, turismo religioso, carismáticos católicos, campo religioso brasileiro, religião internet, entre outros). Desenvolve, atualmente, duas grandes linhas de pesquisa: 1) católicos/evangélicos e tradições/estilos de vida contemporâneos (mídia, festa, consumo, gênero e redes sociais eletrônicas); e 2) as religiosidades católicas, afro-brasileiras e populares e rituais/terapias alternativas.

Flávio Munhoz Sofiati

É professor adjunto III de Sociologia da Universidade Federal de Goiás, Faculdade de Ciências Sociais, e está credenciado junto ao Programa de pós-graduação em Sociologia. Formado em Ciências Sociais pela UNESP, com mestrado em Ciências Sociais pela UFSCar e doutorado em Sociologia pela USP. Realizou o estágio de doutorado na EHESS – École *de Hautes* Études *en Sciences Sociales* (França) sob a orientação de Marion Aubrée. Suas atuais linhas de pesquisa são: Religião e modernidade, Catolicismo Contemporâneo, Religiosidade Juvenil, Movimento Carismático, Teologia da Libertação. Publicou diversos artigos em revistas acadêmicas e é autor dos livros: *Religião e juventude: os novos carismáticos* (Ideias & Letras / FAPESP) e *Juventude Católica: o novo discurso da Teologia da Libertação* (EDUFSCar/CAJU).

Jorge Cláudio Noel Ribeiro Jr.

É graduado em Filosofia pela Faculdade Nossa Senhora Medianeira (1972); Jornalismo pela USP (1978) e Teologia no Itesp (2010). Pós-graduação: Mestrado em Filosofia da Educação (1981) e em Teologia no Itesp (2012). Doutorado em Ciências Sociais pela PUC-SP (1991). Pós-doutorados: Sociologia das Religiões na École des Hautes Études en Sciences Sociales de Paris (2003), no IFCH da Unicamp (2003-2004) e na Columbia Univ. de Nova Iorque (2009 e 2013). É professor livre-docente e titular em Ciência da Religião pela PUC-SP, onde leciona desde 1976. Em 1997-8, realizou pesquisa-doutor intitulada "Perfil existencial do professor de Introdução ao Pensamento Teológico da PUC-SP". Desde 1997 lidera a pesquisa institucional "Perfil da Religiosidade do Jovem Universitário – um estudo de caso na PUC-SP", com aplicação quadrienal de instrumento de coleta de dados. Em 2012 realizou na PUC-SP a coleta *online* de dados para a pesquisa mencionada, com amplo sucesso. Orienta pesquisas de Iniciação Científica, Conclusão de Curso e doutorado. Tem atuação nas áreas de Educação e Ciências Sociais, com ênfase em Ciência da Religião, sobretudo, os seguintes temas: juventude, experiência religiosa, educação, contemporaneidade, jornalismo e cultura. Em 1991 fundou a

Editora Olho d'Água, especializada em Ciências Humanas. É autor de sete livros, sendo os principais: *Sempre alerta: condições e contradições do trabalho jornalístico* e *Religiosidade jovem*, com os resultados da pesquisa mencionada acima. É diretor dos filmes documentários: *Não se cala a consciência de um povo* (1979) sobre a invasão policial da PUC-SP ocorrida em 22/9/1977 e *Tuca Videobra* (1984) sobre o incêndio do teatro da Universidade em 22/9/1984. Produção e apresentação de programas de entrevistas: "Caminhos", na Rede Vida de TV (1997) e "Teodiversidade", na TV-PUC (2004 até 2012). De abril a julho/2013 realizou estágio na Universidade de Columbia em Nova Iorque como professor/pesquisador visitante pela Capes/Fulbright para pesquisar sobre "A Teologia da Libertação nos EUA e na América Latina – uma perspectiva comparativa", junto aos professores James H. Cone e Cornell West.

Paulo Gracino Junior

É pós-doutor em Sociologia pelo Programa de pós-graduação em Sociologia e Antropologia da Universidade Federal do Rio de Janeiro (IFCS-UFRJ), doutor em Sociologia pela Universidade do Estado do Rio de Janeiro (2010), com estágio de doutorado na Universidade do Porto (Portugal). Professor e coordenador do Programa de pós-graduação em Sociologia do Instituto Universitário de Pesquisas do Rio de Janeiro (IUPERJ), onde é um dos coordenadores do Laboratório de Estudos da Cidade e da Cultura (LECC). Atuou como membro titular da Câmara de Assessoramento da Fundação de Amparo à Pesquisa do Espírito Santo (FAPES). Produções recentes: "Do Reino de Deus às Portas do Inferno: migração brasileira, liberdade religiosa e transnacionalização do pentecostalismo para Portugal". *Revista Migrações* (Acidi: Portugal); "A visão aérea e a do nadador: reflexões sobre católicos e pentecostais no censo de 2010". Horizonte: *Revista de Estudos de Teologia e Ciências da Religião* (*online*), v. 10, pp. 1154-1183, 2012; *A demanda por deuses: transnacionalização religiosa e culturas locais, uma comparação entre Brasil e Portugal*. 1ª ed. Rio de Janeiro: Eduerj, 2014. v. 1., p. 254; As Igrejas Pentecostais no censo de 2010. Em: Menezes, Renata e Teixeira, Faustino (Org.). *Religiões em movimento: o censo de 2010*. 1ª ed. Petropólis: Vozes, 2013, v. 1, pp. 161-174.

Péricles Andrade

É licenciado em História e mestre em Sociologia pela Universidade Federal de Sergipe (UFS) e doutor em Sociologia pela Universidade Federal de Pernambuco (UFPE). É professor adjunto IV do Departamento de Ciências Sociais, dos Núcleos de Graduação e pós-graduação em Ciências da Religião da UFS. Foi coordenador do Programa Editorial e Presidente do Conselho Editoria da UFS entre (2011-2014). É vice-coordenador do Núcleo de pós-graduação em Ciências da Religião. Suas linhas de pesquisa são catolicismo, mídia e educação. Publicações recentes: *Sob o olhar diligente do pastor: a Igreja Católica em Sergipe* (Editora UFS, 2010), *Religião e cidadania* (obra organizada juntamente com Joanildo Burity, Editora UFS/ Fundação Joaquim Nabuco, 2011) e *Um artista da fé: padre Marcelo Rossi e o catolicismo brasileiro contemporâneo* (EDUFAL, 2013).

Saulo de Tarso Cerqueira Baptista

É doutor em Ciências da Religião e mestre em sociologia. Professor adjunto da Universidade do Estado do Pará. Dedica-se a pesquisas em religião e política, com trabalhos sobre fundamentalismo e presença pentecostal e neopentecostal nos espaços públicos da sociedade brasileira. Autor de: *Pentecostais e neopentecostais na política brasileira* (tese de doutorado), publicada em 2009, pela Annablume e Isabela Hendrix. Seus textos recentes são: "Pentecostalismos e cultura brasileira", capítulo de *Todas as águas vão para o mar*, livro da ABHR, publicado em 2013 pela Edufma e "Fundamentalismo e identidades no campo evangélico brasileiro", inserido em *Religião no Brasil*, 2013, da Fonte Editorial.

Esta obra foi composta em CTcP
Capa: Supremo 250g – Miolo: Pólen Soft 80g
Impressão e acabamento
Gráfica e Editora Santuário